上海市高原学科法学环境资源法建设项目 资助
上海政法学院学术文库·环境资源法学丛书

袁远 著

互联网金融法律理论与实务问题研究

中国法制出版社
CHINA LEGAL PUBLISHING HOUSE

“环境资源法学丛书”
总　序

我校环境法学科在“十一五”期间被上海市教委列为重点学科，在上海市教委的资助下出版了系列学术著作和教材。在“十二五”开局之年，经专家评审，上海市教委批准，我校环境法学科被列入上海高等教育内涵建设“085”工程建设项目，建设周期五年，包括环境法重点学科建设项目和城市环境安全知识创新平台建设项目两个子项目。2012年，我校环境法学科被列入上海市高校一流学科（上海市重点学科）法学建设规划项目，建设周期五年。该学科以环境资源法理论和实践为总体建设方略，注重与相关学科的交叉与融合，下设环境保护法、自然资源法、能源法、海洋法、环境健康法、灾害防治法、循环经济法、国际环境法、房地产法、环境资源经济（金融）法、环境资源行政法、环境资源犯罪、环境社会学、生态哲学14个方向。根据总体建设方略，该学科在“十二五”期间，成果形式除课题和论文外，计划出版系列环境法专著和教材。期盼学术界同人和广大读者提出批评和建议，帮助我们把这套丛书出好。

王文革
2013年1月

序

2013年被称为“互联网金融元年”，互联网金融飞速发展。2013年6月，支付宝、天弘基金联合推出“余额宝”，P2P网贷、股权众筹、消费金融等互联网金融产品均呈现井喷式增长。2012年谢平教授就已经提出了“互联网金融”的概念，并将其作为“第三种融资模式”，可见当时互联网金融的迅猛发展势头。

但是，任何事物都有两面性。互联网金融在努力践行“普惠金融”的同时，也带来了较大风险和法律问题。互联网金融平台的投融资门槛低、消费者获得金融服务相对高效、“长尾”效应明显，导致小额投资资金迅速聚集，极易形成巨额“资金池”，加之监管对于新生事物态度不明朗、对互联网金融的本质未形成共识、对违法违规行为缺少“穿透式”监管，在2015年后利用互联网金融进行非法集资的案件大面积爆发，如“E租宝”“善林金融”“唐小僧”“钱宝网”等，尤其是进入2018年以来，积累的风险在短时间内再次集中爆发，大量P2P网贷平台资金链断裂、跑路、无法兑付，上千亿元的投资人资金无法有效偿还。在这一时期，互联网金融非法集资的刑事案件激增。

2016年后，我国监管部门出台了大量专门针对互联网金融的监管文件，采用“穿透式”监管原则，对互联网金融实行“强监管”，彰显了监管部门严惩监管套利、促进互联网金融健康发展的决心。当然，如何更好地适用监管规范、保护金融消费者合法权益、促进互联网金融平台合规化、防止系统性金融风险发生等，是非常值得研究的法律理论问题和实践问题。

本书从互联网金融的基本理论入手，探索互联网金融的本质，在此基础上，结合笔者的从业经验，重点研究我国P2P网贷平台、互联网金融个人信息保护及互联网金融法律监管等理论和实务问题。本书同时介绍了国外的先进经验和立法例，尤其是互联网金融发展较早、立法较为成熟的美国、英国的有关立法经验，同时也研究了世界上较为知名的互联网金融平台制定的有关规则，如美国的Lending Club、Prosper网贷平台，英国的Zopa、Funding Circle、RateSetter等，期望对我国的互联网金融平台合规构建有所启示。

由于本书作者的写作能力和学术水平有限，本书观点、文字难免有错误之处，恳请广大专家、读者谅解。本书仅期望能够在互联网金融走向合规化的过程中发挥点滴作用，并同广大从业者一道，共同迎接互联网金融这朵美丽玫瑰的盛开！

袁远

2018年8月于上海政法学院

目录
Contents

第一章　互联网金融本质和现象研究

第一节　互联网金融本质研究

自1969年在美国诞生以来，互联网技术经过40年的飞速发展，在社会中的各个领域均体现出重要的价值，尤其是互联网与商业的结合，使一些主流的商业模式发生了巨大变化：电商改变了零售业，生活服务平台改变了我们的出行方式、饮食习惯，即时通信的发展改变了我们的交流习惯。近年来，一大批互联网企业利用自身开放的互联网平台，提出了尊重用户体验的口号，强调交互式的营销方式，寻求技术与金融在互联网领域的深度融合，推出了一系列新的金融产品和金融服务。因此，基于金融行业与互联网行业的相互融合与相互渗透，互联网金融的概念应运而生了，业内、学界关于互联网金融的理论研究和实务探讨也更加深入。“互联网金融”一词在2012年就引起了人们的注意，2013年中国人民银行发布的第二季度中国货币政策执行报告已经引用了“互联网金融”一词，它还被写入2014年政府工作报告中，但是“互联网金融”并不是一个学界和业界都能够达成普遍共识的、具有明确严谨普遍意义的概念，对互联网金融本质的理解也不统一。

2007年，我国第一家真正意义的互联网金融服务平台（P2P网络借贷平台）“拍拍贷”在上海正式上线，开启了我国互联网金融发展的先河。“互联网+金融”的新型金融模式在我国迅速发展，

2013 年被称为“互联网金融元年”，谢平教授于 2012 年提出了互联网金融概念。随着网络技术的发展、金融和网络高度融合，不同于传统金融模式的新型互联网金融新模式被创造出来了。但是对互联网金融本质的认识，在学界和实务界均没有达成普遍共识。互联网金融的本质问题，涉及互联网金融的基本模式、消费者权益保护、监管模式、立法规制以及司法审判等多方面问题。因此，本书将互联网金融的本质认识作为核心部分之一。只有在认清事物本质的基础上，才能更好地探究法律规制问题。

一、文献回顾

总的来看，学界、实务界对于互联网金融的本质认识并不统一。这种不统一源于快速发展变化的互联网金融实践以及对互联网金融发展规律的不断探索，主要体现在互联网金融的概念上。总体而言，各方观点对于互联网金融的本质认识可以概括为两种。一种观点是“新业态说”，该观点认为：互联网金融是一种新的金融模式和运行结构，能够大幅提高金融运行效率，主要代表人物是谢平、吴晓求等人。① 另一种观点是“延伸说”，该观点认为：互联网不是新金融，而只是金融销售渠道、金融获取渠道意义上的创新，是传统金融的延伸。主要代表人物有陈志武、杨凯生等人。②

---

① 各位论者的具体观点参见谢平、邹传伟、刘海二：《互联网金融的基础理论》，载《金融研究》2015 年第 8 期；吴晓求：《互联网金融的逻辑》，载《中国金融》2014 年第 3 期；王国刚：《从互联网金融看我国金融体系改革新趋势》，载《红旗文稿》2014 年第 8 期；张晓朴和朱太辉：《互联网金融将推动金融理论发展创新》，载《中国金融四十人论坛内部交流论文》等。

② 各位论者的具体观参见陈志武：《互联网金融到底有多新》，载《经济观察报》2014 年 1 月 6 日；杨凯生：《关于互联网金融的几点看法》，载《第一财经日报》2013 年 10 月 10 日，第 A10 版等。

（一）互联网金融"新业态说"

"互联网金融"系2012年谢平教授在"金融四十人年会"上首次公开提出，作为最先提出互联网金融概念的研究者，其观点从互联网金融对传统金融进行颠覆的角度出发，虽具有一定争议但又是最具有代表性的。2012年谢平教授同邹传伟发表的《互联网金融模式研究》认为：以互联网为代表的现代信息科技，特别是移动支付、社交网络、搜索引擎和云计算等，将对人类金融模式产生颠覆性影响可能出现既不同于商业银行间接融资、也不同于资本市场直接融资的第三种金融融资模式，称为"互联网金融模式"，并对这种模式进行了描绘：在互联网金融模式下，支付便捷，超级集中支付系统和个体移动支付统一信息处理和风险评估通过网络化方式进行。市场信息不对称程度非常低，资金供需双方在资金期限匹配、风险分担等上的成本非常低，可以直接交易，银行、券商和交易所等金融中介都不起作用，贷款、股票、债券等的发行和交易以及券款支付直接在网上进行。市场充分有效，接近一般均衡定理描述的无金融中介状态，可以达到与现在资本市场直接融资和银行间接融资一样的资源配置效率，在促进经济增长的同时 ，还能大幅减少交易成本。文章还详细论述了互联网金融模式下的支付方式、信息处理和资源配置。①

另外，谢平的著作《互联网金融手册》（2014）详细论述了互联网金融的定义、互联网金融的发展概况、互联网金融原理、网络银行和手机银行、网络证券公司、网络保险公司、网络金融交易平台、金融产品的网络销售、移动支付与第三方支付、互联网货币、基于大数据的征信和网络贷款、基于大数据的征信、基于大数据的

① 谢平、邹传伟：《互联网金融模式研究》，载《金融研究》2012年第12期。

网络贷款、P2P 网络贷款、众筹及互联网金融监管，对互联网金融模式进行了全面、详细的分析，构建了互联网金融的“生态圈”等。① 谢平教授在 2014 年提出，互联网金融是一个具有前瞻性的谱系概念，涵盖受到互联网技术和互联网精神影响，从各类金融中介和市场，到瓦尔拉斯一般均衡对应的无金融中介或市场情形之间的所有金融交易和组织形式，是一个弹性很大、极富想象空间的概念。

尹优平、盛浙湘在其著作《互联网金融消费者权益保护研究——基于行为金融监管的视角》也赞同谢平教授关于互联网金融的“第三种金融融资模式”论断。他们认为，互联网金融具有互联网的属性，由于互联网技术、精神对金融行业均有所渗入，因此“从本质上看，互联网金融是互联网技术对金融的渗入和融合，互联网金融并不是简单的‘互联网 + 金融’，也不会复杂到与传统金融没有关联，更不是在现有金融体系之外的一个异生物或类生物，它是金融行业与互联网技术和精神相结合的新兴领域，是将互联网开放、平等协作、分享的精神渗入传统的金融行业，是在金融属性上所表现的新特征、新技术、新平台、新模式和新形式”②。

吴晓求更为细致地指出，互联网金融是一种新的金融业态，他从互联网金融的基本内容、运行结构、理论基础、风险特点、监管标准以及替代边界等角度出发，探究其生存逻辑、理论结构及监管准则。充分论证的同时，吴教授进一步指出：市场空间是互联网金融生存的必要条件，而金融功能与互联网技术特征在基因层面上的匹配，是其生存和发展的充分条件，是其生存和发展的逻辑基础。在理论层面上，金融功能理论、二次脱媒理论、新信用理论、普惠金融理论，连续金融理论等构成了互联网金融独特的理论结构。在

---

① 谢平、邹传伟、刘海二：《互联网金融手册》，中国人民大学出版社 2014 年版，第 4 ~ 89 页。

② 尹优平等：《互联网金融消费者权益保护研究——基于行为金融监管的视角》，中国金融出版社 2017 年版，第 5 页。

风险层面上，互联网金融的内核性风险更多地表现在透明度风险，外置风险则与技术和系统安全性风险的叠加性相对明显，因此互联网金融监管准则标准应是透明度，而外置标准是平台技术安全等级。通过论证分析，可以认为：互联网金融与传统金融的相互竞争会推动金融结构变革和金融效率提升，完成从大企业金融、富人金融到普惠金融的转型。①

他还指出，基于互联网金融的渗透、竞争和撞击，现行金融模式和运行结构一定会发生巨大的变革，金融功能的效率一定会大大提高，风险则会发生一定程度的变异，互联网金融生存和发展的广阔的市场空间为互联网金融生存和发展提供了肥沃的土壤，从商业的角度看，互联网所要重构的产业一定是“产业帝国”②。

第一财经新金融研究中心认为，每个人作为参与者，都有充分的权利和手段参与到互联网金融活动中，在信息相对对称中，平等自由地获得金融服务，它的核心是脱媒、去中心化，因互联网技术而超越熟人社会，并形成广泛大量的金融交易。互联网金融并不是简单地运用互联网技术的金融，而是基于互联网思想的金融，技术只是作为必要的支撑。互联网金融不是科技金融或者新技术金融也不是基于互联网技术所带来的所谓的数据金融。互联网思想是高效、共享、信任、尊重，是点对点网络化的共享互联，从而形成信息交互、资源共享、优势互补，并从这些数据信息中挖掘出价值。其核心是参与者，是人，而不是技术，从行为主体和参与形式的角度来理解是互联网金融有着更大的普惠金融和民主金融的意义，是一种新的参与形式，而不是传统金融技术的升级。③

罗明雄、唐颖、刘勇认为，互联网金融是利用互联网技术和移

---

① 吴晓求：《互联网金融：成长的逻辑》，载《财贸经济》2015 年第 2 期。

② 吴晓求：《互联网金融的逻辑》，载《中国金融》2014 年第 3 期。

③ 第一财经新金融研究中心：《中国 P2P 网贷服务行业白皮书》，中国经济出版社 2013 年版，第 5 ~ 10 页。

动通信技术等一系列现代科技信息，实现资金融通的一种新兴金融服务模式。互联网开放、平等、协作、分享的精神渗透到传统金融业态，对原有的金融模式产生根本影响，由此衍生出来的创新金融服务方式具有互联网理念和精神的金融业态及金融服务模式，统称为互联网金融，其依托于移动支付、云计算、社交网络和搜索引擎等高速发展的信息技术及高度普及的互联网进行的金融活动，不同于传统的、以物理形态存在的金融活动，而是存在于电子空间中形式虚拟化、运行方式网络化的金融活动。从广义上来说，理论上任何涉及广义金融的互联网应用都应该是互联网金融，包括但不限于第三方支付、P2P 网贷、众筹、在线理财、在线金融产品销售、金融中介、金融电子商务等。从狭义的金融角度来看，互联网金融则应当定义在与货币的信用化流通相关的层面，也就是资金融通、依托互联网来实现的业务模式，都可以称为互联网金融，其特点在于互联网金融服务基于大数据的运用、金融服务区域长尾化、金融服务高效便捷化、金融服务第一成本化。在此模式下，市场信息不对称程度非常低，资金供需双方能够通过网络直接对接，大幅度降低资金交易成本，弥补以银行为代表的传统金融服务机构的空白，提高了社会资金的使用效率，更为关键的是将资金通过互联网而普及化、大众化，推动金融业务格局和服务理念的变化，完善整个社会的金融功能。①

姚文平认为，与互联网金融相对应的就是所谓的金融互联网，其主要结合“阿里金融”的实践，通过对两者进行一个全面系统的对比分析，得出了互联网金融具有下面的特点：发展理念及思维方式更为开放、平等、分享和包容，更加强调分工与协作，全面互联网化管理方式，更多遵循社区制，崇尚自由，引导思想，注重中长

① 罗明雄、唐颖、刘勇：《互联网金融》，中国财政经济出版社 2013 年版，第 5 ~ 15 页。

期利益，关注客户满意度而非财务指标，倾向于非标准化以及柔性多变的组织架构，主要以客户需求为导向，以发现和挖掘客户的潜在需求。针对需求设计和提供更多更好的金融产品和服务，并以合适的方式将其提供给合适的客户，更加关注客户的体验，在一定程度上可以降低信息的不对称，更多地呈现去中介化的趋势。在战略上更加重视大数据云计算、智能交互、机器学习、深度学习等技术的应用，在微观层面上对新技术表现得更加积极主动。互联网金融非常关注安全性保障以及客户的隐私保护，对待安全性及隐私的思想方式是开放、创新、市场化，更加重视“疏”而非“堵”①。

刘宪权认为，互联网金融应该是互联网领域与金融领域的“联手”或“携手”，但这绝不是简单的“1+1=2”的问题，其本质上可能开创了一种新型的金融模式，事实上更是一种重大的金融创新。他从以下两个方面论证了互联网金融重大创新的观点：第一，从金融形势创新角度看，互联网金融是一种金融创新，互联网金融中的借贷业务虽与传统的银行信贷业务本质相同，但其依托了支付云计算、移动支付、社区互联网及搜索引擎等互联网工具，而在金融的形式上已经有了较大的创新，形式上的创新也往往能够对事物的发展产生很大的影响，互联网金融也不例外。互联网通过对交易对象、交易方式、金融机构、金融市场以及制度与调控机制等要素进行重塑，极大地改变了传统金融的存在方式及运行模式，使得传统金融业务具有了透明度更高、参与度更强、协作性更好、中间成本更低、操作更方便等一系列的特征，而具有这些特征的金融形式也因此被称为互联网金融。第二，从互联网金融的价值和作用角度看，互联网金融也应是一种金融创新。虽然互联网金融的发展确实对银行业的利益造成了一定影响，尤其是随着利率市场化的推进，整个金融

① 姚文平：《互联网金融：即将到来的新金融时代》，中信出版社2014年版，第19~33页。

行业开始出现利率的再调整、再分割，但是从互联网金融的价值和作用看、从我国经济发展的大局看，互联网金融无疑是一种全新的金融形态。首先互联网金融提高了社会资金运用和匹配效率，互联网金融所体现的是一种全新的投融资模式，资金供需双方可借助互联网平台直接进行匹配交易，避免了烦琐的业务流程，资金流转更加便捷。互联网金融提升了金融服务水平，互联网金融具有信息透明、跨区域、高效率和充分个性化的特征优势，规避了金融机构实体网络服务偏弱和经营时间错位的弊端，让消费者享受到了更加便捷、丰富、人性的金融服务，由于互联网金融透明度更高、服务更广、效率更快，互联网金融可通过介入互联网来降低金融活动的信息搜索成本、生产成本和传播成本，从而在一定程度上缓解了机构和个人之间进入信息不对称的问题。①

许传华等在《互联网金融发展与金融监管问题研究》中提出，互联网金融是现代互联网技术与金融相融合的产物，以互联网技术和移动通信技术等现代信息科学技术为基础，以大数据、云计算为技术核心，实现资金融通的金融服务模式；是金融服务提供商以互联网平台提供的银行、证券、保险等多种金融服务和以电脑网络技术支撑的金融活动的总称。②

有论者从金融互联网与互联网金融的区别中探讨互联网的本质。较早公开讨论互联网和金融互联网的是马云，他曾经发表文章认为，互联网企业从事金融业务的行为被称为互联网金融，而传统金融机

---

① 刘宪权：《金融犯罪刑法学原理》，上海人民出版社 2017 年版，第 556～557 页。

② 许传华等：《互联网金融发展与金融监管问题研究》，中国金融出版社 2015 年版，第 2～19 页。

构利用互联网开展的业务被称为金融互联网。[1] 这一观点得到了很多学者的认可，即金融互联网和互联网金融是两个完全不同的概念。杨东认为，互联网金融是以互联网为渠道，并在组织结构和运行机制等方面异于将电子计算技术应用于传统金融领域的新金融业态，根据此定义，传统金融组织使用网络技术来提高竞争力，是金融互联网，而各企业应用互联网技术进入金融行业所开展的业务，是互联网金融。[2] 持有相同观点的还包括刘凤、陆岷峰[3]以及冯科[4]等人。从技术区别角度看，汪炜认为，基于大数据云计算等前瞻性信息运用的金融活动，才可以称为互联网金融，而忽略了这个关键要素的其他的所谓互联网金融都是缺乏灵魂的。[5] 霍学文更是进一步指出，互联网金融远非将金融与互联网技术叠加那么简单，而是将互联网的思维引入金融行业，从而创造出新的金融形态。[6] 李钧则对互联网思想进行了归纳，互联网思想是提高效率、共享平等、自由、信任、尊重，是点对点网格化的共享互联，从而实现信息交互、资源共享、优势互补，并从这些数据信息中挖掘出价值。[7] 这些研究虽然表面上没有说互联网金融的本质应当如何，但是实际上已经

---

① 马云：《金融行业需要搅局者》，载新浪网：http：//finance. sina. com. cn/money/bank/bank_ hydt/20130621/073915866989. shtml，最后访问日期：2018年3月5日。

② 杨东：《互联网金融监管体系探析》，载《中国金融》2014年第8期。

③ 陆岷峰、刘凤：《互联网金融背景下的商业银行变与不变的选择》，载《南方金融》2014年第1期。

④ 贾甫、冯科：《当金融互联网遇上互联网金融：替代还是融合》，载《上海金融》2014年第2期。

⑤ 见汪炜：《互联网金融：一场全新的金融技术革命》，载《浙商金融家》2013年第6期。

⑥ 霍学文：《发展互联网金融，提升金融核心竞争力》，载《上海经济》2013年第9期。

⑦ 李钧、李耀东：《找到互联网金融的“枝干”：精神、层次与结构》，载《第一财经日报》2013年8月16日，第A14版。

表述了对于互联网金融的基本认识及互联网金融是一个基本的金融创新形态的观点。

还有学者从互联网金融创新的角度来论述互联网金融的新业态属性，王传辉等认为，互联网金融创新主要体现在四个方面：一是传统业务的互联网化，即银行、证券和保险等传统金融企业利用互联网进行企业服务平台和业务产品的互联网化，对传统金融业可达到方便客户、减少成本及增加服务效率等效果；二是互联网实质性的金融业务，主要表现为基于互联网平台的新金融业务的出现，如P2P网络借贷、互联网理财业务、众筹等互联网金融业务，此类业务一方面与传统金融业务直接竞争，另一方面互联网平台的中介作用是创新的基础；三是互联网金融辅助和衍生业务，主要有第三方支付和互联网征信业务两类，在本质上是对主流金融业务的补充和服务，与上述第二大业务一样，也是互联网平台或中介来发展金融业务；四是互联网货币，如比特币，这触动了传统金融的根本，货币体系是最前沿，也是最具革命性的问题。①

（二）互联网金融“延伸说”

当然也有人认为互联网金融并没有必要作为一个独立的概念提出，互联网金融的本质还是金融。中国社科院金融研究所副所长殷剑峰指出，“互联网金融”的前世就是电子金融（所谓电子金融，是指利用电子通信和计算技术来提供金融服务），“互联网金融”是“电子金融”的一类，其本质无非是利用互联网来提供金融服务。互联网金融概念被热炒的背后是一些互联网企业希冀进入金融行业的强烈诉求。

他进一步指出，互联网企业进入金融行业主要包括三种模式，

---

① 王传辉等：《互联网金融：产业政策、风险监管与反垄断》，载许多奇主编：《互联网金融法律评论》2016年第2辑，第19页。

这三种模式也都是从欧美复制过来的，只不过做了些许本土化改造。而且，在这三种模式中，并非没有金融中介，只不过是互联网企业取代了传统的金融机构，成为承担基本金融功能（处理信息、媒介资金）的新中介。第一种模式是电子商务企业从事金融业务。这类模式的典型是阿里巴巴发展出来的支付宝、余额宝以及网上保险销售等。第二种模式是工商企业利用互联网平台从事筹资和融资活动。这种筹融资活动在国外被称作 P2P（peer to peer lending），在国内被称作“人人贷”。第三种模式是互联网企业开设的网上金融超市。这种模式主要是互联网企业开设一个网站，在其上销售金融产品和服务，它与金融机构官网的区别在于后者只销售自己的产品。而互联网金融在我国之所以能够发展迅速，是对金融管制、监管租金和“钱荒”的反应。①

美国芝加哥宏观策略研究中心执行主任戴险峰更是明确指出，互联网作为一项技术，在过去 20 多年来一直在影响着全球的金融业。不过，互联网的影响主要集中于后台（如支付）和渠道，并没有催生出任何新金融。在互联网技术发展最早、最为成熟且应用领域最广的美国，并不存在所谓“互联网金融”的概念。“互联网金融”在中国大行其道，主要源于中国金融体系中“金融压抑”（financial repression）的宏观背景以及对“互联网金融”所涉及的金融业务的监管空白。这缘于互联网作为技术的本质。互联网对金融的冲击，本质上就是机器与人力资本的冲突，其结果取决于机器在多大程度上可以取代人力。而这种冲突自金融诞生之初就一直在进行。在这点上，互联网并没有什么特别突出的地方。他总结到，中国的所谓“互联网金融”业务，只是传统金融在监管之外的一种生存形态，互联网只是一种工具。金融的本质没有变，也没有产生可以叫

---

① 殷剑峰：《互联网金融的神话和现实》，载《上海证券报》2014 年 4 月 22 日，第 A01 版。

作“互联网金融”的新金融，“互联网金融”的提法并不科学。①

林采宜认为，互联网金融只是金融服务的提供方式和获取方式发生改变，是直接融资和间接融资在互联网上的延伸，而非直接融资和间接融资之外的第三种金融模式。② 其他学者从金融的本质属性对互联网金融进行了分析，耶鲁大学金融系教授陈志武认为，互联网金融本质上还是金融契约，不是新金融，只是金融销售渠道、金融获取渠道上的创新。③ 吴晓灵提出互联网金融的本质是利用互联网和信息技术，加工传递金融信息，办理金融业务，构建渠道完善资金的融通，这一观点也得到了许多监管人士和市场人士的赞同。中国人民银行支付结算司副司长樊爽文表示，在互联网时代这一大背景下，从本质上来讲，互联网金融的核心归根到底还是金融。邱冬阳、肖瑶认为互联网金融其本质是金融互联网只是一个媒介、一个工具。④ 宜信公司总裁助理刘大伟表示，互联网金融的本质是金融，核心内容是风险控制。⑤

与新业态说在“互联网金融”和“金融互联网”上的区分不同，延伸说认为传统金融行业运用互联网技术开展的业务活动也称为“互联网金融”。阎庆明认为，互联网金融是以信息科技为基础，传统金融机构也可以利用，并且正在利用。⑥ 与之相似，刘士余认

① 戴险峰：《互联网金融真伪》，载《财经》2014 年 3 月 5 日；戴险峰：《“互联网金融”的提法并不科学》，载《中国经济信息》2014 年第 5 期。

② 武长海等：《互联网金融监管基础理论研究》，中国政法大学出版社 2016 年版，第 7 页。

③ 武长海等：《互联网金融监管基础理论研究》，中国政法大学出版社 2016 年版，第 7 页。

④ 邱冬阳、肖瑶：《互联网金融本质的理性思考》，载《新金融》2014 年第 3 期。

⑤ 来源网址：http：//finance. ifeng. com/a/20131118/11107472_ 0. shtml，最后访问日期：2018 年 1 月 4 日。

⑥ 阎庆明：《新金融发展对金融监管政策的挑战》，载《21 世纪经济报道》2013 年 7 月 29 日，第 019 版。

为，不论互联网金融还是金融互联网，只是战略上的分类，没有严格的定义区分，随着金融和互联网的相互渗透融合，互联网金融已经泛指一切通过互联网技术来实现资金融通的行为，互联网金融是广义金融的一部分，传统互联网金融的互联网业务也应该是广义的互联网金融的组成部分，两边是交叉进行相互促进的。周宇也认为，从广义上讲，通过或依托互联网进行的金融活动和交易，均可划归为互联网金融，既包括通过互联网进行的传统金融业务，也包括依托互联网创新而产生的新兴金融业务。① 中国人民银行条法司司长穆怀朋也发表讲话认为，互联网金融和金融互联网应该说是同源的，它们都是广义互联网金融组成的部分。

刘飞认为，从传统的金融服务相比，以互联网和手机为介质的金融业务，并没有创造出新的金融模式，在本质上跟银行的传统服务没有根本区别，金融服务的对象、工具、法律关系没有发生根本变化。② 持相同观点的还有王念、王海军、赵立昌，他们认为，互联网金融并没有形成一个新的金融形态，互联网金融应界定为一种金融行为和金融模式，而不是固化为一种金融业态，即互联网金融就是金融活动，借助互联网等现代技术工具实现的金融服务普及和延伸以及由此带来的一系列创新实践活动。③ 互联网金融乃是金融与互联网的结合，代表了金融概念的一个分支，换言之，互联网金融的本质仍然没有超出金融的范畴。④

因此，延伸说认为互联网金融应当从广义上进行宏观的定义，

---

① 周宇：《互联网金融：一场划时代的金融变革》，载《探索与争鸣》2013 年第 9 期。

② 刘飞：《5000 亿余额宝红与黑》，载《华夏时报》2014 年 3 月 3 日，第 13 版。

③ 王念、王海军、赵立昌：《互联网金融的概念、基础与模式之辨——基于中国的实践》，载《南方金融》2014 年第 4 期。

④ 赵渊、罗培新：《论互联网金融监管》，载《法学评论》2014 年第 6 期。

王永利认为互联网金融是指应用互联网技术平台和渠道等从事的金融活动，传统金融机构应用互联网推出的金融业务与非传统金融机构依托互联网金融开办的金融业务是其两种主要模式，尽管二者在体制机制、技术水平等方面存在着很大的差别。陈一稀和王杰认为，互联网金融泛指一切通过互联网技术实现的资金融通行为，互联网金融是以传统金融与互联网为代表的现代信息技术，特别是云计算、搜索引擎、移动支付、数据挖掘和社会化网络等相结合的新兴领域。陆岷峰与刘凤将互联网金融定义为各类金融机构或准金融机构，借助网络信息技术提供资金融通、资金配置和金融服务的新金融模式。

（三）学说比较

上文提到的两种学说各有优劣。本书认为，“新业态说”在理论价值上更加突出，当然也存在一定问题，理论外延显得过于狭窄。更确切地说，“新业态说”关注互联网金融的“应然”本质，但是并没有兼顾我国的国情和互联网金融的发展过程，“实然”方面兼顾不够。互联网金融的本质研究，最终是为了我国互联网金融行业更加健康发展，从法律角度而言，是为了互联网金融的发展制定、完善符合其本质规律和我国国情的法律法规和监管规定，保障金融消费者合法权益，维护金融系统稳定。互联网金融法律学术研究的终极目的是互联网金融行业理念和制度架构的完善，探究事物质的规定性和量的规定性。因此，学说之间的比较应当从“现实”和“理想”两方面入手，否则便丧失了学说的“实务”价值。

1. 新业态说

以谢平教授为代表人物的“新业态说”理论价值非常高。它从一般均衡定理角度出发，解释金融中介存在的原因，即金融中介有规模经济和专门技术，能降低资金融通的交易成本。金融中介有专业的信息处理能力，能缓解储蓄者和融资者之间的信息不对称以及由此引发的逆向选择和道德风险问题。但由于巨大的中介交易成本和网络技术、大数据、云计算的发展，互联网金融模式随即产生。从三个维度分析互联网金融的基本模式：第一个是支付方式，是金融的基础设施，会影响金融活动的形态；第二个是信息处理。信息是金融的核心，构成金融资源配置的基础，互联网金融模式下的信息处理是其与商业银行间接融资和资本市场直接融资的最大区别；第三个是资源配置，是金融的根本目标。互联网金融模式的资源配置效率是其存在的基础。互联网金融的新业态说在上述三个方面对互联网金融的基本特征给予了充分论证。论证了为什么互联网金融能够成为除间接融资、直接融资的第三种融资模式。

但是，对于新业态说的主要争议之处在于以下三点。首先，新业态说将“金融互联网”排除在互联网金融模式之外。也就是说，传统金融机构使用网络技术所提供的服务，并没有被新业态说认为是属于互联网金融模式的范畴。但是如果没有十几年前商业银行的全面信息化，目前的互联网企业的创新也将是无源之水、无本之木。其次，论者还认为，如果把互联网金融仅仅界定为有别于传统直接融资模式和间接融资模式，利用大数据云计算等现代信息技术具有开放、平等、协作、分享等互联网现有精神的新金融模式及金融业态的话，那么在一定意义上运用到实际业务中将非常困难，因为我国许多互联网公司实际上只是通过互联网发放贷款、筹集资金，它们似乎与新业态说的这些本质特征相去甚远，绝大多数并未集中体现移动支付、云计算、社交网络和搜索引擎这几个技术特点，并非真正意义上的互联网金融，如 P2P 网络借贷这种模式进入中国以后，不再基于数据积累与数据处理，有些业务模式甚至直接与互联网相脱离，在线下发展。又如，第三方支付通常被人们认为是互联网金融的一部分，甚至中国货币政策执行报告也将其归入互联网金融之列，但实际上基于互联网的第三方支付早已存在，而且一直发展迅猛，却并没有引发人们的关注。目前的研究主要集中在基于第三方支付平台的优势推出的其他金融服务，如支付宝诞生了余额宝等，但即便如此，其本质也是货币基金的另外一种网络代销模式而已。从国外公司的发展情况来看，互联网金融的火爆程度比中国要小得多，其市场份额也非常小，且多集中在利用期权交易模型来做二级市场对冲性的互联网金融产品，在本质上并没有突破金融的范畴，互联网只是金融的工具或组成部分。最后，从国内外普遍认可的诸多互联网金融业务模式来看，主要包括第三方支付、P2P 小额信贷、股权众筹、互联网货币、电商金融以及其他网络金融服务平台，这些模式并非传统金融机构不能模仿，而且相比之下传统金融更有数据信用渠道等诸多方面的优势。并且随着未来网络技术的进步，被认为是互联网金融灵魂的大数据云计算、数据挖掘、社交网络、移动支付的核心技术也将成为过去时，但互联网金融的融合并不会停止前进的步伐。① 上述评论也代表了大部分学者关于互联网金融新业态说的基本观点。

对于上述关于互联网金融新业态说的评论，本书部分赞同。赞同的是：第一，该评论认可了新业态说关于互联网金融技术的本质特点。互联网与金融的融合并不是一朝一夕，而是有着长期的历史过程。这种融合与新技术的出现密切相关，从金融发展历史、监管历史角度看，每一次技术的进步都会引发金融的发展和监管的更新。因此，互联网技术也促进了金融的发展，促进了金融和互联网的进一步融合，如比特币等各种虚拟货币的出现也是计算机技术、区块链技术、分布式记账的不断完善带来的，当然随之而来的是监管的跟进。因此，该评论考虑到了技术的进步历史背景和互联网金融的技术基因，是值得赞同的。第二，互联网金融在我国实践中确实有中国特殊国情因素。由于我国的公民个人信用信息不健全、数据积累时间不长、民间借贷盛行等，大多数 P2P 网贷公司并不依赖于大

① 武长海等：《互联网金融监管基础理论研究》，中国政法大学出版社 2016 年版，第 10 页。

数据和云计算以及基于此构建的风控模型，而是依赖于线下拉客、拉资金，把传统的民间借贷舞台“搬到”了互联网上。因此，技术特征不明显确实是我国现阶段 P2P 网贷行业的一个普遍现象。

不赞同的是：第一，如果没有运用大数据、云计算等核心互联网金融科技特征，就不宜作为新的金融模式，因为工具能够在量和质上改变与之融合的事物。互联网与金融的融合也不例外，将互联网作为一种通信便利、无需物理场所办理银行业务的工具，仅仅是在“量”上改变了金融与金融消费者、投资者之间的关系。例如，我们使用的各大银行推出的“网上银行”，是基于网络将银行的大部分功能（主要是对私业务）转移到线上，实现用户网上完成账户查询、转账等行为。但其并不是互联网金融的基本范畴，没有体现大数据运用的基本属性。因此，将传统金融业务转移到网络上这一单一特征并不是互联网金融的特点，不包括在互联网金融内无可厚非。虽然商业银行的全面信息化大幅提升了传统金融机构的运作效率，但是这种信息化的发展并不会必然导致互联网金融的产生，在某种意义上讲，互联网金融的诞生受益于传统金融机构出于成本考虑而忽视的“长尾”市场，当然也同样受益于网络科技的快速发展。第二，我国的互联网金融实践中确实存在着“异化”的互联网金融模式，如 P2P 网贷和小额网络信贷（如“现金贷”），但是这种异化有一定的国情因素。美国的 Lending Club 作为全美最大的 P2P 平台，对借款人还款能力的审核主要依赖于美国成熟的个人信用体系，根据信用体系的数据确定借款人的评级和借款利率。我国个人信用制度并不发达，公民个人信用无从通过公开渠道得到查询。公民个人的收入、消费记录、还款记录等是借款信用的重要评价标准。因此，我国大部分 P2P 开展线下调查、寻求借款人抵押等途径为借款人增信，但仍然有一批 P2P 平台通过纯线上的审核模式开展信用评级。尤其是近年来我国开展互联网金融整治工作后，大量 P2P 网贷平台都开始构建基于大数据分析的风控模型。另外，还有的网贷平台通过消费场景来固定借款人，通过消费记录等来确定借款信用等级和贷款利率，如万达小贷等。评论中的观点是将“实然”问题“应然”化。从互联网金融的基本特征来看，大数据和云计算等关键技术一定程度上应当成为互联网金融的“标配”，甚至部分互联网金融平台已经实现了大数据化特征，这种技术特征不能忽略，正是基于大数据分析，大量的长尾客群在互联网上留下的痕迹才能成为非结构化数据模型的基础。从“应然”意义上看，互联网金融应当在金融科技主导下，运用大数据、云计算、区块链技术实现去中心化，淡化金融中介作用，利用网络数据实现非结构化的风控模型构建，实现小额为主的资金融通，这也是互联网和金融相融合的目标，但并非最终目标。只是现阶段金融科技的发展、制度支撑、法律支撑、监管理念等还需要一个发展过程，任何事物都不能一蹴而就，因此实践中出现符合一国国情的“异化”互联网金融模式也是互联网金融发展过程必不可少的“步骤”。

2. 延伸说

不可否认，延伸说具有一定的理论价值和实践价值。该学说认为互联网金融不宜作为第三种金融模式看待，这轮金融创新的重要源头就是商业银行的全面信息化、互联网化，与传统金融业务并没有本质差别，互联网金融的本质仍然是金融。

对于该说，本书赞同的是：延伸说在研究互联网金融本质方面做出了一定贡献，努力探索互联网金融的本质，虽然该说努力论证互联网金融在我国现阶段是传统金融模式的“网络化”，互联网金融是传统金融的延伸并不是本书主要赞同的观点，但是该说终究看到了互联网金融和传统金融之间的历史发展脉络和关系。关于“金融互联网”和“互联网金融”的关系上文已经有所讨论，本部分不再涉及。这种学说的另外一个价值在于金融监管的法律法规如何运用于互联网金融领域内。通过该说的观点，可以升级现有的金融监管法规，实现对现阶段互联网金融的有效监管。这种观点在实践中也有反映，如2017年11月17日中国人民银行、中国银行保险监督管理委员会、中国证券监督管理委员会、国家外汇管理局发布了《关于规范金融机构资产管理业务的指导意见（征求意见稿）》，通篇贯彻了“穿透式”监管理念，通过互联网实现的理财等金融产品，只要是本质上实现了上述规范的有关金融业务，就要遵守意见稿的有关规定，是否是“互联网金融”在所不问，并未对“互联网金融”业务“网开一面”，而是将互联网金融的规制“穿透”对接到传统金融。

本书不赞同的是：虽然从实际上看，目前国内很多互联网公司和开展的业务都名不符实（上文已述及），但是也不能忽视，在信息传播扁平化的大背景下，为满足用户尤其是“长尾客群”的日益丰富的金融需求，将创造出一系列金融新概念、新种类、新模式、新流程，如合法合规的现金贷形式。另外，以第三方支付来说，如果第三方支付只提供单纯的支付业务，则其实可以归类为支付机构的行列，而一旦其基于自身的数据积累与处理能力，向其他金融机构领域渗透，则可以定义为互联网金融，更进一步说，基于互联网的第三方支付有着进军互联网金融的强大潜力，大数据的支付行业混业经营也比较常见。再如，目前的P2P网贷公司经过一段时间的数据积累，终将朝着大数据技术意义上的互联网金融方向发展。从历史发展角度看，任何行业的发展都有一个逐渐成熟的过程，互联网金融也不例外，大数据需要积累和沉淀，在数据长期积累后，互联网金融的典型业态就会逐渐形成，所以并不能简单地以现阶段的互联网金融是传统金融服务的升级优化为由，否定互联网金融经过发展后的形态。

二、互联网金融本质的研究进路

从金融监管角度看，互联网金融的本质争论涉及金融监管目标、监管原则、监管内容、监管模式、监管方法以及监管理念等一系列问题。从新业态说角度看，互联网金融区别于传统金融，是“第三种”融资模式，现有的金融监管框架和规则如果强行加之于互联网金融很可能引起水土不服，现有的监管框架和体系均要做出重大调整，甚至重新制定规则；从延伸说角度看，现在的互联网金融和传统金融并不存在本质差别，互联网金融的本质还是金融，只是将传统的金融业务搬到了互联网上，或者在内涵上就包含了传统金融业务在利用互联网技术实现的内容，将现有的金融监管体系升级就可以满足互联网金融发展的需求。因此，对互联网金融本质进行深入思考有着重要的现实意义。

上述两种学说在某种程度上可以寻求契合点。新业态说并没有从根本上否认互联网金融的金融属性。并且，其在金融的基本框架内分析了支付、信息处理和资源配置的特点，指出现代信息技术特别是移动支付、第三方支付、大数据、社交网络、搜索引擎和云计算等，将对“人类金融模式产生颠覆性的影响，会带来比传统金融中介和市场更加先进的互联网金融”①。因此，既然称之为金融，那么新业态说并未从根本上否认互联网金融的“金融”属性，只是互联网和金融的融合已经创造了一种新的金融模式。因为这种金融模式不同于传统的间接和直接的融资模式，所以才称为“第三种金融融资模式”②。但是，延伸说最大的问题是没有深入分析互联网对金融产生的重大影响，而仅仅将互联网看成一种工具，虽然该学说顺应了实践中对于互联网金融的监管不足，现有的监管法律法规无法满足迅速发展、瞬息万变的互联网金融创新，但是这种顺应是具有历史局限性的，从发展角度看并不能为互联网金融的健康发展保驾护航。因此，分析互联网金融的本质，应当借鉴两种学说的闪光点，以科技、互联网与金融的融合过程、互联网金融的基础理论、互联

---

① 冯科：《互联网金融理论与实务》，清华大学出版社2016年版，第7页。

② 谢平、邹传伟：《互联网金融模式研究》，载《金融研究》2012年第12期。

网金融的基本特征为研究进路，探究互联网金融的本质。

（一）互联网和金融的融合过程

1. 第一阶段（20 世纪 50 年代 ~20 世纪 90 年代）

银行一直是高科技发展的主要用户和见证人，在 20 世纪 50 年代中期，电脑开始应用于银行业务的处理和经营管理，但此时还仅仅是从电脑的单机应用开始，在银行业务中的记账、结算等环节以及银行管理中分析决策等环节使用电脑，可以提高速度，减轻人力负担，减少差错，改进工作。到了 20 世纪 60 年代，电脑应用又从单机处理发展到联机系统，该系统向纵向延伸银行内部，在总部与分支机构营业网点之间发展了存、贷、汇等业务，银行外部在不同机构之间实行了通存通兑等联机业务。20 世纪 70 年代以来，电子通信技术与计算机技术一体化，特别是互联网的迅速发展，被广泛应用于金融领域。1973 年，美国将以电报电话手段建立起来的联储电话系统改建成电子化的联储电话系统，即建立起联储银行间清算服务的电子计算系统，由此点燃了金融业电子化的革命浪潮，发达国家的银行纷纷立行电子化，以提高效率、降低经营成本。特别是进入 20 世纪 80 年代后，银行间实现了电子联网，出现了水平式金融信息传播网络电子资金转账系统，票据处理速度、支付效率和资金管理质量大大提高，节省了开支，减少了意外损失。20 世纪 80 年代后期到 90 年代中期，银行业率先实现了电子化，开始进入了信息技术时代，这个阶段的发展与个人电脑信息卡、电子货币等新型信息化手段的普及有关，银行陆续推出了以自助方式为主的在线银行服务、自动柜员机销售终端系统、企业银行、家庭银行等多种电子网络金融服务方式（这就是上文所提及的“金融互联网”的典型代表），这些服务方式的功能越来越多样化，在银行电子化过程中还出现了高技术智能金融卡，能够实现一卡通金融业务服务的 VISA 卡以及以电子信息形式进行现金支付、票据转让的电子货币结算系统。银行电子化有利于促进银行再造，使银行能够集中核心能力，获得可持续发展的竞争优势，实现了从1995年8月123家银行，到1997年全世界大概61%的银行都能提供网上服务。

随着银行的电子化，证券市场的电子化进程也拉开了序幕。1964年，电脑首次进入证券交易所。1968年，美国全国证券商协会（NASD）开发了一种自动报价系统——纳斯达克（NASDAQ）并于1971年开通，被称为全国证券商协会报价系统，该系统通过证券商的行情显示屏幕，适时发布场外交易市场证券行情。1974年，美国各大证券交易所共同建成集中的交易报价系统。1978年，开通了集中的报价系统、市场间的报告系统这两个系统，统称为集中的交易报价和报告系统。证券市场电子化发展最重要的标志是私人实体经营的所有权交易系统（Proprietary Trading System）即电子交易市场的出现，第一家重要的电子交易市场是20世纪60年代末出现的由法国路透社拥有的机构网络公司，又称为第四市场。它有一个交叉网络，能为一揽子股票的大额交易指令提供自动进入自动撮合机构，投资者通过电脑网络的帮助，相互进行直接的大额证券交易，以节约佣金。大证券商也投入巨额资金建立相应的交易处理系统，其中最有代表性的就是摩根士丹利耗巨资建立的“搭线”（TAPS）系统，该系统能在瞬间完成交易，准确性大大提高，而且还能够完成一切有关交易的文书处理工作，追踪每一个记录。交易的速度和正确性提高后，证券商每天可以完成更多交易，获得更多的获利机会，因而也出现了整体交易的增长。在银行和证券电子化深入发展的同时，保险也逐渐利用电子技术开展业务参与，二者相比保险业的电子化程度比较低。

2. 第二阶段（20世纪90年代~2011年前后）

20世纪90年代中后期，以信息技术，尤其是网络技术为核心的高新技术迅猛发展，现代计算机处理技术与通信信息技术相融合，呈现出高性能、宽领域、多方向等特点，继续朝着数字化、集成化、智能化、网络化方向前进，新技术以不可阻挡的速度渗透到金融行业当中，出现了网络银行、网络证券、网络保险、网络理财、网上结算、网上金融信息等相关的金融业务，并且金融创新产品和工具的流通性、逐利性、虚拟性、杠杆性和高度集中性等特征进一步凸显，突出表现在微观层面的产品定价、资产证券化技术、结构化产品越来越复杂，中观层面的场外金融衍生市场，宏观层次的复杂性，如影子银行系统。毫不夸张地说，曾经完全由人工主导的金融业，如今已经变成了计算机与人相结合，这一阶段，我们可以统称为“网络金融”（cyber finance）阶段。在技术进步和放宽管制的情况下，新兴的金融服务和金融产品的提供者，如各“. com”和多元化经营的工商企业，将可以很容易地进入壁垒不再森严的金融市场。1995 年 11 月在美国亚特兰大开业的第一家网络虚拟银行“安全第一网络银行”，没有建筑物，没有地址，只有网址 www. sfnb. com，用户可以在任何时间、地点，利用网络享有 24 小时不间断的银行业服务，它的服务包括储蓄、转账等，今后逐步开展到信用卡证券交易、保险和公司财务管理等业务。在虚拟银行越来越多的同时，原有的传统银行也纷纷创设网站，开展网上银行服务，到目前为止，美国最大的 50 家银行中，绝大多数都提供网上金融服务。

证券业的交易和投资者管理越来越信息化和智能化，技术成本的降低催生了贴现经纪人和其他中介信用机构的增长，并使得投资者们可以在种类繁多的投资产品中进行选择。1996 年，E－trade 公司创立了 www. etrade. com 网上交易网站，成为全球最先开展网上交易业务的网站，并在三年内就将业务扩展到全球 33 个国家。网络证券公司对证券经纪业务的革命性创造使得交易成本在三年内就下降了 90%，在此情形下，传统的网络金融机构奋起直追，纷纷投巨资于网络金融方面，以不同形式迅速建立起一支实力雄厚的金融力量。例如，英国保诚保险公司投资了 5000 万英镑，建立了一个提供多种产品的网上银行服务机构，这个机构在短短两年内就发展了 90

万名客户和 120 亿英镑的存款。还有一些传统金融机构以建立联盟的方式来共同发展网上服务，不同类型的金融产品和服务可以在同一网站上优势互补。

进入 21 世纪以来，大型金融机构运用超级计算机技术对复杂的算法程序进行高速计算，以此为基础，在二级市场上，网络金融向风险分析、资产管理和交易执行的领域发展，如今在风险分析和资产管理上，几乎每个大型金融机构都会使用计算机和信息技术来评估风险并管理投资，如世界上最大的资产管理公司贝莱德（Black - Rock）集团就使用其专有的计算程序“阿拉丁”来帮助客户管理与股票、债券衍生品及其他复杂金融工具相关的投资风险与资产。在 2008 年金融危机期间，计算技术和信息技术带动了黑盒交易（black-box）和算法交易（algorithmic trading）的兴起，这些方法都利用强大的计算机技术，并在复杂数学模型的基础之上分析市场并执行交易。如今几乎每个大型金融机构都会编写各种形式的交易模型和策略，这些计算机程序可以处理海量的信息、分析交易趋势，它们只要安装完毕，就可以智能地频繁交易，并在几秒钟内算出相应的资本配比。实际上这些程序已经非常先进，甚至能在证券信息披露或新闻报道后的几秒钟内迅速完成搜索，并根据最新的信息进行交易操作。其中一个很普遍的交易方式是高频交易，即以超高速执行大量交易，以寻求在短暂的市场变化中获利的计算机交易，这种交易方式发生的速率通常以毫秒和秒来计算，而每日交易量则通常都是数十亿美元，在 2010 年所有外汇交易中的近 30% 都是由高频交易完成的，在 2011 年高频交易占美国股票交易总量的 60% 、欧洲股票交易的 35% 到 40% ，并呈现逐年增长的趋势。

3. 第三阶段（2011 年前后至今）

随着全球数字经济的飞速增长，数据成为重要的价值来源，也是至今为止最重要的、增长最快的资源之一。上述金融和技术的融合阶段可以称为大数据金融阶段。不同领域的学者从不同的视角出发均对大数据进行了深入的研究，但对于大数据概念的界定，目前仍没有统一的标准。① 从定性研究方面看，如百度百科认为大数据为巨量资料，无法在有效时间内通过传统手段或主流工具使数据得到采集、处理和管理；② 从定量研究来看，国际数据公司（IDC）认为大数据一般会涉及两种或两种以上的数据形式，超过 100TB 的高速、实时数据流；或者是从小数据开始，但数据每年会增长 60% 以上。③ 曾任哈佛大学肯尼迪学院信息监管科研项目负责人、新加坡国立大学信息政策研究中心主任、“大数据时代的预言家”、现牛津大学网络学院互联网研究所治理与监管专业教授的维克·托迈尔－舍恩伯格（Viktor Mayer－Schönberger）也指出：“信息社会所带来的好处是显而易见的，每个人口袋里都有一部手机，每台办公桌上都放有一台电脑，每间办公室都有一个大型局域网，但是信息本身的用处却并没有如此引人注目。半个世纪以来，随着计算机技术的全面融入，社会生活信息爆炸已经累积到了一个开始引发变革的程度，它不仅使世界充斥着比以往更多的信息，而且其增长速度也更快。信息总量的变化，导致了信息形态的变化，量变引发质变，最先经历信息爆炸的学科，如天文学和基因学创造出了大数据这个概念，如今这个概念几乎应用到了所有人类智力与发展的领域中。大数据并非一个确切的概念，最初这个概念是需要处理的，信息量过大，已经超过了一般电脑在处理数据时所使用的内存量，因此工程师们必须改进处理数据的工具，这导致新的处理技术的产生，如谷歌的 MapReduce、开元 Hadoop 平台。这些技术使得人们开始处理的数据

① 牛正光：《大数据对政府治理现代化的影响研究》，中国农业大学 2017 年博士学位论文，第 12 页。

② 邹启立：《机器翻译与基于大数据语言服务技术的创新》，载《西江月》2013 年第 23 期。

③ 黄晓斌、钟辉新：《大数据时代企业竞争情报研究的创新与发展》，载《图书与情报》2012 年第 6 期。

量大大增加，更重要的是，这些数据不再需要用传统的数据库表格来整齐排列……一些可以消除僵化的层次结构和一致性的技术也出现了，同时因为互联网公司可以收集大量的有价值的数据，而且有利用这些数据的强烈的利益驱动，所以互联网公司顺理成章地成为最新处理技术的领头羊，它们甚至超过了有几十年经验的线下公司，成为新技术的领先使用者。”①

大数据将成为这个时代的变革性技术力量，在公共服务领域、商业领域等都会产生巨大的变革力量，尤其是在思维方式上，也会产生颠覆性影响。大数据技术对金融的影响也非常深刻，主要体现在大数据运用分析、社交网络、数据挖掘、云计算等方面。这些技术能够显著降低交易成本，缓解市场信息不对称的问题，提高风险定价和风险管理的效率，进一步降低金融市场的不确定性。拓展交易可能性的边界是资金供给，双方可以直接交易，从而影响金融交易及其组织形式。最为关键的是，金融的核心是信用，相对于网络金融阶段而言，大数据金融使得抵押信用模式逐步被大数据信用模式所取代，对个人、项目、企业的海量数据进行挖掘和分析，能够得出一个更为合理的信用评价和利率。基于大数据金融的这一优势，电商、电信运营商、钢铁行业、IT 企业等纷纷利用市场交易中的数据积累，涉足金融产业，发展跨界经营。此外，大数据精神的核心是开放、共享、去中心化、平等自由、普惠民主，大数据金融反映了人人组织的平台模式在金融业的兴起、金融分工和专业的淡化、金融产品简单化以及金融脱媒去中心化，再到金融民主化、普惠化。除投融资外，互联网金融的很多创新产品与人类生活及社交活动联系在一起，经常内嵌在各种 APP 中，产品实用化、软件化，强调行为、大数据的应用，这在一定程度上体现了共享原则。

---

① ［英］维克托·迈尔－舍恩伯格（Viktor Mayer－Schönberger）：《大数据时代》，盛杨燕译，浙江人民出版社 2013 年版，第 8 页。

互联网金融模式中的 P2P 网贷、众筹、平台金融、供应链金融、消费金融、征信以及信息化的金融机构等都在运用大数据技术。虽然互联网金融“延伸说”的观点认为，我国大部分互联网金融平台“存在异化”情况，使用大数据等技术进行贷款利率、风险评定、数据收集、风控模型搭建还在“讲故事”阶段，并未真正落实，但是不能否认，我国仍有部分互联网金融平台探索运用大数据、云计算技术，进行风控模型设置和风险定价。并且大数据、区块链等是不可避免的互联网金融技术发展方向。例如，我们熟知的国内“BAT”三家网络巨头，其实都是以大数据为核心串联在一起的。征信、风控、消费金融、财富管理都或多或少地运用到了大数据。

“个人征信”是互联网金融行业面临的较大问题。基于用户在互联网上的消费行为、社交行为、搜索行为等产生的海量数据，其价值并未被充分挖掘，个人征信在大数据的采集和信息挖掘上仍有很大的想象空间。阿里的“芝麻信用”发展较为突出。芝麻信用几乎打通了用户的身份特质、行为偏好、人脉关系、信用历史、履约能力等各类信息，而这恰恰是因为接入了电商、支付、社交等各类数据维度。

大数据风控目前应该是前沿技术在互联网金融领域成熟的应用，相对于智能投顾、区块链等还在初期的金融科技应用，大数据风控目前已经在业界逐步普及。目前，美国基本上都用三大征信局的信息，最传统的评分基本上都是用 FICO 来做。各家平台会尝试使用机器学习、神经网络等大数据处理方法。国内市场对于大数据风控的尝试还是比较积极的。特别是大公司，可以将移动互联网的行为和贷款申请人联系到一起展开大数据风控。百度在风控层面上的进展还是比较突出的，百度安全每天要处理数十亿网民的搜索请求，保护数亿用户的终端安全，保护十万网站的安全，因此积累了大量的数据。一个很具体的案例是，通过收集海量互联网行为数据，如监测相关设备 ID 在哪些借贷网站上进行注册、同一设备是否下载多个借贷APP，可以实时发现多头贷款的征兆，把风险控制到最低。消费金融对大数据的依赖是天然形成的。比如，消费贷、工薪贷、学生贷这些消费型的金融贷款很依赖对用户的了解，所以必须对用户画像进行分析提炼，通过相关模型展开风险评估，并根据模型及数据从多维度为用户描绘一个立体化的画像。百度金融的优势在于，通过以大数据和人工智能技术为基础的合作商户管理平台，为合作商户提供涵盖营销和金融服务的全面管理方案，降低获客成本，解决细分行业的微小需求。一方面可以降低风险，另一方面也能提升金融的安全度。在大数据消费金融的领域中，腾讯和阿里的优势很大程度上是在渠道层面上的。正如“阿里”以电商-支付-信用为三级跳板，将针对性很强的支付宝接入消费金融产品之后会有较强的渠道作用。目前，腾讯的“微粒贷”已经接入微信支付当中。在消费金融的发展速度上，腾讯的速度也不差。

财富管理是近些年来在我国金融服务业中出现的一个新业务，主要为客户提供长期的投顾服务，实现客户资产的优化配置。这方面业务在传统金融机构中存在得比较多。不过因为技术能力不足，大数据财富管理在传统金融机构中表现得相对弱势。但财富管理在互联网公司的业务中越发重要。蚂蚁金服一开始使用的最为简单的财富管理方式就是余额宝，后来逐渐演化成经过大数据计算智能推荐给用户的各种标准化的“宝宝”理财产品。百度金融是依托“百度大脑”，通过互联网人工智能、大数据分析等手段精准识别和刻画用户，提供专业的“千人千面”的定制化财富管理服务。

另外，P2P网络借贷用户属“长尾”市场用户，融资需求具有金额少、频率高、要求快等特征，若通过线下流程和模式既不能满足用户的金融需求，也会加大人力成本和运营成本。而通过大数据系统平台完全可以实现线上申请、线上审批、线上授信等流程，能够大大降低服务的综合成本。

本阶段的互联网和金融的融合，已经充分体现了“互联网金融”

的本质形式，互联网金融通过大数据、云计算等方式，将传统金融因成本等原因忽视的“长尾”市场转变为自己的“主战场”，充分体现了普惠金融、去中心化等未来金融发展方向。因此，本阶段的金融与互联网的融合将逐渐体现互联网金融的本质。但是这种形式是否就是互联网金融的终极形态？本书认为技术的进步是无限的。回顾20世纪，科学技术发展飞速，在这100年时间里人类取得的成绩超过以往时代的总和，信息技术、生物科技、航空航天技术等领域进步神速。因此，未来互联网与金融还将进一步融合，智能金融时代的大幕也将逐步开启。

4. 未来互联网金融的发展方向：人工智能

人工智能（Artificial Intelligence），即AI，是研究、开发用于模拟、延伸和扩展人的智能的理论、方法、技术及应用系统的一门新的技术科学。DeepMind开发的人工智能（AI）程序AlphaGo击败了李世石和柯洁，轰动世界。人工智能正在以前所未有的速度高速发展。继2016年5月18日《国家发展改革委、科技部、工业和信息化部、中央网信办关于印发〈“互联网+”人工智能三年行动实施方案〉的通知》发布后，国务院又于2017年7月20日正式印发《新一代人工智能发展规划》，将发展人工智能提升到国家战略的高度。

目前，互联网正朝着与人类大脑高度近似的方向进化，它将具备自己的视觉、听觉、嗅觉、触觉和运动神经系统，也将会拥有自己的记忆、中枢神经系统、自主神经系统。越来越多的迹象表明，互联网与脑科学具有很强的相关性，目前科学实验正把谷歌搜索引擎、Facebook的SNS系统、IPv4的地址编码系统、思科的路由系统结合于一体，造就一个可以被称为互联网虚拟大脑的智能系统。2011年开始，谷歌启动了谷歌大脑计划，该计划以谷歌大脑为中枢神经系统，为无人汽车工人、工厂机器人、智能家居、智能眼镜提供源源不断的数据支持。当然不可避免的是，互联网与人工智能联系越来越紧密，金融领域也将受到这方面的影响，并且会发生翻天覆地的变化，未来金融大脑的出现将成为可能，金融大脑将无数的触角伸到金融、政治、经济、文化、宗教、商业、社交等不同领域抓取信息和数据，将获得的信息进行反馈，进入“金融大脑”系统中进行筛选分析，最终得出投资结论和决策，然后根据得出的结论和决策，自动在金融市场上进行操作，并通过微信等新媒体触角反射给金融领域的机构和从业人员，从而形成一个类似人脑的闭环，在这个闭环中包含了大量数据金融阶段对海量数据的收集、储存、挖掘的过程，还包括了人工智能阶段信息分析和反映的过程。能够得出正确的预测结论是这一阶段最为关键的环节，此后计算机能够根据预先设定的交易程序，自行在金融市场进行投资交易，寻找盈利空间，因此随着大数据的广泛应用，智能设备的迅速发展，人工智能与金融结合构成的“智慧金融”系统将成为未来互联网金融的发展方向。

目前，我国众多 P2P 网贷平台均上线以“智能投标”“自动投标”为核心的理财产品，运用人工智能、大数据等对借款人的借款需求进行分析，同时对出借人（投资人）的投资需求进行分析，迅速匹配出借人与借款人（当然，这种模式并没有认真考虑过当前监管的要求），但其技术未必符合人工智能的特征。以智能投标技术为核心的理财产品及自动投标工具①已经成为我国网贷平台的主流产品和盈利点，也是投资者在各网贷平台的主要投资方式。根据网贷之家统计，我国现有网贷平台共计 4758 家，支持智能投标的网贷平台共计

① P2P 网贷平台开发的自动投标技术，主要形成两种不同形式的应用场景，即自动投标理财产品和自动投标工具。我国目前对于 P2P 网贷平台的监管规定和法律规定，平台在形成理财产品过程中，必须对应真实存在的借款需求和资金供给，否则会触犯我国刑法关于非法集资的规定。自动投标技术在链接众多借贷双方时起到了核心作用。因此，我国目前合规平台的理财产品大多基于自动投标技术研发。而自动投标工具不镶嵌在理财产品中，仅作为投资工具供出借人使用。由于篇幅有限，本文主要探讨自动投标的理财产品。

1410家，其中歇业、提现困难、平台“跑路”等问题平台2923家，正常运营的1835家平台均上线了智能投标功能的理财产品。① 2017年4月，我国P2P网贷累计成交量突破4万亿元，一半以上投资来自智能投标理财产品。② 知名平台产品如拍拍贷的“彩虹计划”③、宜人贷的“宜定盈”④、微贷网的“优选计划”⑤、团贷网的“复投宝”⑥、

---

① 笔者通过“网贷之家www.wdzj.com”网站，查询了有关平台统计数据。同时收集了正常运营的全部1835家平台的“理财产品”协议样本。该协议样本虽描述不同，但至少包括如下两种描述的一种：出借人授权网贷平台在一定范围内进行投标；出借人在产品计划项下的资金由系统在出借人认可的范围内自动投标。

② 网贷之家：《网贷累计成交量突破4万亿3月成交创历史新高》，载网贷之家，http://www.wdzj.com/news/yanjiu/82520.html，最后访问日期：2017年7月26日。

③ 该计划项下有多个子项目，这些子项目包括了不同的预期收益率、接受的投资金额、投资期限、是否自动续期。但出借人均需签署彩虹计划的《服务协议》，其中第二条规定，甲方（出借人）使用“彩虹计划”投标服务投资的标的为拍拍贷平台上经审核并已发布的借款标的（不包括拍拍贷平台之外的任何其他资产），具体对应拍拍贷官方网站的质量保障区的借款标的。彩虹计划的服务期参见彩虹计划页面。甲方委托乙方的服务期一旦生效，除本协议约定的终止情形外，甲乙双方均无权提前终止本协议。在该协议《产品说明》的产品原理中，明确载明系统将用户的资金“自动投标”。来源网址：https://m.invest.ppdai.com/landingagreement_ rainbow03.html? a=5，最后访问日期：2017年7月29日。

④ 该产品需要出借人授权给宜人贷网站，由网站在该理财计划范围内进行投资，其投资书载明：代授权人确认出借、确认《宜人贷借款协议》的所有条款，并使用授权人的数字证书以授权人的名义签署相关协议（包括但不限于《宜人贷借款协议》《债权转让协议》等，在服务期内代授权人进行资金的出借、回款再出借，被授权人自行或委托第三方进行还款管理。来源网址：https://www.yirendai.com/finance/view/b3c317c73145493a99854c6d844f8e7，最后访问日期：2017年7月29日。

⑤ 优选计划需要出借人授权微贷网代为投标，其网站出具的授权委托书载明：（微贷网）代委托人在微贷网平台上点击确认投标、出借资金、借款协议、债权转让协议等业务流程中的全部协议。代委托人进行划转出借资金、收回借款本息、收取债权转让款项等业务流程中涉及的全部资金管理。来源网址：https://www.weidai.com.cn/bid/showApAuthorAgreement，最后访问日期：2017年7月24日。

⑥ 加入“复投宝”产品需要签署《复投宝服务协议》，该协议载明：复投宝是受用户委托并授权服务系统自动投标、自动复投、到期转让的智能理财计划。“复投宝”智能工具在该协议第二条约定的投标范围内对符合要求的标的进行优先自动投标，并在计划到期后自动转让退出。来源网址：https://contract.tuandai.com/P2P/Web/WeFTBServiceContract.html，最后访问日期：2017年7月27日。

人人贷的“u 计划”①、PPmoney 的“省心宝”② 等均为智能投标理财产品。

从上述金融和网络科技融合过程看，“互联网金融”是一个历史范畴，对它的终极本质的探讨也需要运用历史发展的眼光。这种发展包括技术、政治、经济、文化、法律等各方面的发展，同时也包括法律监管理念的变化。当今社会，人们的互联网使用习惯和互联网技术的飞速发展，为互联网金融萌芽、生存、成长和繁茂提供了土壤，人类正在前所未有地实践着互联网金融，“长尾”客群也在享受着互联网金融发展的红利。目前，普遍存在的互联网金融业态并不是互联网金融的全部、终极的业态，各国存在的互联网金融业态形式也有所不同。从金融和互联网融合的过程来看，互联网金融是一个多层次、复杂的概念，其内涵应当以技术的发展和变革为核心，以金融为基本属性。随着互联网技术对传统金融的改良、变革、创新，甚至颠覆，未来将呈现一个不一样的“互联网金融”面貌，当然，目前新业态说和延伸说都只是在特定历史阶段下探求着互联网金融的本质，都没有突破目前的历史局限性。从上述融合过程看，互联网技术在不断发展，金融科技也在不断进步，人工智能正在从襁褓走向成熟，探求互联金融的本质，应当从历史发展的角度进行深入思考。因此，可以认为，互联网金融从历史中走来，随着技术的发展而不断演进，互联网金融必然包括技术的强大基因，这种强

---

① 该计划服务协议书明确载明“出借人优先自动投标及到期按相关规则自动退出”。来源网址：https：//www. renrendai. com/financeplan/13290，最后访问日期：2017 年 7 月 26 日。

② 省心宝服务协议条款载明：乙方（网贷平台）现推出智惠系列资金管理服务——省心宝，为加入省心宝的出借人提供更贴心、便捷的服务，并将尽最大努力维护出借人的合法利益。省心宝服务指甲方委托乙方 PPmoney 平台系统智能投标、自动复投、到期退出过程中乙方提供的服务。来源网址：https：//www. ppmoney. com/StepUp/GetAgreement/1？prjType = 104039，最后访问日期：2017 年 7 月 21 日。

大性甚至能够重新塑造互联网金融模式。

（二）互联网金融的基础理论

1. 长尾理论

长尾理论起源于互联网经济，是一种新兴的理论，它是对传统的“二八定律”的颠覆。“长尾”这一概念是由美国《连线》（《Wired》）杂志总编辑克里斯·安德森（Chris Anderson）在 2004 年 10 月的《The Long Tail》一文中最早提出来的，用来描述诸如亚马逊和 Netflix 之类网站的商业运营和经济模式。安德森认为，只要存储和流通的渠道足够大，需求不旺或销量不佳的产品共同占据的市场份额就可以和那些数量不多的热卖品所占据的市场份额相匹敌甚至更大，这就是长尾理论。如图 1 所示，需求较大的头部（热卖品）所占份额和需求较小但商品数量众多的尾部（非热卖品）所占份额大体相当。安德森在《长尾理论》一书中提到，商业和文化的未来不在于传统需求曲线上那个代表“畅销商品”的头部，而在于那条经常被人遗忘的代表“冷门商品”的长尾。对企业来说，98% 的产品都有机会被销售，不能忽视所谓的冷门产品，它们也许才是企业的利基①（Niche）产品。无数的冷门产品汇聚起来，可能得到比一个畅销产品大得多的利基市场。互联网金融正是利用了这一“利基市场”原理，降低了交易成本，在长尾市场上大放异彩。

---

① “利基”一词是英文“Niche”的音译，意为“壁龛”。该词来源于法语，法国人信奉天主教，在建造房屋时，常常在外墙上凿出一个不大的神龛，以供放圣母玛丽亚，“壁龛”虽小，但边界清晰。“Niche”还有一个生态学的含义，指“小生境”，即个别生物周围很小的范围。20 世纪 80 年代，美国商学院的学者们开始将这一词引入市场营销领域。Niche Marketing——利基市场，是指在大市场中通常被忽略的某些细分市场，即大市场中的缝隙市场。参见沈仰东：《基于利基市场的企业发展战略研究》，载《广西民族大学学报（哲学社会科学版）》2008 年第 3 期。

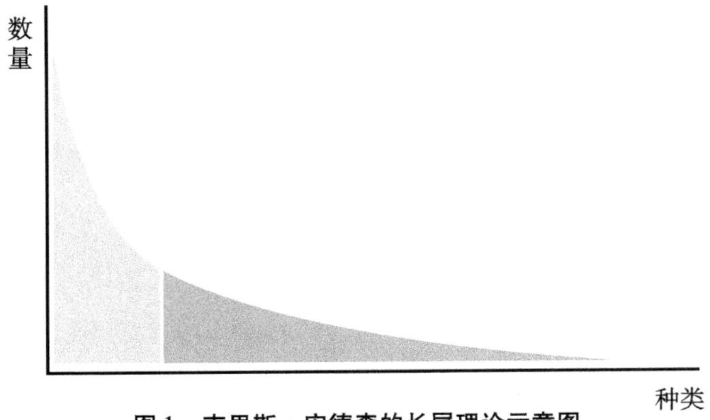

图 1：克里斯·安德森的长尾理论示意图

假设 X 是金融机构服务的客户数量（X 也可以是金融产品的种类和数量），金融机构的销售收入 Y 服从概率密度函数为 p（x）的帕累托分布，即金融机构向客户提供金融服务这一事件发生的概率为 P（X > x）。假设金融机构提供服务的成本为 C，则金融机构的收入、成本、利润曲线如图 2 所示：

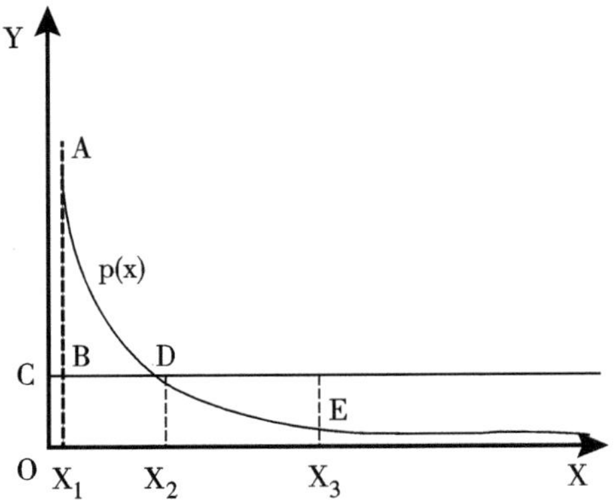

图 2：成本、收益、利润曲线

金融机构的利润为 R = p（x） – C。当服务的客户数量达到 X_2 时，企业的利润最大；超过 X_2 时，每多服务一个客户，利润开始减少；当服务的客户数量达到 X_3 时，企业利润降为 0。在传统金融模式下，由于受各种条件（主要是运营成本 C）的约束，随着服务客户数量的增加，金融机构向客户提供金融服务这一事件发生的概率降低，因此少数大型企业获得金融服务的可能性大，而绝大部分小微企业（个人）获得金融服务的可能性小。为数众多的小微企业（个人）金融服务需求曲线构筑了一个“长尾市场”，也可以称之为“利基市场”。当然，长尾理论的实现有一定条件，安德森本人提出了几种假设。

表 1：安德森提出的长尾理论分析假设

经济假设	丰裕经济、多样性经济、文化经济和小批量定制
新生产者	生产工具普及，廉价生产
新营销	传播工具普及，低成本营销
利基市场	品种丰富性、低搜索成本和样本撤销
供需连接	低探索成本：口碑、畅销榜、博客等过滤器；消费者情感连接

我国学者结合长尾理论研究成果也提出过四分理论分析框架，即新技术—分散生产—低成本销售—利基市场的四分框架，当然这种分析框架仍然要以丰裕的经济作为假定条件。如图 3 所示。

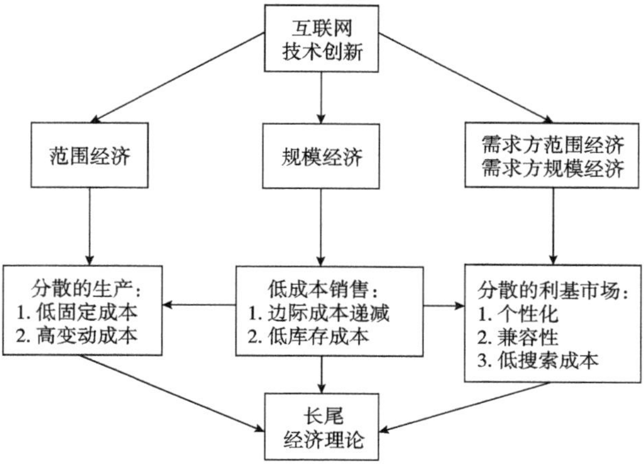

图 3：我国学者提出的长尾理论分析框架

无论哪种分析框架，长尾理论的实现都有一个必要且核心的前提，就是低搜索成本、传播工具普及、营销成本降低、个性化的利基市场形成。正是因为互联网、现代科技手段的不断发展，上述前提才得以满足。互联网、移动互联网的循序发展降低了搜索成本，精细化的搜索引擎使“买方”能够找到“卖方”，如亚马逊、京东、淘宝网络平台，卖方通过大数据分析用户网络习惯，能够轻易找到“买方”，进行精准营销（当然这里仍然需要考虑的是网络用户的个人隐私保护问题）。互联网的技术普及使得营销成本、搜索成本变得极为低廉。通过金融和互联网的融合，一个长期被传统金融机构忽视的“草根”金融需求者的利基市场逐步形成，并迅速扩大。长尾理论在互联网金融领域内的典型表现是两类长尾市场：

第一类长尾市场是信贷类“长尾”。原国家工商总局发布的《全国小微企业发展报告》显示，截至 2013 年年底，全国各类企业总数为 1527.84 万户，其中小微企业 1169.87 万户，占企业总数的 76.57%。由西南财经大学等机构发布的《中国小微企业发展报告 2014》显示，小微企业获得银行贷款的比例为 46%，11.6% 的小微企业申请贷款被拒，42.4% 的小微企业并未申请贷款。在传统金融模式下，商业银行单笔信贷经营成本在 2000 元左右，为了控制成本，一般是增加单笔信贷金额，控制信贷业务的数量，即 X_0 的位置向原点靠近（参见图 2）。因此，商业银行一般向 20% 的 VIP 企业（长尾的头部）提供信贷服务，而忽略了 80% 的小微客户。这些被忽略的为数众多的小微客户构成了长长的“长尾市场”，虽然处于尾部的小微客户个体不能像头部的大客户一样为银行带来较高收益，但是数量庞大、集结成总体的小微客户市场带来的利润可以和头部相当，甚至更大。近年来我国的 P2P 网贷产品、合法的“现金贷”产品、消费贷产品等就是主要针对这类长尾客户开发的。

第二类长尾市场是非信贷类“长尾”。中国人民银行的数据显示，截至 2013 年 8 月，我国居民储蓄余额已连续三个月突破 43 万亿元，其中活期存款超过16万亿元，定期存款超过27万亿元。虽然活期客户并不属于商业银行的主要客户，但是活期存款却是银行存款的重要组成部分，并给商业银行创造了大量利润。长期以来，商业银行在金融政策的保护下，对活期客户的管理投入很少，对活期存款只给予活期利息，客户的回报率极低。在传统的金融模式下，居民投资理财受到渠道、方式、政策、信息等方面的限制，活期存款回报率虽低，但还是把钱存入银行。随着互联网金融的出现和发展，商业银行在物理和政策方面的天然保护屏障被逐步打破，互联网金融满足了居民投资理财“个性化”和“碎片化”的需要，被传统金融机构忽略的活期客户投资理财需求形成了一个规模庞大的“长尾市场”。网络理财类互联网金融平台就是主要针对上述客户开展的金融服务，如余额宝等。

2. 摩尔定律

摩尔定律由英特尔（Inter）创始人之一的戈登摩尔（Gordon Moore）提出，他认为，当价格不变时，集成电路上可容纳的晶体管数量，每隔18个月就要增加一倍，性能也将提升一倍。也就是说，每一美元能够买到的电脑性能，每隔18个月就会翻一倍以上。这一定律揭示了信息技术的进步速度，四十多年来，半导体芯片的集成化趋势如摩尔所预测的，推动了整个信息技术产业的发展，给人类社会生活带来了革命性的变化。同样，互联网技术的“摩尔定律”也暗含在以下三个方面：第一，信息的数字化技术高速发展，各种传感设备逐步普及，很多人类社会生活活动转移到网络上（如购物、消费、阅读等，3D打印普及后，制造业也会转到线上），互联网上会产生很多复杂的沟通和分工协作方式，在这种情况下，全社会信息中被数字化的比例会越来越高。此外搜索引擎除了网页检索、查询和排列等功能以外，还内嵌了很多智能化的大数据分析工具和IT企业方案，逐渐变成了信息处理引擎，如果个人和企业的大部分信息都存在互联网云端上，那么基于网上信息就能够准确评估这些个人和企业的信用资质和盈利前景，而这正是金融交易和风险定价的信息基础。第二，计算能力不断提升，摩尔定律至今仍然发挥重要作用并持续有效，而云计算、量子计算和生物计算等，还有助于突破集成电路性能的物理边界，达到超高的计算性能，这正是互联网金融不断提升效率的技术支撑。第三，电子通信技术发展，互联网、移动网络技术、有线电话网络和广播电视网络逐渐走向融合，高速 Wi－Fi 的覆盖面越来越广，成为人们随时随地能够接受互联网金融服务的有效物质载体。“以上三个方面可以称为颠覆性的技术，人类近 80 年才出现一次”①，这正是人们不受时间、空间限制，享受互金服务的技术基础。

3. “网络效应”下规模经济和边际收益理论

传统的规模经济是从生产规模与产品成本的关系来考察的，它是指由于生产专业化水平提高等，生产规模增大，产品数量增加，企业的单位生产成本下降，从而形成企业长期平均成本随产量的增加而递减的规律。规模经济是从企业规模与管理成本的关系来考察的，当企业规模由小增大，使管理成本会增加，可能出现组织失效、交易成本整体上升，因此规模经济效益的提高与交易费用降低不可兼得。

但是当网络经济出现后，规模经济在这两个层面上的发展都出现了巨大变化，在网络经济状态下，互联网的出现将企业内部与外部联系在了一起，使企业间的交易突破了时间与空间上的限制，从而得到了充分的延伸。从外部来看，不同企业之间采取网上直接交易形式，会消除许多冗繁的中间交易环节，同时企业间的信息沟通及时有效，对产品链上的供应需求也更有把握。从内部来看，网络交易和企业内信息系统结合下的生产管理，共同促进了库存的减少，

① 谢平、邹传伟、刘海二：《互联网金融的基础理论》，载《金融研究》2015 年第 8 期。

甚至可达到零库存状态，这样大大降低了企业交易成本，可以说在网络经济下，企业内部与外部都因互联网而联系在了一起，规模经济效益的获得与交易费用的降低不再直接相互排斥，因此伴随着生产技术和管理技术的集成化，信息系统建立发展和外包业务模式并行发展，增加经济效益的途径也变得越来越多样化。大企业获得规模经济的同时，小企业也能获得较高的效益，大小企业之间的差异也不能因规模上的差异而进行绝对的区分。这也是企业在一定技术基础上，有效规模区间得到延伸的体现。

在传统经济中，除规模经济理论外，边际收益递减理论一直被认为是一项十分重要的客观规律，它规定了生产的成本与收益之间关系的性质，在一个以资源作为投入的企业中，在保持其他条件不变的情况下，随着某一投入要素的增加，每一单位该投入的边际产品会下降，出现所谓的边际收益递减。然而在网络经济中，信息资源则表现出可以再生和重复利用的特征，由于信息不具备排他性，且网络的外部性也决定了投入的单位产品不呈现边际递减的现象，反而有边际递增的趋势，即随着某一投入量的增加，每一单位该种投入的边际产品在增加。因为当一个数字化产品出现以后，对其追加生产和拷贝的成本极低，对于最初的生产者来说，追加生产 10 万份和拷贝 1 份的成本几乎是一样的，当产品被拷贝或被下载时，不会增加成本，也不会减少收益，但随着用户对它们的使用和改进的增多，能够创造出的价值就越大，信息作为投入要素与其他的要素进行有机结合，就会提高投入要素的边际效应，最终产生边际效用递增现象，所以在网络经济主导下的边际收益递减规律，打破了传统经济边际收益递减规律的普适性。金融体系可能演变为横向综合化、全能化、一站式，纵向专业化、定制化、一体化的矩阵结构。

互联网中的“规模经济”理论发生了重大变化。网络的参与者所获得的效益与网络规模存在明显的正向相关性，互联网金融的规模只要超越一定的“关键规模”（critical mass），就能够取得快速的发展。进言之，在互联网金融领域，初始的固定成本相对较高，但是边际成本将会逐渐递减，甚至趋于0，互联网金融用户能够形成反复的借贷循环，甚至通过评论帮助网络做“免费”宣传。这也是互联网用户的“评论”习惯的必然结果。例如，1988 年，乔·普森作为登山作家，写了一本名为《触及巅峰》的书，讲述他在秘鲁安第斯山脉的一段令人心痛的历险经历。十年以后，登山作家克拉考尔的《走进稀薄空气地带》却引起了轰动。这本书也是关于登山的悲剧。但奇怪的是，《触及巅峰》又开始热销了，这主要是因为互联网世界的评价威力。在《走进稀薄空气地带》刚刚出版的时候，很多读者在亚马逊网站上发表评论，指出这本书与当时并不为人所知的《触及巅峰》有相似之处，并且对后者大加赞赏，亚马逊很快通过软件查询到了购买行为中的规律，购买《走进稀薄空气地带》的人也会购买《触及巅峰》，并且他们还会写下更多的评论，带动更大的销量，大销量又带来更多的评论，一个强大的正向反馈环就这样出现了。

互联网金融企业的规模达到关键规模后，边际成本将极大降低。企业成本大幅降低，意味着互联网金融用户的入门门槛也大幅降低，从而使得大量长尾草根群体成为互联网金融的潜在消费者。

4. 金融创新理论

西方经济学对金融创新进行了多方面的探讨，形成了多种学说，主要有凯恩（Kane）最早提出的规避监管理论、以格利（Gurley）和肖（Shaw）为代表的约束诱导理论、希克斯（Hicks）和涅汉斯（Niehans）首先提出的交易成本理论和近年来提出的技术推进理论，当然，希尔伯（Silber）的逆境创新理论、戴维斯（Davis）等人的制度学派解说都对金融创新进行了理论上的解释。不可否认，金融创新是金融不断发展的基本特征，金融创新在世界范围内、不同历史时期都在不断出现，为逃避监管、规避风险的金融创新（20 世纪 60 年代～80 年代）已经被以金融工具的创新为代表的互联网时代的技术创新取代。当然，不可否认的是任何一个时代的金融创新都有规避监管、创新信用等因素在内，互联网金融也不例外。

进入 20 世纪 90 年代以来，金融创新的环境与以前相比已经有了很大的不同。技术进步，特别是互联网技术的革命性发展，使得金融服务业不仅在创新手段，包括产品设计和交易能力上大大提高，成本大大降低，而且更重要的是，金融服务的方式发生了巨大的变化：

第一，市场的参与者不断增多。金融机构不仅可以相互进入对方的领域，更重要的是非银行金融机构有可能以较低的成本和更快的速度进入金融服务领域，进一步加剧竞争。非金融机构对金融的创新更为显著，P2P 网贷的服务成本更为低廉，大型网络服务机构如雅虎、MSN、腾讯等有着庞大的用户基础和信息技术上的优势，大型电子商务企业如阿里巴巴、阿里小贷等拥有更广阔的网络销售渠道和客户数据基础。

第二，金融创新内容大不相同。传统的金融创新主要是以产品创新为核心内容，而技术进步和放松管制所带来的金融创新，开始进入一个以服务创新为主的飞速发展阶段，并且产品的创新也没有因此而停滞。正如电子商务对现代经济生活产生的巨大影响一样，网络金融的发展对金融业的影响更明显、更迅速，金融机构逐渐转向以用户为中心，对用户数据进行分类和信用能力分析，为其提供个性化、高效快捷的不同品种、不同数量组合的金融产品，金融机构还可以利用计算机语言编写复杂的交易策略，处理海量的市场信息，捕捉短暂的市场波动，把握交易机会，提升交易金融资产交易机构的盈利水平。

第三，信息技术的发展与金融业务创新之间的联系日益紧密。考察一些西方的典型金融机构，就会发现他们通过信息技术来探索一种先进的管理思想或提供新的服务内容，以此带来新的金融创新。金融创新已经成为体现金融企业核心竞争力的主要因素，而 95% 的金融创新都高度依赖于技术的发展。信息技术帮助分析复杂金融产品的定价，并进行风险管理，使这些产品之间的交易成为可能。信息技术为金融业实现电子化提供了技术支持，同时，科技更是提高了金融行业业务的运作效率和处理能力，促进了金融的业务创新和管理创新，实现了金融运作网络、管理流程化、服务渠道电子化和金融产品业务多元化，为客户提供了更优质的高效服务。

第四，互联网的运用还加速了金融脱媒。从银行到券商再到保险和基金，互联网金融并不只是互联网营销那么简单，而是真真切切地反映了金融的发展与创新、进步与改变，具体表现为跳开所有的传统金融机构中介，在供需双方之间进行资金融通，完成资金在传统金融机构之外的体外循环，因此包括 P2P 和众筹在内的互联网金融创新，之所以能够在短期内如此火爆，事实上也是因为符合了金融脱媒的大势所趋和内在逻辑。

5. 金融、数据的基因匹配理论

金融与数据具有天然的血缘关系，因为金融经营的就是货币，在金融经营中表现出强大的数据属性，所以在当今大数据和移动互联网快速发展的条件下，把两者相结合起来，将会产生巨大的价值。金融功能与互联网的技术特征在经营层面上是相互匹配的，是互联网金融存在和发展的逻辑基础。按照现代功能理论的划分，金融系统具有六项基本功能，即跨期、跨区域、跨行业的资源配置；提供支付清算和结算；提供管理风险的方法和机制；提供价格信息；储备资源和所有权分割；创造激励机制。其中资源配置和支付结算是最基础的两大功能，通常由商业银行来承担，后四种功能在不同金融模式中，不同程度地分别由商业银行和资本市场来承担，其中风险管理（财富管理）是现在金融最核心的功能。从基因的匹配性上看，互联网与金融的前四种功能即资源配置、支付结算、风险管理和提供价格信息具有高度的耦合性，后两种功能的实现，更多是基于一种制度结构和产品设计，但互联网的植入与这两种功能的实现并无冲突，一定意义上也有利于这两种功能效率的提升。

第一，互联网金融可以进一步优化资源配置的功能。金融学意义上的资源配置，核心是资金的提供方通过适当的机制将使用权让渡给资金需求方的过程。这种机制可以分为两类：一是间接融资，二是直接融资，其中间接融资的基础风险是信用风险，直接融资的基础风险是透明度。传统上，在间接融资中，信用风险评估主要标的除信用记录外，更多侧重于土地、房地产抵押和公司信用指标等情况，缓释信用风险的机制，多数是抵押质押和担保。在直接融资中，透明度的风险主要表现在信息披露是否真实、及时、完整，前两种风险的定义在自身逻辑范畴内没有问题，但前者即商业银行对风险的定义有些“富人好信用，穷人差信用”的逻辑，后者则把信用的履约置于法律和道德双重约束下的“自觉之中”，而实际上，个人或企业的信用优劣与否、存在履约风险与否，在实际交易行为中是能体现出来的，持续性的、高频的、以信用为担保的交易，更能真正动态地反映交易主体的信用和履约能力。互联网与生俱来的信息流通功能创造了大数据时代，它显然有别于以抽样统计为基础的小数据时代，它通过对云数据的处理使人们能够轻易地看到抽样无法描述的细节信息，显然现在的计算机完全具备了计算能力。在互联网所创造的大数据时代，首先是如何获取数据，其次是互联网“开放、平等、协作、分享”的精神为数据的获得创造了天然的平台，从而更好地解决了经济活动中信息不对称的问题，仅云计算的处理就可以形成新的“金融中介”，个人或企业的信用信息无一不体现在其中，在这些云数据中体现的信用信息，其实比传统的信用识别标志要精确得多，所以互联网在金融最关心的信用识别风险点上显然更进了一步，进一步完善了金融风险的识别能力，互联网既然可以更有效地识别信用风险，又解决了经济活动中信息不对称的问题，那么以互联网为平台的金融，显然更有利于金融的资源配置功能的实现。

第二，互联网金融可以大幅提高金融的支付清算效率。在不同的金融结构中，支付清算体系的构建有较大差异。在大多数国家，商业银行承担着社会经济活动中支付清算的功能，就占主导地位的银行支付清算系统而言，由于更多地吸收和运用现代网络信息科技技术，支付清算的技术手段和工具不断创新，效率有了较大的提高，这实际上就是互联网的巨大作用，这说明基于互联网平台的金融在克服了时空约束的基础上，加快了资金的流动速度，克服了支付清算资金的“存量化”，最大限度地保证了交易双方，特别是资金接收方（债权人）的利益，所以互联网金融这一便捷、及时的支付清算体系，既是现有银行支付清算体系的竞争者，又是对社会总支付清算体系的完善。

第三，互联网金融进一步完善了风险配置功能。互联网金融对金融风险配置功能的贡献，主要表现在三个方面：一是向下延长了客户全链条，进一步丰富了财富管理需求者的结构。也就是说，长尾客群也进入了互联网金融的财富管理体系，只是这种财富管理的门槛比传统金融的财富管理门槛要低得多；二是提供成本低廉、快捷便捷的营销网络；三是实现了余额资金的财富化，有效扩大了财富管理需求者的规模。在众多金融功能的实现过程中，财富管理的需求具有较大的隐性特点，格式化或标准化产品及服务对个性化的财富管理影响甚微，因为对个性化的财富管理者来说，对人的认识远高于对平台的认同。

第四，互联网金融积极推动了金融提供价格信息的功能。一般认为，金融提供的价格信息包括两类：一是资金价格即利率，二是资产价格，通常由股票价格指数表示，前者主要由货币市场和银行体系提供，后者则由资本市场动态及时发布。互联网平台的引入提高了动员资金的能力和资金的使用效率，加快了资金流转速度，促进了金融体系特别是其与商业银行的竞争，使利率这一资金价格能够及时准确地反映资金供求关系，进而引导资金的合理流动，在资本市场上，由于交易系统和实时报价系统充分吸纳了先进的计算机技术和信息技术，股票价格指数已经充分体现了动态及时的特点，这与互联网的技术基础是一脉相承的。

从上述互联网金融的基础理论上看，互联网金融已经与传统金融形成了明显的区别，有自己完善的理论体系和价值体系。这种理论体系是紧紧围绕着“互联网金融”中的互联网而来的，是随着技术的进步、网络经济的发展而发展起来的。因此，不能否认互联网金融虽然发展历史时间较短，但是在上述理论的指引下，互联网金融会伴随着互联网的发展、互联网理念的发展而不断发展。

（三）互联网金融的基本特征

1. 思维特征——互联网思维

互联网思维是互联网金融最根本的特点。讨论互联网思维的著作、文章较多，学者、专家都从不同角度对互联网思维做了说明和总结。一般认为，互联网思维具有如下特征或者要素：

第一，用户思维是指在价值链各个环节中，都要以用户为中心去考虑问题，其思维法则是得用户者得天下，兜售参与感，全程用户体验至上；第二，简约思维是指在信息爆炸时代，用户的耐心越来越不足，要用最简单的方法、在最短的时间内获取用户，其思维法则是专注、少即多、简约即美；第三，极致思维是把产品服务和用户体验做到极致，超越用户预期，其思维法则是打造让用户尖叫的产品、服务和营销；第四，迭代思维是一种以人为核心迭代、循序渐进的开发方法，允许有不足，不断试错，在持续迭代中完善产品，其思维法则是从小处着眼、微创新、精益创业、快速迭代；第五，流量思维，流量就是用户的关注度，流量意味着体量，体量意味着分量，思维法则不是免费，而是为了更好地收费，坚持到质变的临界点；第六，社会化思维，用户以“网”的形式存在社会化，商业的核心就是用户之王，其思维法则是用好社会化媒体，重塑企业和用户的沟通关系，用好社会化网络，重塑组织管理和商业运作模式；第七，大数据思维，一切皆可数据化，数据资产成为核心竞争力及思维法则，使大数据的价值不在大，而在于挖掘能力，大数据驱动运营管理；第八，平台思维，平台是互联网时代的驱动力，是一种开放共享、共赢的思维，思维法则是构建多方共赢的平台生态圈，善用现有的平台，把企业打造成员工的平台；第九，跨界思维，随着互联网和新科技的发展，很多产品的边界变得模糊，互联网企业的触角已经无孔不入，思维法则是寻找低效率点，打破利益分配格局。

综上，可以认为，互联网思维实质上是一种民主化的思维，是对传统的工业思维的颠覆，对其内容进行深入分析，可以发现，互联网思维的核心是以人即用户为本，这就使得用户即互联网金融消费者同时成为信息媒介和内容的生产者和传播者。通过买通媒体，单向广播制造热门商品诱导消费行为的模式已经不成立了，生产者和消费者的权利发生了变化，消费者已经反客为主，拥有了消费主权，消费者主权时代真正到来，话语权从商家转移到了消费者手中，这是一个划时代的事件。未来全球消费者共同参与、共同分享的开放架构正在形成，这一权利中心的变化赋予了每个消费者改变世界的力量，我们必须主动邀请我们的顾客参与创意设计生产，再到销售的整个价值链条中来。综观互联网金融市场，正是由于互联网精神的影响，传统金融的高门槛在互联网金融领域内不复存在，“1 元起投”“草根投资”的互联网金融项目比比皆是，这也是“长尾理论”与互联网精神高度融合的时代产物，互联网金融更加重视用户体验，这也是互联网思维的重要特征。从“获客”过程到服务过程，无不体现对客户体验的高度重视，无论是出借人、借款人、支付工具用户、信用信息采集用户等均能够得到高效、清晰的服务。正是有了互联网作为链接投资端和需资端，海量小额的金融需求才能犹如一条“长尾”呈现在世人面前。

2. 技术特征——互联网技术

众所周知，人类社会的进步与技术的进步密切相关，每一次技术的发展都为人类社会带来前所未有的福音。石器时代、青铜器时代、铁器时代、蒸汽机时代和信息时代都是以技术进步为标志的。互联网和通信技术作为信息技术的代表技术，使得金融活动更加活跃频繁，更具有创新性。互联网金融的技术核心是大数据、云计算、搜索引擎等，未来还可能发展到人工智能阶段。因此，互联网金融的发展前景不可限量。互联网技术将互联网金融的整个架构提到了前所未有的创新高度。

从资源配置角度看，互联网金融具有强大的信息处理能力，可以降低融资成本、提高资金配置效率。一是社交网络能够生成和传播信息；二是搜索引擎能够对信息排列顺序、检索和管理，提高信息搜索效率；三是大数据、云计算等技术具备高速处理海量信息的能力，进行数据挖掘，识别其中的风险，构建有关风险控制的模型。有了这几个优势，互联网金融能够快速获取供求双方的信息，降低交易成本，提高资源配置效率。

从支付清算功能看，互联网技术的进步至少在以下两个方面对互联网金融产生了重要影响：一是随着网络技术的普及，支付终端从最初的银行柜台分散到每个网络客户的电脑和手机上，这一创新降低了支付成本，刺激了实体经济交易的增加；二是推动了身份认证的数字化过程，互联网技术是企业和消费者的行为状态，通过电脑或者手机被记录和存储在云端，并通过对行为的分析，实现网络身份的识别。

从风险管理角度讲，互联网时代的大数据积累和数据挖掘工具，可以通过互联网平台交易体系获取交易双方的信息，将交易主体的资金流动置于有效的监控之下，降低信息处理和加工成本，提高资产定价的对称性风险及信用违约管理的可靠性。

从征信角度讲，大数据技术使对个体在网络上的微观行为进行整合分析成为可能，创新了征信的方法。网络上存在大量与个人身份密切相关的行为信息，通过大数据技术，可以从互联网的虚拟世界中还原一个人的身份特征，并对其进行信用评价，互联网金融的发展，使征信除了从财务状况、信用记录的角度之外，还能从身份特征、行为偏好、人际网络等维度分析信用状况，为征信带来了广阔的发展空间。

另外，本书相关部分对于大数据、云计算的分析也适用于该技术特征。

3. 消费者——“长尾”客群

互联网金融通过互联网、移动互联网、大数据等技术，降低了交易成本和信息不对称程度，让那些无法享受传统金融服务体系的人获取了金融服务，成为名副其实的金融消费者，从而提高了金融的普惠程度。普惠金融是指能有效、全方位地为社会所有阶层和群体提供服务的金融体系。由于小微企业、部分个人客户等大众客户群体信用记录较少，缺乏有效的抵押品，加上交易金额较小，难以实现规模经济，运营成本较高，传统金融机构无法有效满足这部分客户的金融需求，从而导致金融排斥。在互联网金融背景下，交易双方通过互联网搜集信息，降低了信息不对称的程度和交易成本，拓展了金融服务边界。2013 年 6 月，支付宝和天弘基金联合推出了余额宝，仅仅 17 天就吸引了 251 万名客户。累计存入资金规模达 57 亿元。人均投资额仅 1912 元，远远低于传统基金用户的人均 7 万元到 8 万元。2015 年余额宝规模突破 7000 亿元，中报显示，截至 6 月底，用户增加了 2.26 亿人，人均投资 3097 元，满足了最普通老百姓碎片化的理财要求，市场参与者更为大众，也更加普惠于普通老百姓，尤其是对于农村居民而言，由于居住地区金融机构网点较少，因此很少得到金融服务，而以手机终端为主要规模的互联网金融，完全能够以普惠金融的形式服务广大农民，如今农村居民也可以利用消费信贷实现提前消费，经济权利得到主张。

4. 模式特征——网络上的多样化

互联网金融在发展过程中形成了各具特色的业务模式，具有支付便捷、资金配置效率高、交易成本低等优势。当然，各种业务模式的分类标准并不统一，本书以中国人民银行等十部委于2015年颁布的《关于促进互联网金融健康发展的指导意见》为标准，对互联网金融的业务模式做如下分类：

一是第三方互联网支付。从事第三方支付业务的工具如支付宝、财付通、银联在线、快钱汇付天下、易宝支付、环迅支付等。2014年上半年，我国第三方支付交易规模就已经达到了6.91万亿元，其中互联网支付高达2.27万亿元，截至2015年第三季度，第三方支付交易规模已达到9万亿元，增长量相当惊人。

二是网络借贷模式。这种模式又分为纯中介模式的P2P网贷和以自有资金放贷的网络借款平台，前者包括陆金所、微贷网、点融网、团贷网、拍拍贷、宜人贷等。另外电商提供的金融消费贷款也十分活跃，如万达金融的具有万达广场消费场景的万达贷款等，当然这些平台也会发布理财产品和自动投标产品（至于合法性问题，本书将在后续章节展开）。

三是股权众筹模式。众筹是指项目发起人利用互联网传播的特性，发动公众的力量，集中公众的资金能力和渠道，为小企业、艺术家或个人进行某项活动、某个项目或创办企业提供必要的资金帮助的一种融资方式。众筹类似于陌生人之间基于共同价值取向的互联网合作，正是互联网为这些素不相识却有着共同理念的人群提供了合作的无限可能。全球众筹活动的重要特征为参与人数众多，增长速度快，但总体融资规模有限。相比传统的融资方式，众筹的精髓在于小额和大量、融资门槛低（这也符合互联网金融客群的长尾草根基本特征及互联网金融普惠性质），且不再以是否拥有商业价值作为唯一的评判标准，为新创业公司的融资开辟了一条新的路径，从此新融资渠道不再局限于银行、PE、VC。众筹项目种类繁多，不单单包括新产品的研发、新公司成立等商业项目，还包括科学研究、民生工程、艺术设计、政治运动等，经过几年的迅速发展，众筹已经逐步发展出奖励式众筹、股权式众筹、募捐式众筹和借贷式众筹等多种运营模式，截至2015年年底，全国约有280家正常运营的众筹平台。

三、互联网金融本质的再思考

从上文两种学说强调的核心观点来看，本质上并没有达到不可弥合的程度，承认互联网金融的属性是金融并不是新业态说所否定的观点。只是新业态说强调在金融为本质属性的情况下，互联网金融是“互联网+金融”的基本形态，“新业态”会产生与传统金融完全不同的形式，由此可能引发监管等一系列法律法规的重新调整，补足漏洞，针对新的金融形式进行特殊规范等。因此，对于互联网金融的本质，应当结合金融演进、互联网金融基本理论、特征等进行判断。

（一）互联网金融的本质属性还是金融

当然，承认这一点，并不代表对延伸说的全部肯定。服务于实体经济，实现资金融通是金融的根本目的。从这一点上来看，互联网金融也是资金融通的过程。中小微企业从传统金融通道获得融资的可能性较低，不能满足融资需求，而互联网金融降低了融资门槛和成本，在一定程度上达到了服务实体经济的目的；一般自然人（在互联网金融领域也可以称为互联网金融消费者）从银行获得贷款支持的可能性更低，我国民间借贷市场因此较为发达，互联网金融消费者的小额需求会从互联网金融渠道得到满足，这一点是传统银行渠道无法相提并论的。正是因为大量的、小额借款需求在互联网上形成了长尾趋势，利基市场才得以形成，互联网金融才得以蓬勃发展，其根本的指向仍然是资金融通过程。因此，无论是延伸说还是新业态说，都没有从根本上否定互联网金融的根本属性——金融属性，谢平等人也是将互联网金融作为直接融资、间接融资并列的第三种融资模式。当然这种本质属性的论断也是基于我国当前以及未来一段时间互联网金融的发展状况而言的。

（二）互联网金融是一种“新金融业态”

从上文对互联网金融发展过程、基础理论和特征来看，互联网金融在“应然”意义上已经是金融的一种新型业态。这种业态包括了互联网金融的基本模式，包括 P2P 网贷、众筹、第三方支付、互联网保险、互联网证券等模式，这些模式与传统金融有着根本区别，技术上基于大数据、云计算、互联网技术手段实现征信、风险等级判断、风控模型构建等。这种新业态特征明显，并且有独立的理论体系（如上文所述），互联网金融在形式上和理念上与传统的金融模式有着根本区别。一般意义上的互联网金融基本模式包括互联网众筹、P2P 网贷、第三方支付、大数据金融和信息化金融机构。这些基本模式是随着互联网的发展而逐渐发展起来的，虽然在传统金融领域这些模式也可能会找到原型，但是当借贷双方不需要通过烦琐复杂的金融贷款过程（也可能无法满足贷款主题要求而被传统金融机构拒绝贷款）而是通过网络平台的信息披露完成贷款需求发布，由金融消费者决定是否购买，贷款金额也没有最低门槛，这就彻底颠覆了中小微企业和个人信用贷款过程。上述互联网金融模式是互联网金融的典型体现，在传统金融中无法实现。

（三）互联网金融具有强烈的普惠金融[1]特性

随着互联网、移动互联网的普及，消费者能够用极低廉的成本接受互联网金融机构提供的金融产品及服务，与传统金融相比，互联网金融的低门槛成为推动金融普惠的重要因素，这种低门槛是由于互联网金融科技技术的进步大幅降低了交易成本和信息不对称程度，让那些无法享受传统金融体系服务的人群获得在线金融服务，从而提高金融的普惠程度。从长尾理论角度分析，互联网金融的消费需求主要集中在“长长的尾部”。因此，互联网金融主要的消费群体是“草根群体”[2]。

（四）互联网金融的特殊风险需要创新监管策略

互联网金融具有自己独特的风险，这种风险对传统金融监管提出了全面挑战。互联网金融的混业风险特征明显，互联网金融天生具有“融合”“跨界”特征，大量出现的互联网交叉性金融产品、互联网金融服务平台和互联网金融控股集团加剧了消费者对于互联

---

① 我国历来高度重视普惠金融发展。党的十八届三中全会通过的《中共中央关于全面深化改革若干重大问题的决定》正式提出：发展普惠金融，鼓励金融创新，丰富金融市场层次和产品。一般认为，普惠金融有别于传统金融，它强调构建一个包容性的金融体系，目标是在经济主体有任何金融服务需求的时候，能够为其提供理想的金融服务。普惠金融理念认为，第一，享受金融服务是每个人的权利，所有人都有享受均等的金融服务的权利；第二，要制定合理完善的制度，实现金融服务供给与需求之间的匹配；第三，在一个成熟的金融普惠体系下，每个经济主体可以获得其所需要的合理的金融服务。参见焦瑾璞：《普惠金融基本原理与中国实践》，中国金融出版社2015年版，第3页。

② 草根群体客户的信用记录很少，缺乏有效的抵押品，加上交易金额小，难以实现规模经济效益，运营成本较高，传统金融机构无法有效满足这部分客户的金融需求，从而导致金融排斥，而在互联网金融下，交易双方通过互联网搜索信息，降低了信息不对称和交易成本，拓展了金融服务边界，该群体的金融需求得到了很大程度的满足。参见冯科、宋敏编著：《互联网金融理论与实务》，清华大学出版社2016年版，第5页。

网金融产品的理解难度。① 在混业经营下，法律风险更加复杂，在业务边界、身份认证、隐私保护方面缺乏统一标准，监管套利风险更加严重。在技术上，单一的系统风险、软硬件缺陷或者管理缺陷都容易引发整个互联网金融链条上的风险，甚至引起跨市场传染风险。

互联网金融“长尾”风险明显，为了争夺市场份额，大量互联网金融平台“烧钱”获客，导致平台经营成本较高，甚至产生恶性竞争，P2P 平台跑路事件时而发生，风险巨大。当“尾部”市场发生垄断后，容易出现强者恒强的“马太效应”，少数互联网金融平台垄断的后果是部分垄断企业作为系统性重要企业，变得“大而不能倒（too big to fail）”，加之混业经营，大机构的风险有可能导致跨市场传染，存在系统性金融风险。另外，互联网金融的长尾风险特征还体现在资金端。由于大部分互联网金融消费者是传统金融服务无法覆盖的“草根群体”，他们人数众多，但是缺乏金融常识和风险识别能力，承担风险能力和意愿较差，一旦出现风险，社会负外部性显著增强。资金使用上的长尾客户中小微企业和自然人居多，此类人群本身风险较大，大数据分析结果可能在经济下行时失效，贷款不良率将大幅提高。

综上，在应然意义上，互联网金融的本质是以大数据、云计算为代表，以先进通信技术为基础，运用互联网思维及互联网工具，具有普惠性质的直接融资、间接融资之外的第三种新型资金融通模

① 互联网交叉性金融产品是最常见的互联网金融混业模式，如阿里巴巴、百度和网易分别推出的基金理财产品“余额宝”“百发”“现金宝”，保险理财产品“娱乐宝”“百赚 180 天”“收益宝”等产品便涉及第三方支付、货币基金、协议存款、信托保险等多项金融业务，金融监管部门也涵盖了“一行三会”，是典型的互联网金交叉金融产品。此外，曾被叫停的阿里腾讯虚拟信用卡业务，也同时涉及第三方支付和银行信用卡业务。参见张建华：《互联网金融监管研究》，科学出版社 2016 年版，第 177 页。

式，互联网金融的基本属性仍然是金融，实现着资金融通的基本功能。从监管角度看，现阶段可以通过“穿透式”监管原则对其加强监管，待互联网金融发展到“应然”意义的技术属性后，还需要针对互联网金融的新型模式特征，制定符合其规律的监管政策和规范。

第二节　互联网金融现象：以英美为例

一、美国互联网金融发展概览

虽然互联网最早诞生在美国，美国又是金融最发达的国家之一，但是 Internet Finance 在美国并非一个特定的概念，也不是一个专用名词。电子金融（Electronic Finance，E－Finance）、电子银行（E－Banking）、网络银行（Online Banking 也译为“在线银行”）等多种称谓也比较常见。在大多数业界讨论和学术研究中，互联网金融都被视为电子信息和网络技术在金融领域应用的延伸。美国在 2007 年诞生了目前美国最大、对全世界互联网金融都有深远影响的 Lending Club 公司，从事 P2P 网贷业务。虽然这种模式在美国 SEC 监管下的可复制性有待研究，但是其影响力是深远的。因此，本书将美国的互联网金融发展以 Lending Club 的诞生为界限分为两个时期。

（一）前“Lending Club”时期

20 世纪 90 年代初期，民用互联网技术率先在美国出现并迅速普及，由此带动了高科技和信息产业的发展。20 世纪 90 年代中期，万维网（World Wide Web）的出现以及以 Netscape 和 Mosaic 为代表的网络浏览器的开发，极大地刺激了互联网产业的发展。在产业投资基金和各种风险投资基金的支持下，互联网技术迅速向传统行业特别是商业和金融领域扩散。在这个时期，基于互联网的新型商业模式（电子商务）和金融模式（互联网金融）开始涌现。1992 年，美国第一家互联网经纪商 E－Trade 成立。因为其提供了比嘉信理财（Charles Schwab）等传统经纪商更为低廉的佣金费率，所以成立后发展十分迅速并推动了整个证券经纪行业的信息化和网络化。1995 年，美国和全球第一家互联网银行——美国安全第一网络银行（Security First Network Bank，SFNB）成立，其特点是不设物理网点而通过互联网向客户提供高效、便捷的银行服务。凭借成本优势和网络便捷性，该银行在短短三年时间内便跃居美国第六大银行，资产规模高达上千亿美元。

在互联网银行的冲击下，美国主要的商业银行也纷纷提高信息化程度并大力发展互联网业务。同年成立的网络保险电子商务公司 IN－SWEB 也发展迅猛，其主营业务基本覆盖了主要零售险种并于 1999 年在纳斯达克股票市场上市。1998 年，大型电子商务公司 eBay 成立了互联网支付子公司 Paypal，并于 1999 年完成了电子支付与货币市场基金的对接，从而开创了互联网货币基金的先河。20 世纪 90 年代末，美国已经基本形成了较为成熟的互联网金融模式和相对完整的产业链条。

2000 年，随着以高科技股票为主的美国 NASDAQ 股指进入下行通道，美国各界对高科技和信息产业的过度投资和盲目乐观情绪开始降温，互联网金融的发展也进入了一个更加理性和平稳的时期。但互联网与金融行业的融合并没有因此而中断，以大银行为代表的传统金融机构进一步加快了信息化和网络化的步伐，传统金融机构的网络化成为这一时期美国互联网金融发展的主流。与此同时，美国各界以及国际社会在目睹了 20 世纪 90 年代美国互联网金融的快速发展及其引发的商业模式和经营业态的巨大变化之后，对互联网金融的研究和未来前景也更加关注。

（二）“Lending Club” 时期

几乎与美国次贷危机发生的同时，美国互联网金融的发展在

2007 年前后出现了较为明显的变化——以 Prosper & Lending Club 公司为代表的“人人贷”（P2P Lending）网络融资模式开始兴起。这一点对点的网络直接融资模式几乎在真正意义上实现了去金融中介化，并表现出了旺盛的生命力。以 Lending Club 这一目前美国最大的 P2P 网络融资平台为例，其贷款额自 2007 年成立以来年均增速超过 100%。截至 2014 年 3 月末，其共计向 3.8 亿个客户发放了约 40.3 亿美元的个人贷款。[①] 考虑到美国个人贷款市场年均约 3 万亿美元的巨大市场规模，以 Lending Club 为代表的 P2P 网络融资平台仍然有着十分巨大的发展潜力。2009 年 4 月，Kickstarter 网站在纽约的正式上线标志着互联网金融的新形式——众筹（Crowdfunding）融资模式的兴起。这一融资模式主要通过网络平台面对公众募集小额资金，让有创造力的人有可能获得创业所需的资金。2012 年 4 月美国通过的《初创企业促进法》（JOBS 法案）为中小企业通过众筹方式融资扫清了法律障碍。目前，众筹融资和 P2P 借贷共同成为美国互联网金融发展的最新成果。这一时期另一个值得注意的现象是以 Paypal 为代表的互联网货币基金销售平台的终结。2008 年全球金融危机爆发后，美国货币市场基金遭受了严重的挤兑，货币市场基金收益率急剧下降，进而使得原本兼具高流动性和高收益的互联网货币基金丧失了优势。2011 年 7 月，随着 Paypal 货币市场基金的正式关闭，美国互联网货币基金销售平台的发展进入了低潮。

（三）Lending Club 网贷平台

1. 关于 Lending Club

该公司于 2006 年 10 月在美国成立。目前，Lending Club 已经累积贷款额度超过了 80 亿美元。起初，Lending Club 类似于 Zopa（英

---

① 来源网址：www.lendingclub.com/public/about - us.action，最后访问日期：2018 年 3 月 22 日。

国 P2P 网站），是类似于纯粹的 P2P 线上模式和网上评级授信模式的结合，但之后，Lending Club 选择和 Facebook 合作，即选择和社交平台合作，通过互联网社交平台，发展熟人之间的 P2P 借贷甚至利用社区、圈子如校友平台，在校友之间进行借贷活动。这在某种意义上是一种可以尝试的个人征信模式。在 Lending Club 上借贷的借款者或者投资者会在 Facebook 上有相应的显示，对应的访客就会知晓该用户有资金借入或者借出的需求。Lending Club 系统是基于社交关系网构建的 P2P 平台，包含了近五万座城市、一千家公司、大量的政府机构、逾六千家政府机构，而借款人的信用分数需要达到 640 分以上才能够在 Lending Club 平台贷出款项。此外 Lending Club 获得了风险投资公司的多轮投资，2007 年 5 月的天使投资是第一笔投资，到 2014 年的 1.15 亿美金来自摩根士丹利、瑞士信贷、硅谷银行等机构的融资，在过去近十年中，Lending Club 共获得十余轮来自各个机构的投资金额，累计超过 2 亿美元。

2. Lending Club 的运营模式

Lending Club 作为一种 P2P 金融模式，也是一种中介服务，需要向客户收取一定额度的手续费，不管是借方还是贷方都需要向 Lending Club 缴纳一定的服务费用，但 Lending Club 最特殊的地方在于它选择了与社交平台合作，通过用户在 Facebook 的社交人脉，可以拓展出大量的社交资源。人和人之间的共同属性，如共同的家乡、年龄、学校、公司等经历会让人和人之间更加容易产生信任，Facebook 可以为 Lending Club 提供潜在的社交关系数据，通过挖掘更多的社交关系可以得到更多的潜在客户资源。此外，Facebook 还可以为 Lending Club 的客户进行实名认证，和 Prosper 不同的是，Lending Club 在通过 Facebook 的认证之后，人和人之间的借贷关系除了借贷之外还会有一层社交关系，这种并不是完全陌生的关系更有利于开展更大规模的借贷活动。Lending Club 的熟人借贷除了朋友之间的借贷、同事之间的借贷还有校友之间的借贷，之后 Lending Club 还开展出了社交借贷。为了获得投资人的资质，投资人需要满足净资产额在20万美元以上、年收入在7万美元以上，满足上述两个条件后，才可以取得借款人资质，而如果不满足以上资质的话，投资额度会在2500美元以下。

对于资金借入方，贷款额度分为三类：第一，1000～35000美元的贷款，时间可以为3年或者5年期，如果3年期无法按时偿还可以扩展为5年期贷款；第二，商业贷款的额度为15000～100000美元，期限为1～5年期；第三，教育和医疗贷款，这种贷款的额度为499～40000美元。

作为一种金融中介，Lending Club向借贷双方收取服务费用是一种很普遍的现象，此外Lending Club还需要向借款人收取以下费用：当逾期未还款时，Lending Club会向借款人收取一定额度的罚金，逾期时间越长，借款金额越高，罚金的额度越大。对于投资人而言，当出现借款人逾期时间超过60天时，还需要缴纳一定的催收款，这些款项的总额不会高于利息总额，如果催收不成功，则不需要支付费用。Lending Club的另一创举在于开创了个人债券的先河。Web Bank是一家与Lending Club有合作的银行，这家银行负责给借款人放款，而此时，Web Bank获得借款人的债券，Lending Club在这个过程中获得借款人的债权，而最终借款人会获得借款人的债权。在这个过程之后，Lending Club平台只是单纯地起一个中介作用，而所有的违约风险会转由借款方自己承担，实现了风险的转移。这种非标资产证券化过程开创了个人债券的先河。

3. Lending Club的风险控制

Lending Club对于贷款的发放会有严格的控制，借款人提供借款申请后，需要满足以下三点：（1）FICO（征信机构给出的评分）分数需要高于660分；（2）债务不能超过整个收入比例的40%；（3）拥有至少3年的信用记录，最近6个月内，被调查的信用情况次数不能高于5次。在了解借款人的以上属性之后还需要对于借款人的基本情况综合评定，最后会形成信用的评级，评级分为 A ~ E 五个等级，每个等级又包含 5 个子等级。风险从 A 到 E 依次增加，所有贷款中 A、B 等级的放款最多，次之是 C、D 等级放款，A、B、C、D 四等级放款的比重约占总放款额度的 87%，通过 Lending Club 的综合信用评定，最终能够通过审核，可以放款的申请人只占总申请人人数的 10% 左右。投资人可以选择自己手动投资，通过详细了解借款人的情况，手动选择某一项目并进行一定额度的投资。但同时 Lending Club 也提供了另外一种投资，即通过 Lending Club 平台自身开发的投资策略，投资人可以选择自动投资策略，通过这种策略，投资人会将资金投资于多个项目，这种分散风险的策略会让投资人有更大的概率获得正收益，也能在一定程度上分散投资人的风险。

Lending Club 最大的特点就是将 P2P 信贷与社交媒体 Facebook 结合了起来，通过 Facebook 了解客户的大量社交资源，为 Lending Club 信贷提供了有效的数据支持。此外 Lending Club 的另一大创举就是创造了个人债券这种举债方式，本质的目的在于实现风险的转移，把借款方的坏账风险通过非标资产证券化的方式转移出去，借款方式转换成债务，而作为一种金融中介，这些债务最终实现了从借款人手中得到钱款后，借款人变相发行债券，而不论是 Lending Club 还是 WebBank 都不用承担借款方的坏账风险，只是做好评级工作并收取一定的中介费用，而最终风险会转移到借款方手中。

二、英国互联网金融发展概览：以 P2P 为例

1. Zopa 概况

Zopa 是全球第一家 P2P 信贷平台，其成立于英国，在 2015 年其资金借贷额就已经超过 10 亿英镑，用户数量超过 20 万，而且发展迅猛，越来越多的人正在选择 P2P 信贷平台而不是银行去进行资金的投放。Zopa 在英国 P2P 所有平台中的市场份额高达 25%，这个平台是整个 P2P 行业的先驱，为非常多的后来平台的建立提供了良好

的模板，作为行业的先驱，它的模式是非常值得探讨的。

2. Zopa 的运营模式

Zopa 曾经的利率是由投资者自行决定的，但后来随着企业的发展，为了更好地控制风险，利率既不是通过买卖双方共同决定，也不是买方单方面决定，而是由 Zopa 平台单方面决定，但是 Zopa 会给投资者选择贷款时间长度的权利，贷款的时间长度可以在 2 ~ 5 年之间，额度在 1000 ~ 20000 英镑之间。

首先，贷款者会对贷款进行申请，而在收到贷款人的借款申请之后，Zopa 会利用英国良好的征信系统，通过系统对个人征信的评价，对贷款人的还款能力做出评价。此外 Zopa 还会亲自调查借款人的具体工作情况，审核借款人是否真正有能力去还款，Zopa 会根据贷款人申请的贷款额度、贷款期限以及自身的信用记录共同确定是否可以放款，如果可以放款还需要确定最终的贷款利率，贷款额度、贷款期限、信用评分都与贷款利率负相关。借款人得到了由 Zopa 根据贷款额度、期限与评级水平决定的贷款利率之后，可以选择是否按照这个利率进行贷款申请，如果觉得利率可以接受，就可以申请到贷款。作为投资人，Zopa 会给投资者两种投资方式，分别是 5 年期投资，利率为 4.9%；3 年期投资，利率为 3.9%。投资者自主决定投资期限，投资金额 10 英镑起，上不封顶。到期还本付息。这种投资方式特别类似于 3 年期或者 5 年期债券，但是比债券更方便的一点是，如果有紧急的资金需求，只要付一定的手续费，投资人的资金就可以从 Zopa 平台中取出来。每个投资人的资金会被分成多份，每一份的金额为 10 英镑，对应一个投资项目，这样做的目的主要是分散风险，这是 Zopa 平台为了分散风险、保障投资者权益的第一个措施。此外 Zopa 还会对每个投资人收取 1% 的手续费。Zopa 要求投资者进行还款的方式是按月偿还贷款，这样可以缩短还款周期，也可以降低坏账风险。

3. Zopa 的风险控制

虽然 Zopa 会亲自核查每个投资人的工作、资金状况，评估风险，严格放款，但是任何一笔资金放出去都有一定的违约风险，那么如何保证所有的投资人在 3 年或者 5 年到期的时候都可以保证收到全额的本息？Zopa 平台会向投资人收取一定的手续费，这笔手续费除了维持平台基本运营开销之外，还有一部分会用于投资一些非盈利基金，这些基金会在放款出现坏账的时候用于还款。2017 年的数据表明，Zopa 的坏账大约在 200 万英镑，而基金余额尚有 300 万英镑，所以 Zopa 到目前为止，所有投资人在资金到期时都可以全额收到本息。

此外，Zopa 平台尚有其他方式控制风险，如上文提到的，平台会对于投资人的资金进行分散投资，每笔资金都会投资到不同的借款项目中，即便出现坏账，每个投资人的损失也会十分有限。这是 P2P 平台非常常用的分散风险的手段。Zopa 的资金是被存在苏格兰皇家银行中的，即使 Zopa 真正出现了兑付危机，甚至因经营不善而破产，因为投资人的资金在苏格兰皇家银行的单独账户中，所以也可以提取出来，还给投资人。

不论是贷款利率还是借款利率都是由 Zopa 平台决定的，借款的方式也只有平台自身提供的 3 年期和 5 年期两种贷款方式，Zopa 平台本身虽然并不对坏账进行真正意义上的赔付，但是它对于借贷的整体风险有一个把握，Zopa 要求借方必须按照每月等额还本付息的方式进行还款，在一定程度上减轻坏账所带来的经济损失，这也在一定程度上更好地规避了风险。而且由于 Zopa 和苏格兰皇家银行之间资金的分离，在真正出现经济危机的时候，投资人不会因 Zopa 平台本身出现问题而导致自身无法将资金提取出来，这也是对投资人的一种最基本的保护。综上所述，Zopa 对于投资人的风险把控非常好，投资产品十分规范化。而且 Zopa 平台也会及时对自身准备金和坏账情况进行披露，这样会更有利于投资人及时了解平台的经营状况，有利于降低自身存在的风险。

第二章　我国 P2P 网络借贷平台法律问题研究

自世界上第一个借贷平台“Zopa”于 2005 年在英国出现以来，互联网与金融的融合速度不断加快。欧美国家债权众筹平台发展迅速，立法也更加完善，截至目前，美国两家主要平台 Lending Club 和 Prosper 占据了美国 80% 左右的网贷份额；英国共有债权众筹（即 loan - based crowdfunding，与 P2P 的关系将在后文详述）平台 56 家，法国共有债权众筹平台 21 家，其他欧盟国家共有 22 个国有债权众筹平台，共计 500 余家;① 2007 年，注册在中国上海的“拍拍贷”上线，开启了我国 P2P 行业发展的先河,② 后我国 P2P 行业开始呈爆发式生长。

经过十几年的快速增长，中外各国的债权众筹平台发生了诸多变化。由单一的个体对个体通过网上平台的借贷行为发展为平台“集合资金”“投资顾问”“自动投标”“理财产品”“投资基金”“智能投资”等多种投资形式。

---

① See FCA. A review of the regulatory regime for crowdfunding and the promotion of non - readily realisable securities by other media，来源网址：http：//www. fca. org. uk/your - fca/documents/crowdfunding - review，最后访问日期：2018 年 5 月 23 日。

② 我国债权众筹平台发展呈逐年上升趋势，目前，我国共有网贷平台 4781 家，但问题平台（如提现困难、老板跑路、歇业等）共计 2928 个。来源网址：http：//www. wdzj. com/dangan/，最后访问日期：2018 年 4 月 22 日。

第一节　P2P 网络借贷的概念界定

一、业内用语中的“P2P”

P2P 的英语指代通常是（Person - to - person lending）或者（people - to - people lending）或（peer - to - peer lending），“P2P”是业界最为熟知且使用最广的概念，也几乎是我国业界甚至其他各界的“通用名词”①。P2P 借贷也依然是目前债权众筹最主要的形式，也是最初始、最基本的形式。P2P 借贷指通过网络平台实现的借贷双方之间点对点的借贷。② 从双方权利义务关系形式上来看，其体现为借款合同，借贷双方以“点对点”形式结合。但是随着行业的发展，以债权为内容的网络众筹从最初的多发生于自然人之间的通过 P2P 借贷平台的点对点借贷到公司债权众筹和票据融资，投资形式也从最初的点对点到集合投资计划开始出现。如本文将重点讨论的我国大量 P2P 网站提供的自动投标理财产品、自动投标工具等，均超过了原来 P2P 借贷“点对点”的认知范围，但是鉴于 P2P 借贷依然是最主要的形式，人们还是习惯用此概念表达已经发展变化了的债权众筹。另外，票据融资众筹平台、集合投资基金平台也将自己称为 P2P 借贷平台。例如，英国最大的票据融资众筹平台 MarketInvoice，加入了英国的 P2PFA（英国 P2P 借贷自律协会）会员，并同样接受监管 P2P 借贷平台的 FCA（英国金融行为监管局）监管。可见业界关于“P2P 借贷”的使用范围较广，内涵确定，但外延具有不确定性。

---

① 除“P2P”外，“P2P 网络借贷”“P2P 网贷”“P2P 借贷”均被业界通用。如无特殊说明，本书亦通用上述概念。

② 蒙瑞华：《我国债权众筹监管制度法律构建》，西南政法大学 2016 年博士学位论文。

二、监管部门法律文件中的"P2P 网络借贷"

与业内使用"P2P 借贷"相同，法律文件使用该词汇的情况也较为多见，但是语义仍有很大不确定性和不清晰性。

国际证监会（International Organization of Securities Commissions，IOSCO）将 P2P 借贷界定为"通过使用网络平台将出借人（投资者）与借款人（发行人）予以配对以提供无担保债"①。但英国、美国均不排除债权担保的适用，我国《网络借贷信息中介机构业务活动管理暂行办法》第 10 条规定，平台不得直接或变相对出借人提供担保或者承诺保本保息。但是并未限制借款人自行提供担保借款。②

美国证监会（U. S. Securities and Exchange Commission，SEC）没有给 P2P 借贷以明确定义，但是其将 P2P 借贷描述为"P2P 借贷通过网络方式让借贷双方直接联系，便利了债务交易"③ 或"P2P 是通过在线平台连接借款人与出借人的债务交易模式，这种模式可以为小企业提供灵活方便的定价、还款时间表、抵押或担保要求以及其他要求"④，从其描述中的"直接联系"等词汇可以看出，SEC 视野中的 P2P 借贷仍然是比较传统的直接点对点的形式，但是美国的实践中，两个平台 Lending Club 和 Prosper 均提供非直接连线的自动投标工具，免除了投资人的选择困扰。

英国金融行为监管局（Financial Conduct Authority，FCA）在众

---

① IOSCO . Crowd－funding：An Infan Industry Growing Fast，来源网址：http：//www. iosco. org/library/pubdocs/pdf/IOSCOPD-459. pdf，P8. 最后访问日期：2018 年 4 月 22 日。

② 来源网址：http：//www. cbrc. gov. cn/govView_ 37D312933F1A4CECBC-18F9A96293F450. html，最后访问日期：2017 年 8 月 1 日。

③ SEC：Crowdfunding：Proposed rules ，来源网址：https：//www. sec. gov/rules/proposed/2013/33－9470. pdf，P328，最后访问日期：2017 年 1 月 3 日。

④ SEC：Crowdfunding：Proposed rules，来源网址：https：//www. sec. gov/rules/proposed/2013/33－9470. pdf，P368，最后访问日期：2017 年 1 月 3 日。

筹规则中使用了 P2P 借贷的概念，但是至少是在两个方面使用了此概念，且含义大不相同。因此，英国的 P2P 借贷概念不确定性更大。一方面 FCA 在借贷型众筹（Loan - based crowdfunding）语境下使用了与 P2B 借贷相对称的 P2P 借贷，而另一方面在上位概念上使用了 P2P 借贷，即认为实践中“P2P 借贷”与“借贷型众筹”的含义相同，并在同一法律文件中认为借贷型众筹即借贷双方的 P2P 协议（peer to peer contract）①。

另外，新西兰《金融市场行为规则 2014》是明确将“P2P 借贷”作为立法术语正式使用的，不过该法第 185 条也只是从 P2P 借贷平台的功能与业务角度阐述“P2P 借贷服务”的主要目的是撮合个人、慈善组织和小企业借款人与出借人的匹配。② 印度证监会的众筹立法咨询文件将众筹分为股权众筹、债权众筹与基金众筹，但是其咨询文件中也出现了 P2P 借贷，同样地，印度证监会只用了描述性的语言表示 P2P 借贷在线平台“撮合出借人（投资人）与借款人（发行人）之间的匹配，一些平台在个体之间安排借贷，一些平台安排资金池后再出借给中小企业”③。

我国人民银行于 2015 年联合其他部门发布了《关于促进互联网

---

① The FCA's regulatory approach to crowdfunding over the internet, and the promotion of non - readily realisable securities，来源网址：http：//www. fca. org. uk/static/documents/policy - statements/ps14 - 04. pdf，最后访问日期：2017 年 8 月 1 日。

② Financial Markets Authority（New Zealand）. Financial Markets Conduct Regulations 2014，来源网址：http：//legislation. govt. nz/regulation/public/2014/0326/latest/DLM6292901. html? search = qs _ act% 40bill% 40regulation% 40deemedreg_ peer + to + peer_ resel_ 25_ h&p = 1&sr = 1，最后访问日期：2017 年 3 月 4 日。

③ A Consultation Paper on crowdfunding in India，来源网址：http：//www. sebi. gov. in/sebiweb/home/list/4/23/0/0/Press - Releases，最后访问日期：2018 年 3 月 2 日。从上述文件可以看出，该界定承认借贷的点对点与资金池形式，只承认借贷关系的债权众筹。

金融健康发展的指导意见》，将我国互联网金融分为互联网支付、网络借贷、股权众筹融资等六大模式，其中明确，网络借贷包括“个体网络借贷（即P2P网络借贷）和网络小额贷款。个体网络借贷是指个体和个体之间通过互联网平台实现的直接借贷”①。可以认为，我国将P2P网络借贷等同于个体网络借款，并强调个体借贷之间的“直接性”。此规定被2016年中国银行业监督管理委员会（以下简称银监会，现已被撤并）联合其他部门出台的《网络借贷信息中介机构业务活动管理暂行办法》所沿用。该办法更进一步规定了“直接性”，并且通过规定网络借贷机构的“禁行”义务，明确网络借贷机构不得发售理财产品等。因此，我国法律文件中P2P借贷的术语含义较为狭窄且比较确定，即传统的P2P借贷形式。

三、“P2P网络借贷”与“债权众筹”的概念辨析

立法用语的选择，往往体现了立法者的基本思维和对立法对象的本质认识。上述我国目前关于债权众筹（P2P借贷）的立法文件中（银监会联合其他三部门联合制定的规章），对于债权众筹的本质认识已经非常明确，即传统的“点对点”出借人和借款人之间的借贷关系，网络平台为中介，起到信息披露、提供撮合交易服务等功能（对于该种认识下文将详述其合理与否）。但相对于“P2P网络借贷”用语，“债权众筹”更能体现行业特性及未来发展方向（当然，鉴于行业习惯和公众对P2P的了解程度，本书将使用“P2P”的概念作为讨论相关问题的用语）。

（一）“众筹”的概念

一般认为，迈克尔·沙利文（Michael Sullivan）首次使用了“crowdfunding”（“大众筹资”—“众筹”）一词，并认为众筹是

① 参见《关于促进互联网金融健康发展的指导意见》第2条第8项。

“群体性的合作，人们通过互联网汇集资金，以支持由他人或者组织发起的项目”①。

从法律意义上看，欧盟和国际证监会都有关于“众筹”的描述和界定。欧盟认为，众筹是“一定期限内对更加广泛的公众为具体项目募集资金的活动，它主要是通过网络进行，并且出资人典型来源于大量的小额个体，当然也不排除一些例外”②。国际证监会在其文件《众筹：快速增长的新生行业》（Crowd – funding：An Infan Industry Growing Fast）中认为，“众筹是一个集合术语，用来描述通过网络平台从大量个体或者组织获取小额资金用于资助某项项目、商业、个人借贷或者其他需求的活动”③。上述两项界定强调了众筹的公共性、网络渠道等。英国 FCA 认为，众筹是一种自然人、组织、商事企业（含初创企业）通过在线平台（即众筹平台）为他们的活动募集资金的方法，并且部分众筹活动是受监管的，部分不受监管，

① 来源网址：https：//en. wikipedia. org/wiki/Wikipedia_ talk：Crowdfunding，最后访问日期：2017 年 8 月 12 日。

② European Commission . CONSULTATION DOCUMENT Crowdfunding in the EU – Exploring the added value of potentialEU action. P3，Crowdfunding refers to open calls to the wider public，typically through the internet，to finance a specificproject. These calls usually state the funding needs and the purposes of the project，defining a limited funding period. Crowdfunding campaigns typically collect small individual contributions coming from a large number of individuals. Theprojects usually have relatively small funding targets – although there are some exceptions. 来源网址：http：//www. confindustria. it/Aree/newsadottup. nsf/7A4D7C98BE6738E9C1257C0-000506EB5/ $ File/consultation – document_ en% 203 – % 2010% 20 – % 202013. pdf，最后访问日期：2017 年 8 月 12 日。

③ Crowd – funding is an umbrella term describing the use of small amounts ofmoney，obtained from a large number of individuals or organisations，to fund a project，abusiness or personal loan，and other needs through an online web – based platform. 来源网址：http：//www. iosco. org/research/pdf/swp/Crowd – funding – An – Infant – Industry – Growing – Fast. pdf，最后访问日期：2017 年 7 月 22 日。

即部分被监管豁免。[1] 美国在肯定公众性、网络性及融资主体多元性的同时，坚持众筹投资的“小额性”，该要求也同时体现在其具体规范中。美国 SEC 认为，众筹是一个较为新兴并且仍在不断发展的方法，即使用网络募集资金用以支持各种想法与事业，典型表现形式是实体或者个人通过众筹从大量人处获得小额支持。[2]

上述规范并未将 P2P 借贷作为一种融资模式排除在众筹模式之外。同时英国 FCA 统一监管众筹和 P2P 网络借贷。值得注意的是，国际证监会还强调了众筹包括个人借贷（personal loan）形式。

综上所述，可以认为众筹是有资金需求的主体，因消费、商业、企业发展或者其他因素，经互联网平台从不特定多数主体处筹集小额资金的行为。根据投资主体是否有回报，可以将众筹分为金融回报型众筹（financial return crowd－funding）与非金融回报型众筹。非金融回报型众筹则包括捐赠型众筹（donations）与回报型众筹（rewards）。

（二）金融回报型众筹的重要类型：股权众筹和债权众筹

根据众筹的权利类型，可以将众筹分为股权众筹和债权众筹，即以众筹的是股权还是债权作为分类基础。这种分类可以追溯到国际证监会 2014 年的文件即《众筹：快速增长的新生行业》（Crowd－funding：An Infant Industry Growing Fast），该文件将众筹分为金融型众筹和非金融型众筹。其中金融型众筹又分为股权众筹和 P2P 借贷。在 P2P 借贷术语的选择使用上，IOSCO 对“投资人与出借人”“借

---

① FCA. The FCA's regulatory approach to crowdfunding over the internet, and the promotion of non－readily realizable securities by other media，来源网址：http：//www.fca.org.uk/static/documents/policy－statements/ps14－04.pdf.，最后访问日期：2017 年 3 月 4 日。

② SEC. Crowdfunding：Final rule，来源网址：https：//www.sec.gov/rules/final/2015/33－9974.pdf. 最后访问日期：2017 年 4 月 4 日。

款人与发行人”并未加以区分，可以通用。

新西兰立法实践中，《金融市场行为监管规则 2014》（Financial Markets Conduct Regulations 2014）将众筹平台分为 P2P 借贷平台与股权众筹平台，并统一受国家监管。该规则并在其第 185 条明确 P2P 借贷服务协议可以使用“借款人”“出借人”及“借款”表示，也可以使用“发行人”“投资者”及“债券”称谓。① 可知，新西兰认为，P2P 借贷平台是用债券还是借贷协议融资并不重要，对平台的义务设定也不产生影响。

从澳大利亚行业实践以及国家有关法律文件来看，其对 P2P 借贷及股权众筹采取了分类管理模式，其将众筹平台分为 P2P 借贷平台与股权众筹平台，P2P 借贷为投资管理框架范围，出借人投资以集合计划进行，类似于我国现阶段的 P2P 平台理财产品。目前，澳大利亚仅允许投资者以投资集合资产管理计划的形式完成出借资金，而非传统的 P2P 点对点的借贷模式。

四、“债权众筹”用语的合理性基础

不可否认，在实践中，无论是从业者还是学术研究人员抑或社会公众，对于主体之间通过网上实现借贷的方式一般都称为 P2P 网贷，很少有人称为债权众筹。但是，在法律文件中的用语应当体现立法者对于行业的思考和本质认识。本文不反对 P2P 在非法律场合及交易习惯中继续沿用，但如果在未来立法中继续沿用 P2P，就不能更好地认识网贷行业的本质和未来发展规律。

如前所述，从监管角度看，如果继续使用 P2P 借贷来描述现在的债权众筹行业，至少基于票据贴现、质押等票据 P2P 理财的借贷

---

① New Zealand Legislation. Financial Markets Conduct Regulations 2014. 来源网址：http：//legislation. govt. nz/regulation/public/2014/0326/latest/DLM6292901. html?search = qs_ act% 40bill% 40regulation% 40deemedreg_ peer_ resel_ 25_ h&p = 1&sr = 1，最后访问日期：2017 年 5 月 4 日。

网站将再一次被监管忽视。虽然我国目前开展票据 P2P 理财业务的网站平台并不多见，但是“宜人贷”已经开展了票据 P2P 理财业务，深圳中汇盈 P2P 网站的票据业务也暴露出了重大问题。①

另外，从国内外关于 P2P 借贷行业的发展来看，P2P 借贷的商业模式已经发生了重大变化。虽然各大知名平台均保留了原有的业务模式，即传统的点对点散标模式，但同时也发展了众多投资工具（如自动投标工具），在实现投资方出资需求的同时，提高了资金出借效率和准确度。互联网与金融的融合应当体现互联网的思维和科技，通过大数据、云计算等方式匹配投资人和借款人，是互联网借贷产业的行业标识、发展方向。因此，严格意义上的点对点即 Peer – to – Peer 模式已经不能精准描述行业特点，也无法满足监管需求。

互联网金融发展日新月异，尤其是随着网络技术的发展，互联网金融的商业模式和业务形态会有更多的变化。而“P2P 借贷”的法律用语属性较为狭窄，不能概括未来发展变化的市场，而“变化”与“创新”在未来却可能是互联网技术背景下金融发展的常态现象。

鉴于上述“P2P 借贷”在行业现在以及未来发展状况以及国际、相关国家立法使用上的模糊性，我国监管制度在未来立法中应当使用具有前瞻性更强、含义更加丰富的“债权众筹”（debt – based crowdfunding）概念，债权众筹在业务类型上包括借贷合同形式众筹、企业发债形式众筹、债权转让形式众筹；从借款人获得资金方式看，包容了传统的点对点（Peer – to – Peer）配对，也包括自动投标等理财产品形式与借款人的配对。同时体现了监管者的基本监管思路和对行业未来发展和本质规律的认识。债权众筹和“股权众筹”（equity – based）本就是一对相互对称的概念，也符合我国 2015 年中央银行等十部门发布的文件中关于互联网金融样态的分类。

---

① 来源网址：http：//money. 163. com/15/0103/09/AF19SPNK00253G87. html，最后访问日期：2018 年 4 月 12 日。

第二节　我国《网络借贷信息中介机构业务活动管理暂行办法》评述

根据我国立法层级，我国2016年8月17日正式颁布的规章《网络借贷信息中介机构业务活动管理暂行办法》（以下简称《网贷暂行办法》）是我国目前在法律层面上专门对P2P网贷给予规制的最高级别法律文件。因此，对于互联网金融平台的定性、监管、互联网金融平台合规建设、金融消费者保护都具有非常重大的意义。

一、《网贷暂行办法》的立法背景及主要内容

众所周知，传统P2P模式中，平台仅承担信息中介职能，并不是交易的主要参与者。在交易的过程中，借贷双方之间发生的是债权债务关系即借贷法律关系，平台作为中介与借贷双方之间构成的是居间法律关系。平台在整个借贷活动中，既不是贷款人，也不是借款人，而只是为借贷双方提供交流、协商等服务并收取成交服务费的中介，我国的“拍拍贷”就是如此。其业务流程是：首先，借贷双方先在平台上进行注册，由平台对双方资质进行评估和定级；其次，存在融资需求的借款人发布借款信息，由投资者根据自身需求，综合借款人情况，选定想要投资的项目进行投资，投资所用资金和还款所用资金直接在借贷双方的账户间进行流转；最后，由平台根据具体的标的额收取一定的服务费用。但是，由于我国对其规范不足，相当一部分P2P网络借贷平台的运行发生异化，除提供信息居间交流外，大多存在向投资者提供金融理财服务的“异象”，如有些P2P网络借贷平台对借款需求进行二次包装，以理财产品的形式向投资者进行展示，或者平台本身通过编造虚假的投资项目或借款人归集资金，使贷款人资金进入平台的中间账户，此类行为涉嫌非法吸收公众存款（对于平台刑事责任认定，下文详述）。还有部分

P2P 网络借贷平台经营者以高利息或高收益为噱头，吸纳大量资金，最终卷款潜逃，此类行为属于集资诈骗，亦可认定为“庞氏骗局”。凡此种种，致使 P2P 网络借贷平台风险不断发生。最新数据显示，2016 年网络借贷整体成交额超过 2 万亿元；全年共有 1297 家 P2P 平台发生问题，涉及近千亿元资金，其中以“跑路”为主，众多投资者利益受到损害。

但是，我国的监管机构对于互联网金融的认识存在理解上的差异，各部门之间在 P2P 网贷业务诞生之初并没有明确监管分工，以至于从我国第一家网贷平台拍拍贷于 2007 年上线，但直到 2015 年银监会等十部委才以文件形式确认了 P2P 网贷的监管部门。因此，监管部门必然需要详细的规范为监管做支撑，另外，网贷平台在我国诞生后无序发展、野蛮生长、跑路的问题，加强消费者权益保障等，也是催生《网贷暂行办法》出台的重要因素。

《网贷暂行办法》在一定程度上填补了 P2P 网络借贷平台监管的法律空白。全文共 8 章 47 条，分为总则、备案管理、业务规则与风险管理、出借人与借款人保护、信息披露、监督管理、法律责任和附则。其主要内容有：第一，在定位方面，明确了金融信息中介性质。网络借贷机构的本质不同于信用中介，互联网是其服务的主要载体，所提供的服务主要以借贷信息为主，包括采集、整合、评估、公布等方面，同时为借贷双方提供信息交互、借贷撮合等服务。第二，在准入方面，确立了备案管理模式。未设置准入和退出门槛，采取地方金融监管部门备案登记。第三，在业务规则方面，明确了业务边界。以负面清单管理模式列出了不得吸收公众存款、不得归集资金设立资金池、不得自身为出借人提供任何形式的担保等十三项禁止性行为；明确了网络借贷机构为普惠金融、小额分散。对同一借款人的网络借贷单笔借款余额及不同平台的借款总余额实行上限控制。第四，在保护投资者的资金安全方面，确立了资金第三方存管制度。要求由银行等第三方的金融机构作为投资资金和还款资金的存储机构，将其与网络借贷平台自身的运营资金分别管理。第五，在信息披露方面，明确了应披露的信息范围以及网络借贷信息中介机构的职责。第六，在监管方面，明确了监管部门及职责，采用银监会和地方金融监管部门分工合作的“双负责”管理模式。第七，在法律责任方面，明确了责任主体的违法行为及相关法律责任。违法行为人根据其行为性质承担相应的行政责任、刑事责任。第八，明确了整改期限。规定不符合要求的网络借贷平台的整改期不超过12个月（该期限在实践中有一定延后）。

二、《网贷暂行办法》的不足

《网贷暂行办法》的出台，在一定程度上为我国监管P2P网贷建立了法律依据，其立法目的是保证P2P网络借贷平台的规范运行和健康发展，保护互联网金融消费者的合法权益。该办法中有很多规定是具有历史意义的，对我国P2P网贷及互联网金融发展和监管均有重要意义。但是，《网贷暂行办法》在实践中确实暴露了一定问题，也折射出我国P2P网络借贷平台法律监管存在一定的不足，具体规范的完善一方面有待于日后立法的加强，另一方面需要监管部门在实践中对规范进行细化。《网贷暂行办法》主要表现出以下几方面不足：

（一）资金存管规定过粗，导致存管形式化

P2P资金存管的目的是通过银行实现对P2P网络借贷平台相关资金的管理和监督，也称银行存管。P2P资金存管是从证券的资金存管延伸的，指的是通过银行来管理投资者的资金，平台只负责管理交易，将资金和交易二者分开。在资金存管的情况下，P2P平台并不能直接接触到资金，这可以大大减少资金被挪用的风险，可见银行存管的重要作用。因此，《网贷暂行办法》明确规定了第三方资金存管制度。虽然随着《网贷暂行办法》监管政策的出台，平台纷

纷寻求与银行合作，但是实践中，效果却不理想，仅有少数平台上线银行直接存管。一方面，银行存管资金需要大量的前期准备，从业人员的培养、对接平台的建设、相关制度和流程的完善都需要银行进行大量的投入，导致银行“望而却步”。因此，目前网络借贷平台真正实现资金存管的为数不多。另一方面，有些P2P网络借贷平台的资金虽有存管机构，但基本上是流于形式，很少能做到对业务和运营的真实情况进行监管。例如，一些平台将客户的资金放入自身在银行开设的账户当中，只要平台需要就可以取出资金挪作他用；另外由于没有完善的准入标准，商业银行出于对网络借贷的风险的考虑，大多制定了十分严格的选拔标准，这也将许多网络借贷平台“拒之门外”，一些平台只能选择第三方支付机构担任存管机构。一般情况下，第三方存管机构仅提供第三方支付功能，并未真正履行资金存管功能，不会对平台的业务和运营的真实情况进行监管，更不能使平台与资金彻底分离；也有一些平台采用第三方支付系统与银行联合存管模式，即只有部分标的是银行存管。在无效存管的情况下平台能够间接控制用户资金，形成了实质意义上的“资金池”，资金安全隐患很大，平台的非法集资风险十分突出，所以银行存管是把控用户资金安全的重要因素。另外值得一提的是，2018年以来P2P网贷行业事故频发，导致众多银行终止了P2P网贷银行存管业务，本就并不发达的“银行存管市场”更加雪上加霜。

（二）征信体系欠完善，信息披露规定落实难度大

信息披露可以在很大程度上解决借贷双方交易者信息不对称的问题，在充分保护借款人与出借人隐私的前提下，完善信息披露制度，增加信息的透明度，对P2P网络借贷平台违法集资与诈骗等活动可以达到有效的遏制。英美两国对P2P网络借贷的信息披露要求特别地细化和严苛，包括了借款人的信用情况与网络贷款平台的经营状况等方面。虽然《网贷暂行办法》中规定了P2P网络借贷平台

应当将借款人基本信息、融资项目基本信息、风险评估及可能产生的风险结果、借贷项目等经营管理信息在其官方网站上向出借人进行充分披露，同时对信息披露情况等进行审计和认证，并保证披露的信息真实、准确、完整、及时，但是由于我国目前个人征信体系的缺失，P2P网络借贷平台在没有与中国人民银行信用征信系统进行信息共享的情况下，没有办法通过官方渠道来对借款人的信用状态进行查询，也没有其他的途径来了解相关情况，可以说出借人对借款人的真实情况并不了解，其所了解的信息都是来自平台上发布的信息，这也是他们作出判断的依据。因此，从我国的实践来看，很多P2P网络借贷平台所披露的信息缺乏全面性和真实性，只提供与客户收益有关的信息，[①] 不能真实地反映借款人的经营状况和运营能力，更有一些网络借贷平台存在着遗漏、隐瞒重要信息的情况；还有些P2P网络借贷平台的资格认定模糊，经营者将其作为非法吸纳资金的工具，发布虚假信息进行集资和诈骗，这样的情况加大了网络借贷的风险，也破坏了市场环境。

（三）法律责任不全面，缺少民事责任规定

《网贷暂行办法》规定了地方金融监管部门、网络借贷信息中介机构、出借人及借款人在违反法律法规时应当承担的行政责任和刑事责任。《网贷暂行办法》存在的不足是：一方面，法律责任规定过于泛化，细化程度不够，如《网贷暂行办法》第40条中“网络借贷信息中介机构违反法律法规和网络借贷有关监管规定”的表述过于宽泛和笼统，在很大程度上可能会导致适用过程中的扩大化，极易出现滥用处罚权的情形。另一方面，在法律责任的设计上忽略了民事责任的运用，如网络平台存在虚假信息披露等违反合同的行为，

---

① 王怀勇、宋二猛：《个体网络借贷平台信息披露法律制度研究》，载《学术界》2016年第3期。

则可能使投资者遭受损失从而构成侵权，需承担侵权责任，① 而《网贷暂行办法》一味强调行政责任和刑事责任的惩罚功能，却缺乏民事赔偿上的规定。

当然也有学者强调，《网贷暂行办法》缺少对P2P网贷的入门门槛限制，只是采取了备案制度，“并没有设置其他的准入标准”，本书认为，所谓的门槛，在法律上应当界定为行政许可，对于行政许可的设定，我国《行政许可法》明确规定了设定的主体及资格。部门规章无法设定行政许可，因此采取备案制度是符合现在我国立法体例和行政许可体系的。另外，从我国近期陆续发布的互联网金融管理规定不难看出，我国对于互联网金融网贷平台的定位是中介，不属于金融机构，如2018年4月颁布的《关于规范金融机构资产管理业务的指导意见》将金融机构界定为银行、信托、证券、基金、期货、保险资产管理机构、金融资产投资公司等，不包括P2P网贷平台。其基本逻辑是：互联网金融网贷平台不是金融机构，自然不能从事金融机构才能从事的特许经营（行政许可）业务，能够从事金融业务的机构需要持有相关“牌照”（行政许可）。因此，P2P网贷平台是不需要获得传统金融机构牌照的。完成备案工作在监管层面能够基本保障平台的法律合规和经营合规。当然，在实践中，备案工作也是对现有P2P网贷平台基本情况的把握。类似于私募基金管理人登记备案，有关机构均会公示情况，并需要律师事务所出具尽职调查基础上的《法律意见书》。P2P网贷备案也需要律师事务所在尽职调查基础上出具《法律意见书》。因此，实践中能够通过备案完成监管目的的，无需在法律层面设定一个行政许可。一方面法律的修改不是一朝一夕能够完成的，另一方面互联网金融创新速度较快，利用备案工作来规范、限制、避免监管套利是目前立法体系下比较

---

① 周之琦：《P2P网络借贷平台法律问题研究》，北方工业大学出版社2016年版，第30页。

稳妥的监管手段。

三、《网贷暂行办法》的完善建议

P2P 网络借贷平台是一种新型的行业模式，但是，互联网金融仍具有传统金融业的特点，其金融风险不可忽视。因此，对其进行监督和管理十分重要。针对我国目前 P2P 网络借贷平台法律监管存在的不足，通过借鉴英美等国的已经相对成熟的模式和经验，就以上《网贷暂行办法》主要的问题，本书提出如下完善建议：

（一）落实资金存管

通过对客户资金进行第三方存管和流向监管，可以最大限度地保障资金的安全性和使用的专有性，有效减少资金挪用情况。而若想对 P2P 网络借贷平台的资金情况做到真正的存管和监管并重，银行的作用不可忽视：一方面，应该严格规范银行存管资金秩序；另一方面，政府应通过文件政策等方式来支持和鼓励商业银行参与 P2P 网络借贷平台资金的监管。中国人民银行、银监会等机构应着手建立统一的网络借贷资金存管平台，统一标准和流程，将商业银行纳入平台体系中，减少商业银行的前期投入，同时也有利于平台选择存管银行，达到一个“双赢”的局面，促进良性发展。

（二）完善征信体系

没有完善的征信体系，P2P 平台就不能判断小微企业与个人的信用情况，P2P 平台的资金借贷流转就会产生风险。美国 P2P 网络平台大多直接使用专门的征信公司所提供的评分，征信报告数据完整，评分准确。我国目前的征信体系并未完整地建立起来，存在数据缺失与交流缺失的情况，相较于发达国家存在差距。许多国家很重视信用数据，每个人自出生之日起，就开始建立个人信用数据，数据中明确记载着个人信用信息。从我国征信体系的现有结构来看，中国人民银行因其自身的特殊性导致其征信系统的数据相对其他商业化征信公司更加权威，但是，其数据也只是集中在借款人在各家银行的相关往来记录，现阶段建立起数据完善、便于共享的个人征信体系是我国的主要奋斗目标。征信，是指由依法独立的征信机构建立的信用档案，主要的服务对象是个人，是通过对个人信用信息及行为进行收集、整合和加工而形成的，同时，可以为用户提供信息查询和信用评估等服务。

要完善征信体系需要从以下几个方面入手：首先，应制定统一的信用评价标准。借款人的个人及家庭信贷记录、个人财务状况、税费缴纳情况等方面是制定评价标准考虑的主要因素。其次，可通过研究国外成熟的经验，实现我国信息的内外部共享。其中，外部共享指的是包括中国人民银行、各商业银行、银监会等各类机构与网络借贷平台的共享，内部共享则主要是针对不同网络借贷平台之间，由它们建立起行业内部的共享征信体系。中国人民银行征信中心作为公共机构，应将现有的资信机构、评估机构、会计事务所、电信系统、P2P 网络借贷平台等相关机构的信息纳入其中，实现各机构之间的信息共享。最后，设立失信黑名单。对违约的借款人给予罚款和违约信息列入黑名单，并及时上传到信用体系中。

（三）确立民事责任

针对投资人的信息披露欺诈行为是网络借贷的常见违规行为。因此，为了规范良好的投资环境和保障投资人利益，就必须加强对该行为的惩罚力度。不可否认，《网贷暂行办法》中对于监管机构行政责任以及刑事责任的规定可以对违规行为起到一定震慑作用，如针对网络借贷平台信息披露中恶意的欺诈行为规定了给予其较大数额罚款以及刑罚处罚，这样能够更有效地防止和减少欺诈行为的发生。但是真正能弥补受害人损失的民事赔偿上的规定匮乏。P2P 网络借贷平台存在的故意或具有重大过失的信息披露欺诈行为是侵害投资者合法权益的行为，这种行为本质上是一种民事侵权行为，侵权人应当对受到侵害并存在财产损失的被侵害人承担民事侵权赔偿责任。在对平台信息披露的欺诈行为进行民事责任认定时，应采用过错推定原则，即对于 P2P 网络借贷平台披露的信息，只要发现其存在不实陈述、误导性陈述或重大遗漏等情况，便可推定其具有过错。建立切实可行的民事赔偿责任制度，一方面，有利于减少和防止信息披露欺诈行为产生，为投资人的合法利益提供有力的保障；另一方面，有利于加强监管的法制化，为已经发生的侵权行为提供法律上的追责依据。

第三节　P2P 网络借贷理财产品法律问题解析

一、P2P 借贷平台“自动投标”理财产品现行模式运行分析

当前，我国众多 P2P 网络借贷平台均将自动投标的理财产品作为主流业务模式，购买自动投标理财产品、使用自动投标工具是“出借人”在 P2P 网贷平台上的主要投资方式。但是在监管逐渐趋严的背景下，《网贷暂行办法》明确 P2P 网贷平台“禁止自行发售理财等金融产品募集资金”。2018 年 4 月 27 日，我国发布了《关于规范金融机构资产管理业务的指导意见》，明确了互联网金融企业属于“非金融机构”，开展金融活动要纳入金融监管，不能变相非法集资。同时，《互联网金融风险专项整治工作领导小组办公室关于加大通过互联网开展资产管理业务整治力度及开展验收工作的通知》也明确说明了互联网金融要持牌经营，进行穿透式监管。但自动投标理财产品是互联网思维、技术和金融的结合，前提是不能形成违规的“资金池”。这也是 P2P 网贷行业发展变化的结果，一味禁止 P2P 网贷平台自发理财产品是否符合 P2P 网贷平台行业发展的本质规律，需要进一步研究。同时应当借鉴域外有关立法经验，结合我国互联

网金融发展实际，统一监管思路，探索符合我国 P2P 网贷发展的监管模式、规范，促进互联网金融的稳定和发展。

以自动投标为核心的理财产品已经成为全国网贷平台的主流产品和盈利点，也是投资者在各网贷平台的主要投资方式。我国现有正常运营网贷平台共计近 2000 家，支持自动投标的网贷平台共计 774 家，其中歇业、提现困难、老板跑路等问题平台 2923 家，正常运营的平台大部分均上线了自动投标功能的理财产品。[①]

2017 年 4 月，我国网贷累计成交量突破 4 万亿元，[②] 成为各网贷平台主要盈利点的自动投标理财产品的成交量也十分巨大。网贷平台理财产品关乎 P2P 网络借贷出借人数以万亿计的资金安全，同时也涉及 P2P 网络借贷信息披露制度、银行存管制度、投资者保护制度等一系列 P2P 网络借贷基础制度的构建。

（一） 自动投标的含义

P2P 网络借贷以实现中小微、点对点贷款为设计出发点，利用互联网作为技术平台，实现金融普惠以及去中心化的金融理念，但是当网络借贷平台的业务量达到一定规模之后，势必会增加投资者的选标（选择债权标的）难度。为提高用户体验，体现互联网金融快速高效的特点，众多平台在 2014 年先后推出了自动投标工具。[③]

---

① 笔者通过“网贷之家 www. wdzj. com”网站查询了有关平台统计数据。同时收集了正常运营的 774 家平台的“理财产品”协议样本。该协议样本虽描述不同，但至少包括如下两种描述的一种：出借人（投资人）授权网贷平台在一定范围内进行投标；出借人在产品计划项下的资金由系统在出借人认可的范围内自动投标。

② 数据来源网址：http：//www. wdzj. com/news/yanjiu/82520. html，最后访问日期：2017 年 7 月 26 日。

③ 较早出现的自动投标工具如人人贷的“U 计划”、有利网的“定存宝”等，其中信而富平台甚至已经不再发行散标直投产品。在知名平台示范下，P2P 产品大有向自动投标化发展的趋势。薛勇臻：《P2P 产品自动投标成风尚，平台透明度降低》，载《中国证券报》2014 年 12 月 12 日，第 A04 版。

随着对自动投标工具的理解不断加深，各平台研发了多种不同类型的自动投标工具，形成了理财产品群。但学界和实务界并未对“自动投标”工具做一个统一定义，各平台对自动投标的描述也不尽一致。由于自动投标在网贷实务中已经演化出不同的类型，对自动投标的概念应当分类别讨论。

1. 委托理财类（理财产品）

自动投标技术是理财工具的核心内容，即投资人除根据网贷平台的《注册协议》成为会员外，还需要单独与平台签订一份委托协议，一次性委托平台选择符合标准（即投资人加入的理财计划类型和委托协议授权）的标的进行投标，无需投资人进行投标。采用委托理财类自动投标的知名平台较多，且成为各个平台的核心竞争优势。

拍拍贷网贷平台推出了“彩虹计划”①，并且该计划项下有多个子项目，这些子项目包括不同的预期收益率、接受的投资金额、投资期限、是否自动续期。但投资人均需签署彩虹计划的《服务协议》，其中第 2 条规定，甲方（投资人）使用“彩虹计划”投标服务投资的标的为拍拍贷平台上经审核并已发布的借款标的（不包括拍拍贷平台之外的任何其他资产），具体对应拍拍贷官方网站的质量保障区的借款标的。彩虹计划的服务期参见彩虹计划页面。甲方委托乙方的服务期一旦生效，除本协议约定的终止情形外，甲乙双方均无权提前终止本协议。在该协议《产品说明》的产品原理中，明确载明系统可用用户的资金“自动投标”。

宜人贷推出了“宜定盈”② 自动投标项目，该产品需要投资人授权给宜人贷网站，由网站在该理财计划范围内进行投资。其投资

---

① 来源网址：https：//m. invest. ppdai. com/landingagreement_ rainbow03. html? a =5，最后访问日期：2017 年 7 月 29 日。

② 来源网址：https：//www. yirendai. com/finance/view/b3c317c73145493a9e-9854c6d844f8e7，最后访问日期：2018 年 5 月 29 日。

书载明：（宜人贷）代授权人确认出借、确认《宜人贷借款协议》的所有条款，并使用授权人的数字证书，以授权人的名义签署相关协议（包括但不限于《宜人贷借款协议》《债权转让协议》等），在服务期内代授权人进行资金的出借、回款再出借，被授权人自行或委托第三方进行还款管理。该项目对比微贷网的“优选计划”①，实质内容均在于为用户“理财”，微贷网的“优选计划”需要投资人授权微贷网代为投标，其网站出具的授权委托书载明：（微贷网）代委托人在微贷网平台上点击确认投标、出借资金、借款协议、债权转让协议等业务流程中的全部协议；代委托人进行划转出借资金、收回借款本息、收取债权转让款项等业务流程中涉及的全部资金管理。

团贷网也推出了理财产品“复投宝”②，加入“复投宝”产品需要签署《复投宝服务协议》，该协议载明：“复投宝是受用户委托并授权服务系统自动投标、自动复投、到期转让的智能理财计划。‘复投宝’智能工具在本协议第二条约定的投标范围内对符合要求的标的进行优先自动投标，并在计划到期后自动转让退出。用户加入复投宝即进入锁定期（为T+5个自然日），用户在锁定期结束之次日起进入持续服务期，持有期内系统自动复投，到期系统自动转让退出。复投宝持有满N个月即可申请提前退出，可支持部分提前退出。”并且要求投资人授权：“自甲方加入本次复投宝起，即授权乙方通过服务方系统根据本次计划的详情对甲方的加入资金进行优先自动投标，并授权团贷网通过系统以甲方名义自动签署相关借款协议、债权转让协议、相关投资项目的服务协议等，甲方应提前查看并了解相关协议内容；甲方对此等自动投标和自动签署相关借款协

① 来源网址：https：//www. weidai. com. cn/bid/showApAuthorAgreement，最后访问日期：2018年5月24日。

② 来源网址：https：//contract. tuandai. com/P2P/Web/WeFTBServiceContract. html，最后访问日期：2018年3月27日。

议、债权转让协议、相关投资项目的服务协议之安排及内容已充分知悉并理解；该等自动签署的借款协议、债权转让协议、相关投资项目的服务协议均视为甲方真实意思的表示，甲方对该等法律文件的效力均予以认可且无任何异议，并无条件接受该等自动签署的法律文件之约束。”

人人贷的“U 计划”与上述理财产品的实质内容相似，也需要签署委托协议，授权人人贷“自动投标”①，该计划服务协议书明确载明“出借人优先自动投标及到期按相关规则自动退出”；优先自动投标范围为：“人人贷网贷理财平台上发布的实地认证标借款需求、机构担保标借款需求以及人人贷网贷理财平台债权转让市场转让的实地认证标债权、机构担保标债权。甲方在此无条件且不可撤销地同意并确认：自甲方加入本期 U 计划起，甲方即可通过系统在本协议项下甲方认可的范围内进行优先自动投标（‘投标’即出借或受让已有借款债权，下同），并通过人人贷网贷理财平台系统以甲方名义自动签署相关借款协议、债权转让协议；甲方对此等自动投标和自动签署相关借款协议、债权转让协议之安排已充分知悉并理解；该等自动签署的借款协议、债权转让协议均视为甲方真实意思的表示，甲方对该等法律文件的效力均予以认可且无任何异议，并无条件接受该等自动签署的借款协议、债权转让协议之约束。”

PPmoney 的“省心宝”② 理财产品与上述人人贷的理财产品相似，省心宝服务协议条款载明：“乙方（网贷平台）现推出智惠系列资金管理服务——省心宝，为加入省心宝的投资人提供更贴心、便捷的服务，并将尽最大努力维护投资人的合法利益。省心宝服务指甲方委托乙方 PPmoney 平台系统智能投标、自动复投、到期退出

① 来源网址：https：//www. renrendai. com/financeplan/13290，最后访问日期：2018 年 3 月 26 日。

② 来源网址：https：//www. ppmoney. com/StepUp/GetAgreement/1？prjType = 104039，最后访问日期：2018 年 4 月 21 日。

过程中乙方提供的服务。乙方根据甲方的委托，将甲方加入省心宝的资金通过系统自动分散投资到 PPmoney 平台上的优质项目中。甲方同意并确认自甲方加入本期省心宝日起，即不可撤销地授权乙方可通过 PPmoney 平台为其进行智能投标，并通过 PPmoney 平台以甲方名义签署相关借款协议。甲方知悉并同意接受相关电子及纸质协议的约束，对此等智能投标和签署相关协议的安排已充分知悉并理解，并认可该等行为为甲方真实意思表示，对该等法律文件的效力均予以认可且无任何异议。甲方同意并确认甲方通过 PPmoney 平台智能投标而签署的法律文件生效后，乙方即可根据该等法律文件的相关约定，对相关款项进行划扣、支付、冻结以及行使其他权利，甲方对此均予以接受和认可。”

这种投标方式本质上属于委托平台进行理财，平台类似“投资顾问”①，管理用户资金，从中收取一定的管理费用，在我国应当属于委托理财范畴（下文详述）。目前，我国的定期理财、活期理财等包含自动投标的理财产品成为网贷平台的主流业务模式。不仅在我国，美国最大的 P2P 平台 Lending Club 也有类似的安排，它通过设立的子公司来完成投资人（出借人）的资金汇集，并组成不同的投资基金，投入平台上的标的。Lending Club 根据美国信托法律，通过信托方式运营该笔资金，用户无需介入项目运营。英国也不反对投资组合基金形式，但是强调 P2P 借贷形式，允许借贷基金作为名义出借人。澳大利亚的网贷平台几乎都是通过借贷基金的形式完成网

---

① 《证券投资顾问业务暂行规定》第 2 条规定：“本规定所称证券投资顾问业务，是证券投资咨询业务的一种基本形式，指证券公司、证券投资咨询机构接受客户委托，按照约定，向客户提供涉及证券及证券相关产品的投资建议服务，辅助客户作出投资决策，并直接或者间接获取经济利益的经营活动。投资建议服务内容包括投资的品种选择、投资组合以及理财规划建议等。”上述概念是从理财标的即证券进行的投资顾问的界定，但是对于投资顾问的功能仍然可以借鉴。

贷过程。①

支持委托理财类自动投标的网贷平台，均会与投资人签订委托授权合同或服务协议等授权性文件，授权平台在一定条件下为投资人（出借人）进行投标。根据笔者调研，目前正常运营的网贷平台支持委托理财类型自动投标的，均会将自动投标过程描述成“代为”“智能投标”“系统自动投标”“自动分散投标”等。

综合来看，委托理财类的自动投标工具应当是：P2P 互联网借贷平台开发的，由投资人（出借人）授权给网贷平台，在满足委托授权协议或网贷平台与出借人达成的特定条件下，网贷平台代替投资人（出借人）对网贷平台上存在的符合理财产品计划或已经归入理财计划内的标的进行投标②的网贷平台投标产品。

2. 投标工具类

投标工具类的自动投标工具和委托理财类的自动投标工具虽然在核心功能上是一致的，即满足一定条件，网贷平台系统会自动将出借人的出借款投入相关债权标的中，但是该自动投标工具更加“纯粹”，仅是出借人可以选择的一种投标工具。用户可以不在任何理财计划项目下使用这种工具，并且出借人可以自行设定平台给定的投标条件，如选择或自定义借款期限、年化利率、还款方式等，无需与网贷平台签署委托授权协议，因为自动投标工具的使用是出借人的个人行为，网站系统只是在执行投标条件命令。提供投标工

① FCA. A review of the regulatory regime for crowdfunding and the promotion of non－readily realisable securities by othermedia，来源网址：http：//www. fca. org. uk/your－fca/documents/crowdfunding－review，最后访问日期：2017 年 12 月 3 日。

② 网贷行业一般将投资人把出借款出借给借款人的行为称为“投标”行为，下同。

具类的自动投标工具知名网贷平台如红岭创投①、微贷网②等网站。

美国的借贷平台 Lending Club 也会提供自动投标工具“自动匹配投资”（Automated investing）③，用户选择或自定义一种投资组合模式，投资人与平台之间不签署委托协议，不形成特别的委托关系；④ 美国另一家网贷平台 Prosper 也提供自动投标工具“自动投资”（Auto Invest）⑤，功能和使用办法与 Lending Club 相似。

综合来看，投标工具类的自动投标工具应当是：P2P 互联网借贷平台开发的，由投资人（出借人）根据网贷平台提供的各相关要

---

① 红岭创投的自动投标可以由出借人用户编辑，选择还款方式、借款期限、年化利率即投标另行，开启自动投标后，系统将会根据上述条件进行自动选择，将用户的资金分散投标，投标过程无需用户参与。来源网址：https://member.my089.com/uac/credit/setupAutoBidConfig，最后访问日期：2018 年 3 月 11 日。投标后网贷平台将提供借款电子协议。

② 微贷网提供两种自动投标工具，分别是“预约自动投标”和“懒人自动投标”，类型虽不同，但均需选择投标期限、投资金额等要素，系统将在选择后自动投资到平台的优选计划（理财产品）或散标中。来源网址：https://www.weidai.com.cn/account/tender/autoTenderIndex，最后访问日期：2018 年 2 月 15 日。

③ 自动匹配投资被 Lending Club 诠释为“Automate investments based on a pre-selected strategy”。来源网址：https://www.lendingclub.com/investing/alternative-assets/how-it-works，最后访问日期：2018 年 3 月 30 日。

④ 最初版本的自动投标工具被称为 PRIME，相应的账户就叫 PRIME 账户，账户余额至少为 25000 美元或者拥有个人退休账户（IRA）的投资人可以使用 PRIME。Lending Club 设有两种账户：一种是普通账户，即由用户人工手动选择标的并投资；另一种是自动投标账户，即用户只要依据自己的需求设定好一些条件，如出借利率，平台的系统就会自动匹配满足这些条件的标的，并且可以实现本息复投。来源网址：http://www.weiyangx.com/168658.html，最后访问日期：2018 年 1 月 30 日。

⑤ Prosper 将自动投资诠释为：“Auto Invest is an investment tool that automatically invests available funds based on the parameters chosen by the investor to achieve a desired portfolio. Individual investors can set a target allocation and other investment criteria and Auto Invest automatically places orders for matching Notes on their behalf. Investors can review, adjust, pause or re-start Auto Invest at any time.”来源网址：https://help.prosper.com/，最后访问日期：2018 年 3 月 30 日。

素如投资款范围、借款期限、年化利率等进行选择或自定义，网贷平台系统根据投资人（出借人）选择或自定义的要素组合对网贷平台上存在的债权标的进行投标，该投标行为视为投资者（出借人）自身行为的网贷平台投标产品。

值得注意的是，该类自动投标工具与委托理财类自动投标工具在投标范围上有明显不同，前者范围较广，只要符合自动投标要素设定的标的都有可能是投标对象，包括了散标和符合网贷平台理财计划的标的；而后者的投资标的范围较为固定，即符合理财产品计划或已经归入理财计划内的标的。

（二）自动投标工具的价值

自动投标工具的价值可以从多方面考量，从本文讨论重点看，主要存在以下两方面价值：

1. 用户价值：提高投资效率

自动投标工具能够在投资人设定的条件下进行系统自动投标，节省了投资人手动筛选所要投资标的的过程，为投资人节省了大量时间，提高了互联网用户的体验，实现了“互联网＋金融”的互联网思维，简洁、高效。

2. 平台价值：提高资金效率

对大部分平台来说，开发自动投标工具，不仅仅是为了满足用户体验，扩大平台影响，更是为了提高资金的使用率，减少“资金站岗”的时间。平台将自动投标工具与理财产品相结合，这些理财产品用汇集的资金或购买债权，或购买长期债权标的，或在用户申请退出理财计划后补充资金缺口等，由于用户并不直接投资到债权标的中，从网贷平台角度看，网贷平台可以控制这些资金的具体流向。不排除通过自动投标，网贷平台对资金进行了资金池归集、期限错配等行为。①

（三）网贷平台自动投标工具的运行分析——基于代表性网贷平台的实证研究

1. 委托理财类

网贷平台大多会将此类自动投标工具的投标过程放置在某项具备自投投标功能的产品（理财产品）介绍中，如拍拍贷的彩虹计划、团贷网的复投宝、积木盒子的轻松投、有利网的定存宝等，另外对于投标过程的详细描述以及用户的权利、义务、代理授权等，在用户自动投标服务协议中也有明确说明。

（1）申请加入理财计划，充入投资资金

申请加入理财计划投资时，出借人无法预先了解到资金的投向，大部分平台都没有详细披露有关投资款去向。② 加入理财计划后，资金存放在存管账户中（前提是平台开通了银行存管业务）。具体加入流程以微贷网为例：

微贷网－优选计划：点击签署微贷网提供的“优选计划授权委托书”③，缴入资金后即可成为计划成员，但是计划并不是立即生效，需要计划足额后方可开启计划。值得注意的是，这期间出现了资金的“站岗”闲置。

---

① 朱丹丹：《资金站岗催生自动投标，或存期限错配风险》，载《每日财经新闻》2016年4月12日，第007版。

② 经调研，大部分网贷平台并未披露理财计划的具体投资标的，但是否披露了理财计划内的投资资金去向不能一概而论，有的平台已经在理财产品中披露了众多借款人的有关信息，如有利网和ppmoney网。来源网址：https://www.ppmoney.com/StepUp/FixedTermDetail/1006893，最后访问日期：2017年7月2日。

③ 优选计划的授权协议书规定的授权范围是：（一）代委托人在微贷网平台上点击确认投标、出借资金、借款协议、债权转让协议等业务流程中的全部协议。（二）代委托人进行划转出借资金、收回借款本息、收取债权转让款项等业务流程中涉及的全部资金管理。但并未规定资金启动期限等内容。

微贷网 – X 计划：加入计划方式同上，该计划也采取理财产品类的认购方式，认购不足额无法启动计划投资。同时规定了锁定期间。

项目名称	交易日期	计息日期	投资本金（元）	预期收益（元）	预期年化	期限	状态	操作
X 计划 201707240001	2017 – 07 – 24	–	1,000.00	42.00	8.40%	6 个月	投资失败	–
X 计划 201707240001	2017 – 07 – 24	–	1,000.00	42.00	8.40%	6 个月	投资申请中	查看详情
X 计划 201707240001	2017 – 07 – 24	–	1,000.00	42.00	8.40%	6 个月	投资失败	–

（图片来源：笔者的微贷网投资账户）

注：资金已经投入存管账户，但无法通过 x 计划提供的有关协议或网站描述以及投资记录中获悉借款人有关信息。

（2）理财计划开始，资金进行流转

一般而言，有银行存管的网贷平台，网贷平台将资金从托管账户直接调拨到需资方的托管账户。在此过程中，自动投标发挥了核心作用，网贷平台系统根据用户加入的委托理财产品类型，自动寻找符合条件的网贷平台散标，或对理财产品计划内已经确定的平台标的进行投资。自动投标工具还会根据理财计划的最低投资额及出借人的投资额度，对标的进行分散投标或集中投标。这一过程不需要出借人参与，网贷平台会通过计算机算法自行完成。

寻找到相关标的后，网贷平台会根据出借人的授权，直接代理出借人签署借款协议，其中网贷平台为居间方。以微贷网的“优选计划”为例：

借款协议号：1936481　借款人：　身份证号：330************41X　出借人：详见本协议第一条　签订日期：2017-07-18

签订地点：杭州市上城区

居间服务人：微贷(杭州)金融信息服务有限公司

鉴于：

1、居间服务人是一家在中国杭州市合法成立并有效存续的有限公司，拥有并运营微贷网（网趣：weidai.com.cn,以下凡提及该网站者，均指居间服务人），向网站注册用户提供咨询、信息提供及各种委托服务等居间服务。

2、出借人和借款人均已阅读并同意遵守微贷网的《注册协议》，注册成为微贷网的用户，并认可微贷网通过网站公开发布关于注册用户的各种规则。

4、出借人和借款人同意通过居间服务人的服务、以电子合同的形式达成本借款协议，本借款协议的内容经双方充分阅读且知晓每一条款的含义，是双方真实意思表示。

借款人与各出借人，通过微贷网的居间服务，就有关借款事项达成如下协议：

第一条：借款详情如下表所示：

出借人（id）	出借人姓名	借款金额	借款期限	年利率	借款开始日	借款到期日	月截止还款日	总还款本息
*******6768	王**	10008.00	1个月	7.00%	2017-07-18	2017-08-18	每月18日还利息，到期还本	10066.37元
*******0832	洪*	9122.00	1个月	7.00%	2017-07-18	2017-08-18	每月18日还利息，到期还本	9175.21元
*******7005	史**	5000.00	1个月	7.00%	2017-07-18	2017-08-18	每月18日还利息，到期还本	5029.16元
*******3019	胡**	5000.00	1个月	7.00%	2017-07-18	2017-08-18	每月18日还利息，到期还本	5029.16元
*******5898	刘*	4786.00	1个月	7.00%	2017-07-18	2017-08-18	每月18日还利息，到期还本	4813.91元
*******6298	刘**	4457.00	1个月	7.00%	2017-07-18	2017-08-18	每月18日还利息，到期还本	4482.99元
*******4035	胡**	2122.00	1个月	7.00%	2017-07-18	2017-08-18	每月18日还利息，到期还本	2134.37元
*******7828	孙*	2000.00	1个月	7.00%	2017-07-18	2017-08-18	每月18日还利息，到期还本	2011.86元
*******3055	孔**	1002.00	1个月	7.00%	2017-07-18	2017-08-18	每月18日还利息，到期还本	1007.84元
*******9980	袁*	503.00	1个月	7.00%	2017-07-18	2017-08-18	每月18日还利息，到期还本	505.93元

（图片来源：笔者微贷网“优选计划”投资账户）

根据借款协议，借款人还本付息，本息进入出借人的存管账户中，一轮投资即告完成。但理财计划结束后，除类似团贷网的“复投宝”产品可以授权本息再投外，本金和收益将会再次回到托管账户，直到用户解除自动投标协议、退出理财计划为止。

2. 投标工具类

投标工具类的自动投标工具在我国目前正常运营的网贷平台中的数量虽然不如委托理财类自动投标工具多，但是仍然是较大规模平台的“标配”产品，大部分平台是两者兼而有之，如微贷网、团贷网等，本文以红岭创投网为例进行说明。

（1）开通自动投标功能并充值

若要使用自动投标功能，先要在网站个人设置处开通，开通后选择要素，如利率高低、期限长短、投资金额等。系统将会在上述条件设定完毕后，自动寻找标的并进行投资。充值过程与委托理财类自动投标工具相似，不再赘述。

（2）系统自动分散投资

充值并开通自动投标后，系统将选择自动投标确定的要素组合［类似于 Lending Club 所称的“已选策略（pre－selected strategy）”］在平台上筛选标的并进行投标，完成投标后，投资者同样会获得一份红岭创投作为居间人的借款协议。

（图片来源：笔者红岭创投投资账户）

注：笔者通过自动投资工具共投资 551 元，系统自动将该笔资金分配给三个债权标的，随后笔者通过系统与借款人签订了借款协议。

借款合同

合同编号：17071716550714094228215002993736

本借款协议（下称“本协议”）由以下各方于2017-07-18于深圳市福田区签署：

出借人：*远　　借款人：*福*

网站用户名：上海律师袁远　　网站用户名：阿虎AAGG

身份证号码：****021***********　　身份证号码：****211***********

管理人：红岭创投电子商务股份有限公司，住所：深圳市益田创新科技园（福田区益田花园二期19栋7-13楼）

鉴于：

1、管理人是一家在深圳市合法成立并有效存续的股份有限公司，拥有投融资网络信息平台：红岭创投网站（网址：www.my089.com）（以下统称“本网站”）的经营权，能获取大量的投融资信息，并能有效提供投融资居间撮合、管理等服务；

2、借款人因日常运营资金周转需要，拟寻求资金支持，现自愿通过注册本网站向出借人申请借款；出借人因合法拥有资金，决定通过一定的投资渠道投资，自愿通过本网站注册投资用户向借款人提供借款，双方承诺其提供给管理人的信息是完全真实的；

3、以上各方本着实事求是、平等互利、共同发展的原则，就借款人通过本网站向出借人申请借款事宜，经过友好协商，达成协议如下：

第1条　借款

1.1　借款本金：人民币（大写）贰佰壹拾贰圆零角零分（小写￥212.00元）。

1.2　借款期限：1个月，自2017年07月18日至2017年08月18日止。

1.3　借款利率：8.98%/年。借款利率不因国家利率政策变化而调整。借款利率的折算：日利率=年利率/365，月利率=年利率/12。

1.4　借款用途：本合同项下借款用于资金周转。

1.5　借款人同意：当借款人按照有关规定办妥借款申请手续后，由出借人委托管理人代出借人将借款划入借款人指定的账户内，并通过本网站向出借人、借款人发送出借资金扣划通知；

1.6借款人、出借人一致同意，一旦管理人已通过本网站向借款人、出借人发送出借资金扣划通知，则视为管理人已完成出借资金的扣划，自出借资金扣划之日起，借款资金即为借款人控制和所有。

（图片来源：笔者红岭创投投资账户）

注：通过自动投标，笔者（出借人）与借款人签订的借款合同。

借款人根据借款合同返本付息，本息可以根据在投资前选定的自动投标工具内要素自动续投或终止投标。一轮投资过程即告完成。

二、我国互联网金融理财产品的法律监管评价

（一）法律评价

从合同关系角度分析，自动投标理财产品合同的成立系双方真实意思表示，如不违反法律法规强行性禁止规定，应当认定为合法有效，宜将该合同关系定性为委托关系。关于受托方的主体资质的禁止性规定是受托方在没有相关资质的情况下（包括资金募集资质

和管理资产资质）不能从事证券、期货类理财。① 本文认为，理论上自动投标理财产品系用户借助互联网、计算机技术及本人认可的投资策略，通过互联网“平台”延伸了本人的行为，并不是 P2P 网贷平台的行为，只要不存在禁止投标的法律规定，就应当认定为合法有效。笔者将投资款项投入“优选计划”中后，根据授权委托书内容，由系统自动完成投标、收款等事项，最终某一个借款人需要众多出借人分散出借资金，完成借款，投资过程符合笔者的授权和意志。大部分 P2P 网贷平台理财产品均存在类似操作。因此，自动投标理财产品涉及的核心问题主要在于资金池、非法经营、违法发行证券等问题。

其中资金池、非法集资问题又是 P2P 网贷监管最为敏感、核心的法律问题。笔者在微贷网投资后，资金在 24 小时后产生了匹配的对象，其间无对应利息产生，笔者无控制权。参加理财计划的人数非常庞大，资金额同样巨大。所以，对于自动投标理财产品的法律评价重点是资金池以及资金池形成后的刑法评价。《刑法》中关于非法集资犯罪主要涉及两个罪名，即非法吸收公众存款罪和集资诈骗罪，除上述两个罪名外，“由于 P2P 借贷本身涉及金融管理秩序等，结合具体的业务模式，其涉及的罪名还包括非法经营罪、挪用资金罪等罪名”②。而如果要完成资金归集过程，“资金池”的形成和对资金池的控制便是认定非法吸收公众存款等罪的核心问题。

---

① 关于司法实践中委托理财合同的法律纠纷问题，主要集中在两个方面：一是委托理财合同条款中保底条款的效力，二是委托理财受托方的主体资质问题。目前，我国并没有特别针对 P2P 网贷理财受托方的资质规定。而关于一般委托理财受托方的规定，多根据《证券、期货投资咨询管理暂行办法》确认受托方资质，法律纠纷较多援用合同相关法规。但是由于理财的类型不同，上述法规一般不适用于自动投资理财产品合同纠纷。参见左胜高：《互联网金融法律风险与防控策略》，法律出版社 2016 年版，第 79～86 页。

② 万志尧：《P2P 借贷的行政监管需求与刑法审视》，载《东方法学》2015 年第 2 期。

1. “资金池”的界定

资金池被实务人员和研究学者在多个场合运用，但是对于资金池的概念却并没有统一标准。有学者认为，资金池“顾名思义就是把资金汇集到一起，形成一个像蓄水池一样的储存资金的空间，在银行、基金、房地产或者保险领域，都有资金池运作的案例”①，还有学者认为，“大致上，资金池是指将不同流向的资金归集在一起，保持池中资金量基本稳定的资金集中管理方式”②。本文基本赞同第二种观点，它反映了资金池的本质和基本功能，资金池的实际控制人可以根据资金需求情况进行资金分配。实际控制人可以对资金池“集中管理”，即对资金池有实际控制权，资金集中进行有效控制。

2. 自动投标理财产品的“资金池”问题

（1）开通资金存管情况

我国目前大部分知名 P2P 网贷平台已经根据监管规定开通了资金“银行存管”功能，如笔者在微贷网投资，要将资金存入托管银行即厦门银行，出借人无法再支配。团贷网的复投宝也同样采取上述授权模式，由厦门银行进行资金存管。③ 这种构架下，平台只能根据出借人的自动投标确定的授权范围，寻找合格借款人，指令托存管银行放款、完成投资和收回本息，从监管手段看平台本身无法占用、任意支配资金，当然前提是有效的托管。理论上，平台无权指令存管银行将用户资金挪作他用。因此，平台所能完成的资金支配均是出资人授权的结果，用户资金无法形成有效的“资金池”，这

① 陈晓华等：《互联网金融风险控制》，中国工信出版集团、人民邮电出版社 2016 年版，第 53 页。

② 刘宪权：《金融犯罪刑法学原理》，上海人民出版社 2017 年版，第 578 页。

③ 团贷网的《资金存管三方协议》明确约定了资金存管规则，来源网址：https：//p2pcunguan. xmbankonline. com/bha - neo - app/gateway/desktop/personalRegisterExpand/index. html？ requestKey = a8634f802f7a43578c4aedfc973b63ef，最后访问日期：2017 年 12 月 18 日。

种情况不宜认定为非法吸收公众存款罪。

另外，值得注意的是，非法吸收公众存款罪保护的法益是我国金融机构的存贷管理制度和我国的金融管理秩序。如果存在真实有效的借款需求，平台通过出借人授权、自动投标、银行存管完成贷款过程，网贷平台并未事先吸收资金、再去寻觅借款需求，没有进行资本经营，没有破坏我国的金融管理秩序和存贷款秩序，则不宜认定形成刑法意义上的“资金池”。即便如微贷网产生的资金经过授权出借人无法控制，产生资金“站岗”问题，也不能认定形成了资金池。因资金仍然被银行存管系统冻结在出借人的厦门银行账户中，由厦门银行进行资金存管，故网贷平台在没有完成资金募集或有合格借款人前，无法完成资金调配。因此，要区分互联网金融中的理财产品集资行为，不能一味“粗暴地禁止所有未经批准的集资活动”①。当然，通过非法手段形成资金池“卷款跑路”的，应当认定集资诈骗罪，自不待言。

资金存管模式下，在出借人授权范围内进行资金错配、债权转让、期限错配等操作中，由于未形成有效资金池，网贷平台没有完成刑法上的资金吸收归集，不能认为违反刑法。当然，上文的“资金池”主要针对刑事违法性，是否具有行为监管违法性则是另一个法律问题。

（2）未开通资金存管情况

如果网贷平台没有开通银行资金存管功能，投资者购买理财产品的资金或用于自动投标工具代为投标的资金将进入平台实际控制的账户中，平台对资金形成了有效控制，多方资金的流入形成了资金池，这种有效控制下的资金池是否一定触犯非法吸收公众存款罪，仍然要具体问题具体分析。不能一味认定本罪的成立。

---

① 孔慧：《金融危机与我国民间融资的法律规制》，载《合肥师范学院学报》2010 年第 1 期。

如果出借人的资金先于借款人需求流入平台，并形成了有效控制的资金池，那么该行为应当认定为非法吸收公众存款罪，因为网贷平台进行了资本或货币的实际经营，归集资金，属于典型的“带资寻户”行为，应当认为形成资金池。如果相反，借款需求在先，理财产品发行及资金募集在后，资金募集过程中不停留，网贷平台系统根据理财产品协议授权分散投标，直接分配到借款账户中，则不宜认定成立资金池。

（二）监管评价

1. 信息披露问题

以微贷网的“优选计划”为例，直到成功投标以前，笔者并不能从该网站的任何信息渠道了解到投资款具体去向以及投资项目的具体信息。拍拍贷的彩虹计划、团贷网的团团转产品、红岭创投的自动投标工具均存在同样的问题。因此，此类产品或工具的合规性问题之一即在于信息披露无法满足当前监管要求。①

2. 平台性质问题

2015 年十部委发布的《关于促进互联网金融健康发展的指导意见》、2018 年互联网金融风险专项整治工作领导小组办公室下发的《关于加大通过互联网开展资产管理业务整治力度及开展验收工作的通知》都指出了网络借贷平台的信息中介性质；2016 年的《网贷暂行办法》也明确规定了网络借贷平台的中介性质及有关规范，要求平台不能自行发售理财产品。根据上述规范，理财产品至少在以下几个方面存在违规嫌疑：

第一，是否归集资金问题。没有建立银行资金存管、自行“保

① 《网贷暂行办法》第五章明确规定了信息披露，中国互联网金融协会于 2016 年 10 月公布《互联网金融信息披露 个体网络借贷》标准（T/NIFA 1—2016）和《中国互联网金融协会信息披露自律管理规范》，更加详细地规范了有关信息披露的 96 项标准。上述规定要求向出借人披露借款人有关信息。

管”出借人资金的平台，在理财产品没有“募集”完成资金时，用户的资金由平台代为保管，这期间必然产生资金池。开通了资金存管的平台是否也涉嫌刑法的归集资金上文已经述及，不再赘述。

第二，是否自行发售理财等金融产品募集资金问题。虽然理财产品并没有一个明确的法律定义，但是仍然可以认定自动投标形成的金融计划即为理财产品。国家明确禁售理财产品募集资金。这里的“募集资金”跟上述资金池的认定非常相似，即如果采取银行存管的方式，是否应当认定募集资金？监管需要进一步明确。由于加入理财产品或理财计划的资金存在指定的银行中，一旦加入理财产品，有的平台会给出“锁定期”，平台、出借人在募集计划没有完成时，都没有权限挪用资金。因此，从监管平台触碰资金角度，不应当认定形成了资金募集。但是由于缺少详细规定，该规定很容易被监管部门解释为符合募集资金条件。

第三，是否涉及债权转让及融资项目期限拆分问题。因为理财产品均为固定期限理财产品，为满足市场需求，一般的产品期限都较短（30 日到 90 日居多）。因为对应的债务很可能没到清偿期，所以理财产品一定会允许债权转让以吸收“接盘人”入场，这种“接盘”还会被开发成新的理财产品。虽然从法律解释原理角度看，《网贷暂行办法》中规定的“债权转让”应当类似于资产证券化、基金份额等形式相同的债权转让，但是 2017 年广东禁止一切形式的债权转让似乎凸显了对该规定更加严格的执行。① 与此同时也必然涉及期限拆分，因为存在债权转让的情况，长期的借款需求与短期的投资需求之间必然存在矛盾。只有错配期限，才能形成“债权接力”，可以说期限错配和债权转让经常配对出现。理财产品一般都会涉及

---

① 章子林：《广东禁止 P2P 个人债权转让，或波及逾 40 家平台》，载凤凰网：http：//finance. ifeng. com/a/20170724/15546820_ 0. shtml，最后访问日期：2017 年 11 月 4 日。

上述两个问题，一旦出现就可能涉嫌违规。

三、对我国互联网金融理财产品的监管建议

目前，从世界金融监管趋势上看，“双峰监管”① 逐渐成为主流监管模式。可以预见，在探索“双峰”监管模式下我国所有的互联网金融（包括互联网金融产品）均将纳入统一监管。P2P 网贷行业从创立至今，其商业模式已经发生了重大变化，虽然其连接借贷双方的本质功能没有变，连接方式却不断发展变化。美国的 Prosper 在建立之初采取了债权标的拍卖模式，现在已经发展为手动投标（散标）、自动投标模式，澳大利亚的网贷则不允许散标形式存在，英国 P2P 网贷也发展出了票据贴现业务模式。我国的网贷行业以发售理财产品为主流模式。每一种商业模式的形成在很大程度上都受到本国国民投资习惯和法律规范的影响。另外，互联网金融消费者的客群与传统金融消费者客群也存在很大差别，“长尾”、普惠特征十分明显。面对“第三种”融资模式的互联网金融，应当采取区别于传统的监管思路、制定符合互联网金融特点的监管规范。

自动投标理财产品（包括自动投标工具）集合了互联网思维、大数据、云计算、用户体验等多种互联网属性，用户通过投资属性的设定或投资理财产品的描述，出借人可以清晰获悉投资进度、产品热度以及投资后果。大部分自动投标产品还能根据用户设定来分散投标，降低违约风险，投资期限灵活。由于我国互联网用户基数庞大、参与 P2P 网贷的出借人众多，要准确计算、筛选、匹配海量标的进行投标，如果要通过手动投标寻找标的，对于出借人来说简

---

① 所谓双峰监管理论，是指 1995 年英国经济学家迈克·泰勒（Michael Taylor）提出“双峰”（Two Peaks）监管理论。该理论将金融监管的目标分为两类：一是“审慎监管”，主要针对防范金融系统风险，以维护金融机构稳定、安全；二是“行为监管”，主要针对金融机构的具体经营行为，以保护金融消费者，后文评述。

直是“大海捞针”，自动投标理财产品运用互联网技术解决了这一难题。当然，就目前而言，合法地位的认定前提是，穿透监管后，不能产生“资金池”和平台实际操控投资人的资金，关于穿透监管的内涵将在后文表述。

对于 P2P 网贷出借人中相对传统的公募基金、私募基金等合格投资者而言，其投资数额没有门槛，大量投资均是小额、分散投资，因此美国证监会就众筹主体的投资额度给予了限制，体现了互联网融资不同于传统融资的特点，① 一定程度上也决定了借款人能够在网贷平台筹措资金的数量有限，② 借款主体多为自然人、中小微企业主等。由于投资数额小，大部分出借人的首要需求除资金安全外，快捷、简单、高效也是不可忽视的互联网思维下的重要目标。就互联网金融消费者的群体特征而言，购买理财产品能够帮助出借人决策，充分体现了金融普惠。因此，消费者的投资金额要有合理限定，即使平台跑路，金融消费者的风险仍然可控，损失所占家庭财产比重不大。

鉴于我国将 P2P 网贷平台界定为中介，平台不能直接接触用户资金，但通过建立切实有效的银行存管制度，理财产品所筹集的资金并不能被平台直接控制。并且我国《网贷暂行办法》已经确立了

① 美国证监会（SEC）对众筹投资者的限额规定：年收入或资产净值少于 10 万美元的投资者，12 个月内可投资额为 2000 美元或者“年收入或者资产净值”（二者取其小）的 5%；年收入或者资产净值大于或等于 10 万美元的投资者，12 个月内可投资额为“年收入或者资产净值”（二者取其小）的 10%，但投资总额最高不得超过 10 万美元。该限制适用于所有投资者。来源网址：https：//www. sec. gov/rules/proposed/2013/33 – 9470. pdf，最后访问日期：2017 年 11 月 22 日。

② 例如，《网贷暂行办法》规定，同一自然人在同一网络借贷信息中介机构平台的借款余额上限不超过人民币 20 万元；同一法人或其他组织在同一网络借贷信息中介机构平台的借款余额上限不超过人民币 100 万元；同一自然人在不同网络借贷信息中介机构平台借款总余额不超过人民币 100 万元；同一法人或其他组织在不同网络借贷信息中介机构平台借款总余额不超过人民币 500 万元。

资金存管制度。如果严格执行用户授权，存管银行、监管机构密切注意授权范围和资金流向，那么用户的资金安全基本上可以得到保证。当然，这种存管应当“又存又管”，不能使银行存管成为违法违规平台操控用户资金的工具，存管银行更不能“只存不管”，当然这一切需要有关规定具体细化。这种受到限制和监管的“受限资金归集”行为，由于平台本身不能随意动用资金，只能够通过大数据计算使相关资金投入指定借款人账户，这类投资行为应当体现互联网金融的本质，通过互联网云计算和有关程序直接投入需求账户。P2P平台实质上不能触碰资金，从应然意义上看，监管应当允许，且不宜认定为“平台自行发售理财等金融产品募集资金”行为，这类理财产品也正是互联网金融技术（大数据、云计算、区块链等）本质的体现。当然，不排除目前大多数互联网金融企业都在用大数据金融“讲故事”，而并没有通过大数据技术建立起互联网金融新型的风控和管理体系。在监管完善条件下，理财产品能够充分体现P2P网贷新中介属性，最优化满足互联网金融消费者的要求。

互联网金融理财产品的特点决定了其信息披露、期限错配、债权转让、为出借人作出决策等涉嫌违反现行《网贷暂行办法》有关规定的行为。① 虽然平台在投资前没有详细披露有关借款人信息（事实上也不可能披露），也没有在授权的情况下在出借人之间进行债权转让、错配期限，但是互联网金融消费者会在理财产品说明中明确有关投资方向，选择投资策略，并知晓有关投资类型，在熟悉理财产品特点的基础上，出借人完全能够预判风险，加之上文所述的监管措施，投资者风险仍然可控。因此，在发行自动投标理财产

① 甚至有学者认为，债权转让涉及非法集资问题，“出借人之间的债权转让……一旦出现资金风险极有可能被司法机关认定为非法集资罪”。“一般而言，只能选择在投资者人数上进行限制，即将投资者人数限制在200人以内，其他三项都无法规避的。”李爱君：《互联网金融法律与实务》，机械工业出版社2015年版，第40页。

品或自动投标工具情况下，对于信息披露、期限错配等应当给予一定豁免。立法者能够充分考虑到当前理财产品的特点，在修订规范时能够加入有关豁免条款。目前，我国绝大多数 P2P 网贷平台通过自动投标形成的理财产品资金均对接平台内的借款请求，这是由我国现行法律框架决定的，如果所对接的需求不是在平台上登记的真实借款需求，那么平台通过理财产品汇集的资金（无论是否有银行存管）均涉嫌非法集资，而合规平台的理财产品仍然体现了 P2P 的本质。我国应当承认 P2P 自动投标理财产品及自动投标工具的合法定位，并对自动投标的过程形成有效监管，提高投资效率。

本书认为，互联网金融虽然是互联网和金融的结合，但是这种结合绝不是简单的互联网上的金融，而是一种新型的金融模式，它融入了互联网的思维，强调用户体验，运用大数据、云计算等互联网技术，对传统金融进行了扩展和延伸，使普惠金融、去中介化、金融民主从理念逐步扩展到现实。因此，金融立法和监管要充分研究互联网思维和技术以及它给金融带来的巨大变化，“穿透式”监管能够节省立法成本，对接现有的传统金融监管规范，使其能够满足现阶段我国互联网金融的实际和法规实际。当然，从长远看，要对“穿透式”监管进一步深化和探索，尤其是穿透监管的边界问题，使其能够更加适合互联网金融的本质和规律。只有采取符合我国国情和金融发展实际的金融监管模式、制定符合互联网金融本质的法律法规和金融监管规范，方能维护我国互联网金融的稳定和发展，实现“推动互联网金融创新，规范互联网金融服务”的目标。

第四节　P2P 网络借贷平台刑事法律风险评析

2017 年上半年，全国部分省市开展了 P2P 违法犯罪的严打活动。严打对象主要分为两类：一类是成立 P2P 平台伊始，平台的实际控制人或股东便以非法吸收公众存款、集资诈骗、违法发行证券等为设立平台的目的；另一类是部分成立过程合法的平台，在经营中屡次突破政策红线，违法搞“资金池”，挪用用户的资金进行投资，拆标、期限错配，与部分“金交所”合作将借款标的“大拆小”，躲避监管，甚至虚开借款账户，造成P2P平台表面繁荣，迷惑出借人。

从2014年东方创投非法集资案件、2015年的E租宝非法集资案件、2017年中晋系非法集资案件、南京钱宝网非法集资案件到2018年上海善林非法集资案件，无不反映了P2P网贷领域内刑事案件的高发趋势。尤其是上述案件，涉案金额都是百亿元级别，涉及投资者人数众多，损失严重。因此，认真研究P2P网贷平台的刑事案件风险类型、趋势和特点，有助于有关犯罪的认定和量刑，更有助于保护社会公众投资资金的安全。

一、P2P网络借贷平台的刑事风险类型

总体上看，我国刑法有关金融犯罪的主要罪名体系是在1997年制定的，后续经过几次刑法修正案修正，但是整体体系并没有变化。因此，其制定基础可以认为是金融严格管制的大环境，尤其是在利率没有市场化的时期，金融犯罪对于破坏我国存款秩序的作用较小。在“互联网+金融”或金融科技大发展的今天，这些罪名的存在或犯罪构成是否需要修改仍有待商榷。但就目前我国的金融犯罪体系看，P2P网贷平台仍有刑事风险，因为我国P2P网贷业务虽然是以P2P网贷平台为依托开展的，但是当前我国的网贷平台数量巨大，且大部分并未采取纯中介方式进行运营（平台备案完成之前），而是选择债权转让或担保模式运营。这种情况实际上是一种与《网贷暂行办法》“相异”的经营行为，其中不可避免地蕴含着刑事风险因素，如果操作不得当，很容易触犯相应的刑事法律，最常见的犯罪是非法吸收公众存款罪、集资诈骗罪和非法经营罪等。

（一）非法吸收公众存款罪

本罪名是指违反国家金融管理法规非法吸收公众存款或变相吸收公众存款，扰乱金融秩序的行为。2010年出台的《最高人民法院关于审理非法集资刑事案件具体应用法律若干问题的解释》（以下简称《非法集资解释》）对该项罪名做了明确的规定和细化。该罪名的基本特征是：1. 非法性，指的是从公众处吸收存款的行为不符合金融相关法律法规的规定。2. 利诱性，指的是融资人为了吸收更多的存款，向投资者发出较有诱惑力的承诺，如在特定期限内向投资人偿还本金，并且向其支付较高的回报。回报的形式有许多种类型，不管哪一种回报类型，都冲击甚至损害了现有的金融秩序。3. 公开性，指行为人通过媒体、推介会、传单、手机短信等途径向社会公众宣传集资信息，以及明知集资信息向社会公众扩散而予以放任等情形。① 4. 社会性，指的是此种融资行为以社会大众为对象，并没有特定的目标群体，即对象是“不特定社会公众”。此处，“不特定社会公众”的内涵较为模糊，但是外延极为广泛，能否对其进行恰当理解关系到对非法吸收公众存款罪的认定。2014年《最高人民法院、最高人民检察院、公安部关于办理非法集资刑事案件适用法律若干问题的意见》出台后，“社会公众”的含义也有了明确界定。

实践中，我国当前P2P网贷平台中有相当一部分都存在“打擦边球”的行为，潜藏着触发非法吸收公众存款的犯罪风险。“东方创投案”就是最为典型的例子，被告人邓某、李某被法院以非法吸收公众存款罪判处刑罚，此外还有内蒙古的“银实贷”案件、山东的“乐网贷”案件等。基于以上案例可知，当前我国多数P2P网贷平台

① 陈家林：《非法集资犯罪若干问题研究——以最高人民法院关于审理非法集资刑事案件具体应用法律若干问题的解释为切入点》，载《河南财经政法大学学报》2013年第3期。

都不能单纯定位为信息中介，在运营之中都发生了角色的偏离、错位与异化，有的直接参与到借贷交易之中演变成借款人，有的对双方资金进行管理，此类经营模式由于不符合国家法律的相关规定，因此具备一定的社会危害性，从刑法的角度来看，和非法吸收公众存款罪的要件相符合。首先，我国法律并未将 P2P 网贷平台定位为正规金融机构，我国有关部门也没有依法批准其从事集资活动，因此其集资行为实际上具备非法性。其次，从宣传方式来看，P2P 网贷平台的宣传途径主要是互联网平台，公开性特点毋庸置疑。再次，此类平台为了吸引更多投资人存款，通常都是向投资者做出高额回报的许诺，而平台自身的经营和此类回报间没有任何联系，只是以此作为诱饵来集资，具有利诱性。最后，此类平台筹集到的资金源自不特定社会公众，借款人与平台间没有同事、亲友等特殊关联，而平台辐射面又极为广泛，具备社会性特征。因为 P2P 网贷平台的行为和非法吸收公众存款罪的四大特征全部吻合，所以符合触犯此类刑事犯罪的条件。

当然，实现非法吸收公众存款的行为主要通过平台的非法建设“资金池”形成的。实践中，由于 P2P 线上网络借贷中全额支付借款标的额的条件是借款标满额且经 P2P 线上网络借贷平台审核通过，这样资金才能从第三方支付平台流向借款者。在此时间间隙中，滞留在第三方支付平台的资金就构成沉淀资金，从而形成有一定数额的“资金池”。具体而言，目前 P2P 网贷平台的一般投资程序是：每个投资人用身份证在网贷平台上注册一个账号，绑定银行卡账号，注册后，投资人通过线上或线下的方式汇款至该网贷平台指定的银行账号或第三方支付平台。账号充值后，投资人选择发布的投资标的进行投资，即投资人通过该平台将资金借给第三方。例如，涉嫌非法集资的德赛财富平台规定，每个标 50 元起投，期限不定，设有一天标、一个月标、两个月标和四十天标等。借款期满后，网贷平台将投资本金及利息打回投资人账号。投资人需要提现时，向平台提出申请，申请批准后将金额汇到账号绑定的银行账号里。德赛财富平台宣称以中间人的身份撮合借款人和出借人达成借款协议，同时该平台提供本息担保。经统计，平台注册的投资人有 1000 名左右，不过绝大多数是僵尸账户，即平台工作人员自己注册的。真实的投资人在 100 余人，向社会吸收了 2000 万元左右的资金，截至案发，尚有 1000 万元左右资金未归还。①

由于现实中的 P2P 线上网络借贷行业鱼龙混杂，不少中介平台为图方便，根本未与第三方支付平台建立合作关系。更有甚者，打着第三方支付平台资金安全保障的幌子，随意提取资金、卷钱潜逃。P2P 网贷的价值实质在于依靠网络技术既能实现“借小贷大”“借短贷长”，又可以保持独立的中介身份，所以不应过多介入交易。如果 P2P 网贷成了“变相的担保公司”或者利用网络平台吸取资金的“小额贷款公司”，无论哪一种都存在极大风险，无法长期生存。而且一旦具有了担保的性质就意味着必须有足够的风险准备金、必须控制坏账率和控制业务总量。一旦通过担保把坏账风险转移到自身平台上来，在做大规模之后往往面临随之增长的坏账，资金链断裂的风险也随之而来。

（二）集资诈骗罪

集资诈骗罪和非法吸收公众存款罪存在众多区别，其中较为重要的犯罪构成区别是：第一，主观上是否具有非法占有为目的，客

---

① 浙江省瑞安市人民法院（2015）温瑞刑初字第 247 号刑事判决书，载中国裁判文书网：http：//wenshu. court. gov. cn/list/list/？ sorttype = 1&conditions = searchWord + % E6% B8% A9% E7% 91% 9E% E5% 88% 91% E5% 88% 9D% E5% AD% 97% E7% AC% AC247% E5% 8F% B7% E5% 88% 91% E4% BA% 8B% E5% 88% A4% E5% 86% B3% E4% B9% A6 + AH + + % E6% A1% 88% E5% 8F% B7：% E6% B8% A9% E7% 91% 9E% E5% 88% 91% E5% 88% 9D% E5% AD% 97% E7% AC% AC247% E5% 8F% B7% E5% 88% 91% E4% BA% 8B% E5% 88% A4% E5% 86% B3% E4% B9% A6，最后访问日期：2017 年 8 月 4 日。

观上是否实施了非法占有的行为。根据《非法集资解释》，符合以下其中任何一类情形进行集资的，都可看作具备非法占有之目的：（1）集资后不用于生产经营活动或者用于生产经营活动与筹集资金规模明显不成比例，致使集资款不能返还的；（2）肆意挥霍集资款，致使集资款不能返还的；（3）携带集资款逃匿的；（4）将集资款用于违法犯罪活动的；（5）抽逃、转移资金、隐匿财产，逃避返还资金的；（6）隐匿、销毁账目，或者搞假破产、假倒闭，逃避返还资金的；（7）拒不交代资金去向，逃避返还资金的；（8）其他可以认定非法占有目的的情形。基于上述阐释可知，在认定非法占有目的之时，最高人民法院坚持主客观相统一之原则，如此一方面避免了简单地根据损失结果来定罪的客观入罪，另一方面则避免了不重视主观意图而单纯根据诈骗手段定罪的片面犯罪。

当前，我国多数 P2P 网贷平台都存在一定程度的“自融业务”，而这些行为实际上在一定程度上都涉嫌触犯集资诈骗罪，而且现实中也查处了多起类似案件。典型的如深圳市网赢天下电子商务有限公司案，在这起案件之中，网赢天下公司的成立，是被告出于主观诈骗的意图，有预谋地想要利用网贷平台完成集资，之后将资金据为己有。被告通过建立网贷平台，在平台上发布虚假标的，在全社会进行广泛宣传，向投资人许以较高的回报。而现实情况是，在投资人向平台付出资金之后，被告并未利用资金从事经营、生产或投资，而是将资金据为己有进行消费，平台上所谓的担保公司也是被告所有，且并不具备担保资质。截至检察机关提起公诉之日，案件涉及 1009 名被害人，集资诈骗金额高达一亿六千元。[①] 根据此项案例可知，P2P 网贷平台在完成非法集资之后，如果没有将相关款项用来生产、经营或投资，或者其筹资规模和经营生产规模不符，或

① 来源网址：http：//stock. sohu. com/20150313/n409759973. shtml，最后访问日期：2018 年 6 月 6 日。

者对资金进行大肆消费，或者卷款潜逃等，使得资金无法根据约定向投资者偿还的，行为人都可看作具备非法占有之主观目的。另外，因为并没有得到国家机关的许可，平台以不特定社会公众为对象进行资金募集，和集资诈骗罪的犯罪要件完全相符，涉嫌触犯这一刑事犯罪。

另外，资金池形式的诈骗方式在我国 P2P 网贷犯罪中也经常出现。2013 年，中国人民银行就对“以开展 P2P 网络借贷业务为名实施非法集资行为”画出了三条红线：第一，理财 - 资金池模式；第二，不合格借款人导致的非法集资风险行为；第三，庞氏骗局模式。从相关规定上看，P2P 网贷平台除了传统的向不特定的人公开借款和募集资金后非法使用之外，在借款人利用 P2P 网贷平台审查不严格而多次虚假借款的情况下，P2P 网贷平台相当于协助借款人虚假融资，也同样成立非法吸收公众存款罪。近年来 P2P 领域已成为非法集资犯罪的重灾区，其中自融和庞氏骗局可能构成非法吸收公众存款罪，如果行为人一开始就有直接将“资金池”占为已有的故意，后卷款“跑路”，便可以直接构成集资诈骗罪。如何认定 P2P 网贷平台的“资金池”型集资诈骗罪？本书认为该罪有两种类型：一种是使用诈骗手段，虚构投资人，发布虚假高利息项目标的募集资金，最后卷款跑路，即把传统的诈骗罪搬到互联网平台上；还有一种情况是，P2P 网贷平台前期会兑现承诺，不排除平台是为了更好地履行承诺的可能，但是随着经营的发展，犯意逐渐产生并显露，可能在犯罪开始只有非法集资的主观故意，平台按时还本付息，将资金用于投资即借新还旧的庞氏骗局。当资金链断裂，无法维持骗局时，便将剩余款项“卷款跑路”，最终造成集资诈骗犯罪。

需要讨论的是，是否所有虚构事实、隐瞒真相的手段都能直接认定为集资诈骗罪？本书认为应当具体问题具体分析。“发展创投”网贷平台一案中，吕某以承诺利息 3% ~4% 的月息回报，虚构借款人、借款标的方式通过 P2P 网贷平台向公众吸收存款 9000 万元，并投资某地产公司项目。在司法实务工作中有两种处理态度：一是直接认定为集资诈骗罪，二是认为吕某虽虚构项目标的，具有欺骗性质，但其把资金另外投资的行为其实是为了网贷平台的盈利，从而保证投资人的收益，仍应适用非法吸收公众存款罪。再比较“优易网”集资诈骗一案，该 P2P 网贷平台负责人因没有投资经验，将投资者的资金用于炒股，对外隐瞒此真实行为，造成投资者严重损失，被判有期徒刑 14 年。可见，对此类问题的刑法评价若一味效仿传统集资诈骗罪，仅以行为人主观上是否具有欺骗故意，或根据犯罪行为造成的客观损失结果为标准，易造成“资金池”型集资诈骗罪与非法吸收公众存款罪适用的混淆，导致司法不公。

（三）非法经营罪

按照刑法的相关规定，非法经营罪指的是在没有得到国家机关批准的情况下，从事专卖专营或其他限制性物品的经营，从事进出口原产地证明、进出口许可证等批准性文件或经营许可证等的买卖，或者进行其他法律禁止的经营活动，情节较为严重且对市场的正常运行造成冲击的行为。当前，国内 P2P 网贷平台都不是真正的信息中介，在发展中发生了异化，其开展的业务类型和商业银行极为类似，如果严格追究起来，多数均可看作触犯了非法经营罪。P2P 网贷当前重点发展了两种模式：一种是理财产品模式，另一种是债权转让模式。在这两种模式之中，平台先对投资人的债权进行收购，然后将其拆分形成很多额度较小的债权，或者将债权进行制作，形成多种多样的理财产品然后向借款人进行售卖，这类经营活动本质上属于未经批准擅自发行债券，结合现行刑事法律规定，涉嫌非法经营证券业务而可能被纳入非法经营罪的打击范围。同时，大部分 P2P 借贷平台为了吸引更多的投资，还会向投资人做出提供担保的承诺，但是这些担保的功能和作用隐忧很大，潜藏着看不见的可怕风险。如果借款人失去了按照约定还款的能力，平台将变成真正的还款者，承担自身无法担负的还款重压。此时如果投资人做出挤兑提现的行为，由于资金不足，网贷平台发生资金链断裂而不能维持正常经营的可能性极高。涉嫌违反《融资性担保公司管理暂行办法》规定的任何单位和个人未经监管部门批准不得经营融资性担保业务，因为这涉嫌构成非法经营罪中的“其他严重扰乱市场秩序的非法经营行为”。另外，银行类业务在我国必须经过国家有关部门的批准，经过层层严格审批获得许可和授权之后才能经营。部分P2P网贷平台，基于现有的信用机制来进行资金的大量募集，没有得到相关部门许可就开展银行有关业务的经营，不仅会形成负面的影响，也会对正常金融秩序造成冲击，涉嫌构成非法经营罪中的“其他严重扰乱市场秩序的非法经营行为”。

（四）共犯或正犯犯罪

针对P2P网贷平台的业务逐渐从信息中介延伸至信用中介、资金中介，更有部分P2P网贷平台明知借款人或投资人意图不合法，仍为其提供犯罪平台和资金支持的现象，是否应当视而不见？

《刑法修正案（九）》对此回应：“明知他人利用信息网络实施犯罪，为其犯罪提供互联网接入、服务器托管、网络存储、通讯传输等技术支持，或者提供广告推广、支付结算等帮助，情节严重的，处三年以下有期徒刑或者拘役，并处或者单处罚金。单位犯前款罪的，对单位判处罚金，并对其直接负责的主管人员和其他直接责任人员，依照第一款的规定处罚。有前两款行为，同时构成其他犯罪的，依照处罚较重的规定定罪处罚。”对此，有学者认为该规定“将本来还在争议中的中立帮助行为，一下子提升为正犯处罚”①。那么，P2P网贷平台提供的平台搭建、宣传推广等中立帮助行为是否

① 车浩：《刑事立法的法教义学反思——基于〈刑法修正案（九）的分析〉》，载《法学》2015年第10期。

应当“一刀切”地适用帮助信息网络犯罪活动罪？

本书持否定态度，理由如下：第一，“情节严重”作为构罪要件已经将一般的帮助行为排除在外。“当行为人的业务行为内容就是我国《刑法》第287条之二第1款所规定的行为时，如果仅因为这些行为客观上对他人的信息网络犯罪起到了帮助作用，且行为人认识到自己的业务行为会对他人的信息网络犯罪起到帮助作用，就以犯罪论处，那么就过分限制了国民的自由，也不利于社会发展。”① 第二，若P2P网贷平台负责人主观上已有与他人通谋的故意，且有《刑法》第287条之二规定的“帮助”行为，应当直接认定为相关信息网络犯罪的共同正犯，不再适用分则的有关规定。第三，沦为“洗钱机器”也是P2P网贷平台最大的风险隐患。若P2P网贷平台明知投资人为了掩饰、隐瞒毒品犯罪、黑社会性质的组织犯罪、恐怖活动犯罪、走私犯罪、贪污贿赂犯罪、破坏金融管理秩序犯罪、金融诈骗犯罪的违法所得及其收益，仍为其提供资金账户的，或者为其转账、其他结算方式协助资金转移的，可能触犯洗钱罪的相关规定。实践证明，P2P网贷平台长期扮演两种角色：一是“单纯的”信息服务中介，二是通过发放假标、设立“资金池”实现自融、庞氏骗局、承诺担保增信、错配资金池，甚至明知借款人或项目投资人编造了虚假材料意图骗取资金，仍为其提供互联网平台广告宣传等，混淆投资者的视听，直接或间接操纵投资人的资金等。长期以来，这种现象因规制不明、责任不清而游离于犯罪边缘，逃避法律责任，既损害当事人的利益，也阻碍了司法公平、正义的脚步。

二、P2P网络借贷平台的刑事司法审判实践

本书通过中国裁判文书网、北大法宝等网络，收集了涉及P2P

---

① 张明楷：《论帮助信息网络犯罪活动罪》，载《政治与法律》2016年第2期。

网贷平台刑事案件的 180 个司法判决文书。判决书公布的时间从 2015 年 1 月到 2017 年 12 月底。通过对上述公开的司法判决文书的分析，对 P2P 网贷的刑事风险作如下分析。

（一）涉嫌犯罪的 P2P 网贷平台犯罪过程分析

1. 虚假宣传掩盖真实资金用途

平台如果存在不实的虚假宣传，则会对投资者对风险的判断产生严重影响，进而决定对意向平台的选择以及是否在线上向选择的平台账户充值或者在线下向平台提供的账号转账。本书收集的裁判文书中，70% 均有提及平台的虚假宣传。虚假宣传的类型包括借款人身份信息、标书、借款人与平台实际控制人之间的借款合同、抵押合同、重复发标等。典型判例如下：

无法支付本息后通过篡改平台部分数据而掩盖公司真实负债情况，如“钟华、周贤明、项秀非法吸收公众存款罪一审判决书”［广东省深圳市福田区人民法院（2016）粤 0304 刑初 729 号刑事判决书］所载：在深圳市富爸爸电子商务有限公司无法按时支付投资人本息的情况下，周某在王远征授意下私下篡改公司募集资金平台部分数据，掩盖公司真实负债情况，以欺骗、拖延投资人兑付本息；虚高发布借款人抵押借款合同数额，如“叶某乙、林某甲犯非法吸收公众存款罪一审判决书”［江苏省无锡市滨湖区人民法院（2015）锡滨刑二初字第 00194 号刑事判决书］所载：江苏恒融投资管理有限公司的 P2P 网贷平台的运营过程中，多数借款标为真实的，但是有 4 笔借款业务的抵押借款合同金额虚高，并将虚高金额的借款合同、他项权证上传给被告人叶某乙及陈金锚进行网站发标；借款合同与平台上所发的借款标不一一对应，如“浙江涌润投资管理有限公司等非法吸收公众存款案”［杭州市富阳区人民法院（2016）浙 0111 刑初 467 号刑事判决书］所载：浙江涌润投资管理有限公司运营的 P2P 网贷平台上发布的抵押标、质押标、担保标都有真实材料的，部分材料扫描后传到网络平台上但是借款合同与平台上发布的标不一定一致，且存在重复发标的情形。

由此可见，虚假宣传成为P2P网贷平台的运营构成刑事犯罪的重大风险，平台通过虚假宣传而向投资者掩盖其融资的真实用途、资金流向，使得不明真相的投资人无法判断投资风险。

2. 平台承诺还本高息以获取投资人信任

构成非法集资犯罪的P2P网贷平台为了获取投资人的信任，吸引更多的社会公众在其平台上投资，往往承诺保本并支付高息、给予奖励，无论是其为借款人承担偿还本息的连带责任，还是自身作为借款人直接承担还本付息的责任，由于P2P网贷平台运营公司的注册资本往往远不能达到平台吸收资金的规模，投资人难以合理把握投资风险，进而使作为不特定多数人的投资者的财产安全陷入不合理的高风险中。裁判文书中明确记载了平台运营中承诺对投资者还本付息且利息水平偏高的占比90%，除了平台本身对投资者承诺还本并支付高息以外，还包括平台的关联企业对投资者提供担保，或者根据平台设计的规则，由并不具备担保资质和能力的第三方对投资者提供担保。后两种形式虽然不以平台运营公司的名义提供还本付息的担保，但是同样起到了类似于平台本身向投资人承诺还本付息的效果，其后果都是投资者无法正确判断投资风险。对于构成犯罪的P2P网贷平台来说，如果以平台运营公司的关联企业或不具备担保能力的第三方承担担保责任，或假借其他公司名义虚构担保，这样的变相承诺都会对投资者的风险判断产生严重误导。因此，在司法实践中，对于这类虚假担保通常也认定为平台运营者对投资者承诺还本付息。

3. 投资者资金进入平台或其实际控制者个人账户

根据本书收集的判决书显示，95%的违法犯罪平台均将投资者所投资金直接转入能够为非法集资犯罪的行为人自由支配的银行账户。其中，投资者的资金进入非法集资犯罪行为人可以自由支配控制的个人账户的平台有 133 个，数量占绝对优势。资金进入可以由犯罪行为人自由支配的账户，但裁判文书中未对账户性质进行记载。账户的性质为单位账户还是个人账户并没有实质性区别，因为多数构成犯罪的 P2P 网贷平台虽然具有合法成立的公司形式，但是该公司成立的目的就是借建立的 P2P 网贷平台之名行非法集资犯罪之实，公司账户的支配控制权掌握在公司的实际控制者手中，行为人以个人意志使用投资人转入单位账户的资金并无外部监督和限制。对于构成非法集资犯罪的平台来说，投资人在平台上投资以线上充值或者线下转账的方式投入的资金直接或者间接进入可以为行为人自由支配控制的账户，也即平台在运营过程中形成“资金池”成为其共性。平台的规则设置允许投资者的资金进入由平台实际控制者自由支配的账户时，事实上投资者的财产安全陷入了高风险中，平台的实际控制者运用投资者的资金放贷、归还个人债务、挥霍抑或投入生产经营都不为投资者所明知和控制，这些未经金融监管部门批准实施吸收存款的平台也偏离了融资信息中介的角色定位。投资者的资金进入为平台实际控制者所自由支配的账户既侵害了公众的财产安全，也破坏了国家的金融管理秩序，侵害了双重法益，在司法实践中这类平台的刑事风险是显而易见的。

（二）非法吸收公众存款罪和集资诈骗罪的司法认定

一般来说，从本书收集的判决文书看，平台所触犯罪名的区分多以资金用途和投资人损失比例为标准。

根据上文中对构成犯罪的 P2P 网贷平台虚假宣传的欺诈行为存在情况的统计，绝大多数犯罪平台均存在不同形式的虚假宣传，以欺骗行为使作为不特定多数人的投资者对于投资风险产生错误认识，然后投资者基于错误的判断而向平台投资，这样的行为模式已经符合集资诈骗罪中要求的“诈骗方法”，因而诈骗方法的有无并非区分平台是构成集资诈骗罪还是非法吸收公众存款罪的要素。在司法实践中，两罪区分的关键在于是否具备非法占有目的。由于非法占有目的是行为人的一种主观心理要素，在其没有将在这一目的支配下的行为付诸实施时，证明难度较大，基于对我国《刑法》坚持的主观与客观相统一的定罪原则的贯彻，在目的的证明中引入司法推定的方法具有合理性和必要性。① 根据对涉案平台的分类统计，可以发现在实践中法院判断平台实际控制者是否存在非法占有目的，通常是依据平台所吸收资金的用途和投资者实际损失数额占总投资数额的比例。本书根据资金返本付息后的用途，将平台收集来的资金用途分为放贷、归还个人债务、消费、挥霍以及炒股、期货等高风险投资等方式的个人使用；生产经营和投资外汇等无还本付息保障但风险较小的投资。87% 以上的判决书所涉及的平台都会将资金用于上述一个以上的目的。构成集资诈骗罪的 P2P 网贷平台，绝大多数有将资金用于归还个人其他债务、个人购置房产和车辆等消费、高风险资本市场投资以及以赌博等形式进行挥霍的情形，且具有唯一资金用途的构罪平台，其资金的唯一用途通常是用于上述方式的个人使用，此时行为人利用平台吸收资金供自己使用而不再归还投资者的非法占有目的明显。当平台吸收的资金仅用于其实际控制者自己的生产经营，也即以生产经营为主要目的进行自融时，平台吸收的资金数额或者投资者人数到达一定规模，其具有构成非法吸收公众存款罪的风险，而没有构成集资诈骗罪的风险。而无论是构成非法吸收公众存款罪的平台，还是构成集资诈骗罪的平台，半数以上的平台运营者都有运用所吸收的资金进行放贷的情况，因此难以根据是否用于放贷判断平台所触犯的罪名。

---

① 陈兴良：《目的犯的法理探究》，载《法学研究》2004 年第 3 期。

（三）司法实务中界定有关犯罪存在的问题

1. 司法解释和司法实践，没有深刻重视平台的虚假宣传

非法吸收公众存款或者变相吸收公众存款基本表现形式已经在《非法集资解释》中进行了明确，规定体现了非法吸收公众存款罪是以行政违法性作为构成犯罪的前提的。但是，这种刑事违法性与行政违法性之间的转换关系在该解释中仅以第3条给予了规定，也就是说，非法吸收公众存款行为评价为犯罪时，仅仅是比违法行为增加了金额、对象的数量和实际损失等，这并没有体现对金融犯罪的打击力度以及对金融犯罪保护法益的重视。在司法审判实务中，发虚标已经是P2P平台在违法运营中的主要形式，同时，发虚标也是经过大面积宣传的，在虚假宣传的主要形式条件下，对于借款人的信息披露已经没有任何意义，但是，无法确认是否真正存在发虚标的行为时，该平台是否对借款人的信息给予全面、真实的披露，司法实践当中并没有重点关注，并且在判决文书当中，对于平台披露借款人信息的表述比较宏观，不是非常细致。例如，江苏省常州市中级人民法院在“王某、石兴国非法吸收公众存款罪二审刑事裁定书”中的表述为“被告人王某明知被告人石兴国利用上述方法非法吸收公众存款，仍介绍符某、陈某甲、黄某、马某甲、马某乙、蒋某等人向被告人石兴国借款，并提供上述借款人信息，组织被害人杜某、柴某到符某等借款人处进行考察，获取被害人信任。上述信息由被告人石兴国发布至‘汇宝信贷’民间理财平台”①，并未指出发布在平台上的借款人信息具体包括哪些内容。裁判文书中体现平台披露的借款人信息具体内容的，通常在证人证言、书证等证据的记载中，如山东省泰安市泰山区人民法院在“周琦犯非法吸收公众存款罪一审刑事判决书”中的书证、物证部分提到“借款人资金往

① 江苏省常州市中级人民法院（2015）常刑二终字第44号刑事裁定书。

来、借条、借款协议、房屋、车辆、土地等协议、合同证实：所吸收存款的去向”，证明了借款人向平台实际控制人周琦提供材料的内容；而证人证言中提到的“公司业务是周琦先将借款人的材料交给技术部，技术部把材料作为借款人借款标书发布到平台上，随后投资人投标”“周琦让技术部将借款人的材料发布到平台上，投资人先在平台上注册，随后验证完进行充值并投标”，与书证结合则表明了平台上披露的借款人信息在借款协议和借款人用于担保的房屋、车辆、土地等相关协议的范围之内。① 明确信息披露的真实性，对于司法实践是非常有意义的，因为如果平台将真实的信息发布出去，但是，挪用了借款人真实的借款需求当中的资金，用于其他投资或者个人挥霍，这种情况就会产生完全不同的刑法评价，平台是否有尽到审查借款人信息的义务、是否真实全面地披露了借款人的相关情况在司法实践当中没有得到很大的关注，对其关注程度远远不及发虚标的欺诈行为，但是如果平台不严格审查借款人的相关信息，如借款的用途、是否有还款能力、抵押是否有重复、有无失信的借款情况等，或者是经过了美化再披露，对于出借人的判断仍然能够产生较大的不利影响，因此在司法实践当中，对于虚假宣传方面，应当更加重视虚假宣传的内容及信息披露等，而不应该仅重视所谓发虚标的欺诈行为。

2. 支配使用资金池行为与非法吸收公众存款罪的关系

《网贷暂行办法》第 28 条规定了网贷平台的第三方存管制度，网贷平台应当将投资者、借款人的资金与平台经营者的自有资金进行隔离管理，并且通过符合条件的金融机构进行投资者、借款人的资金存管。因为平台出于自身利益，缺乏将投资者借款人和自有资金相隔离的动力，所以目前我国具有比较完整的第三方存管制度的平台比例并不高，当然这不排除目前平台处在整改期，相关制度落

① 山东省泰安市泰山区人民法院（2016）鲁 0902 刑初 175 号刑事判决书。

实需要一定的时间等因素。根据笔者在网贷之家的查询，目前在正常运营的近2000家平台当中，建立资金存管制度的仅有795家。①当然，本书上文已经对资金池的形成是否必然构成犯罪进行了分析，在此不再赘述，但仅从我国司法实践来看，平台的实际控制人通过非法手段形成资金池以后，通常是采用发虚标的手段或者假借平台实际控制的公司、股东或者平台员工的名义充当借款人，之后将该笔资金挪用，投资人不可能完全知晓实际使用资金的人和借款的用途，并且资金的使用也得不到安全的保证。当然，实践当中还应该考虑，平台在吸收资金时，如果将放贷行为认为是吸收资金为存款行为的延续，那么平台吸收资金用于归还个人债务、挥霍、赌博等不以收益为目的的用途，或者拆东墙补西墙，制造庞氏骗局等，其用途并不是货币的资本经营，难以认定为非法吸收公众存款罪。

三、互联网金融犯罪的刑法反思

（一）刑法介入的必要性和有限性

1. 必要性

"业内普遍认为，互联网金融的诞生顺应了网络营销、网络消费的大趋势，对此我们不能一味地堵，而应当妥当地引。互联网金融的存在确实能为投资者提供更多的投资理财选择"②。因此，刑法的规制有其必要性，但同时刑法的谦抑精神也不能够被忽视。互联网金融存在较大的刑事风险，上文已经分析过，这种风险可能会造成投资者的重大损失，甚至是血本无归。在实践当中，风险转化成刑事犯罪的表现通常是平台构成非法经营罪、擅自设立金融机构罪、非

---

① 来源网址：https：//www.wdzj.com/dangan/search？filter = e1 - a8&show =1，最后访问日期：2018年6月6日。

② 刘宪权：《金融犯罪刑法学原理》，上海人民出版社2017年版，第552页。

法吸收公众存款罪、集资诈骗罪、擅自发行股票公司企业债券罪、非法经营罪等，利用互联网金融进行洗钱犯罪、挪用资金犯罪、职务侵占犯罪也屡见不鲜。我国市场经济体制确立的时间不长，金融市场的开放程度比较低，因而我国的金融资源几乎都由国有金融机构所垄断，国有商业银行在很大程度上控制了金融资产和市场。维护这种国有金融垄断的局面，也利于对经济的宏观调控。我国相关的法律法规对吸收公众资金的行为给予严格的监管，因此民间融资往往会被扣上非法集资的帽子，特别是当其造成一些较为严重的社会危害后果时，通常会被司法机关以上述罪名追究刑事责任。因此，我们在参与互联网金融活动的时候，也一定要注意防范互联网金融的风险，尤其是刑事风险。互联网金融本身缺乏完善的征信体系和规范体系，电子信息技术也存在较大的安全隐患，互联网金融领域存在的刑事法律风险显而易见，互联网金融存在的法律风险尤其是刑事风险，正是我们动用刑法对其进行规制的依据所在，无论是从经营互联网金融的风险，还是从利用互联网实施犯罪等角度看，互联网金融都存在较大的刑事风险，凸显了刑法规制的必要性。

2. 有限性

新兴行业的发展必然会存在种种风险，其中监管的传统理念和规则就是屏障之一，刑法中一些“传统、过时”的条款更成为该行业快速发展的障碍，很多经济上的创新活动往往是因为“过时”的刑法规定而被阻碍甚至扼杀。非法吸收公众存款罪就是学术界讨论最多的问题之一。该罪名在立法过程中存在一定缺陷，并且碍于时代条件限制，立法理念和思维都比较落后。在新兴行业中，即便没有违反相关的行政法规（可能事实上并不存在相关监管规定）也可能触犯该刑法条文，构成非法集资，触犯非法经营罪。互联网金融是重大的金融创新活动，甚至有学者称其为“第三种”新型的融资模式，尽管上文已经探讨过刑法介入互联网金融是必然的，但是我们不能忽视互联网金融创造的重大价值，更不能随意动用刑法来否定互联网金融。刑法不能过度干预，否则会阻碍金融创新和发展。

刑法作为最严厉的法律，应当保持谦抑性，刑法的谦抑性是指刑法介入、干预社会生活，应当以维护和扩大自由为目的，而不应当过多地干预社会。反映到刑罚的配置中，就是刑事干预力度的节制，也就是使用轻缓的刑罚。① 其中，刑法的补充性是刑法谦抑性的重要内容。刑法的补充性是指刑法不是抑制犯罪的唯一手段，而是补充经济、教育、行政等其他手段而运用的最后的手段，② 对此，日本刑法学者平野龙一也指出："即使刑法侵害或威胁了他人的生活利益，也不是必须直接动用刑法，可能的话，采取其他社会控制手段才是理想的。可以说只有在其他社会控制手段不充分，或者其他社会控制手段过于强烈，有代之以刑罚的必要时，才可以动用刑法，这叫刑法的补充性或谦抑性。"③ 因此，根据刑法的补充性原则，当一种现象的频繁出现是由经济制度所决定的或者直接引发的，而且只要通过经济、行政等手段完善这种制度就能够制止时，我们就不能轻易地动用刑法，更不能依赖刑法。由于互联网金融是一种为弥补金融体系缺陷，适应和满足不同的社会需求而产生的金融创新，因此刑法对这一领域的介入就要显得十分谨慎，特别是对某些具有创新性的互联网金融活动，一味强调惩治，可能就违背了刑法的补充性原则。

笔者认为，一种经济现象的出现绝非偶然，它的产生和盛行一定是某种体系自身为适应社会生活而不断调整的结果。互联网金融也是如此，它的产生和盛行应当是金融体系的缺陷和社会的需求共同作用的结果，正是社会的现实需要和金融体系的缺陷才催生了互

① 陈兴良：《形势政策视野中的刑罚结构调整》，载《法学研究》1998年第6期。

② 陆诗忠：《对我国犯罪本质理论的思考》，载《华东政法大学学报》2010年第6期。

③ ［日］平野龙一：《刑法总论》，有斐阁1972年版，第47页。

联网金融，这是因为：

首先，随着网络的普及和电子商务的发展，越来越多的人开始在网上购物或交易，为了保障交易安全，自然而然就产生第三方支付的需求，而传统商业银行无法提供这种支付服务，也不愿意提供这种小而分散的支付服务，于是就产生了金融服务的空白。① 其次，以中小微型企业为主导的民营经济具有旺盛的融资需求，在我国目前的经济环境当中，中小微企业要想和国有经济竞争并取得生存发展机会，就必须依赖技术，扩大投资，而这种投资往往需要批量跳跃式进行，因而资金是这些企业的生命线。为了生存和发展，中小微企业就必须寻求一条能够满足其资金需求的融资渠道，由此就体现出了旺盛的金融需求。当这种需求无法从正规金融渠道获得满足时，它们就不得不从民间融资做起，而通过互联网就可以实现更大范围、更大幅度的融资，互联网金融风生水起。例如，随着电子商务的发展，电商平台上的中小微企业和网店店主，在经营中需要周转资金，就产生了融资需求。金融资源的高度垄断和利率的非市场化限制了中小微企业从正规渠道获得融资，我国只存在一些由国有企业掌握的所谓正规的融资渠道，而这些正规的金融渠道往往偏向于为国有企业服务，忽略了以中小微企业为主的民营经济的融资需求。此外，我国金融体系的特征也决定了与国有企业以及一些具有政府背景的大项目相比，作为完全市场化主体的、以中小企业为主的民营企业更不容易获得金融支持，特别是当出现国家银根紧缩的情况时，民营企业被正规融资渠道拒之门外更是一种常态。由此可见，我国目前这种金融体系的现状催生了互联网金融，而这也就决定了如果刑法过度介入互联网金融活动，势必会违背刑法的补充性原则。互联网金融的存在，从某种程度上来说，是我国目前金融体系下金融资源垄断的必然结果。如果随意将某些具有创新性的互

① 牛禄青：《互联网金融冲击波》，载《新经济导刊》2014 年第 1 期。

联网金融活动定性为犯罪，在法律没有明确规定的前提条件下，禁止所有未批准的互联网金融活动，可能无法满足我国经济持续发展所产生的合理资金需求，这显然与我国保护投资者利益的公共政策是相违背的。从长远看，过度动用刑法可能会阻碍一个新行业、新经济的兴起，也可能会阻碍一种创新性服务模式的兴起以及相关的技术革新，最终堵塞经济的生长点。

我们认为，有效防范互联网金融活动演化为犯罪的正确策略，应当是放开与引导，对症下药，针对国家金融体系的缺陷，进行制度的构建和完善，开放市场，破除金融资源高度垄断的局面，构建自由合理的金融制度。因此，从制度构建和政策制定上，提供更方便、更广阔的融资渠道和金融服务方为上上之策，而对互联网金融活动的刑法规制，则应当保持较大程度的限制性，如果过度动用刑法，以此作为掩盖制度的缺陷、强行维持现状的手段，当然就会违背刑法补充性原则的精神，也与刑法的谦抑之本性相违背。这不但会导致刑法陷入纯工具论的立场，而且会阻碍甚至扼杀金融创新，影响经济的发展。

（二）P2P网贷刑法规制的基本路径

1. 慎用非法吸收公众存款罪

《刑法》第176条规定的非法吸收公众存款罪是一个带有一定计划经济色彩的罪名，在市场经济愈加发达的今天与经济的发展要求显然格格不入，近年来该罪名因严重遏制了民间融资的发展而广受诟病，如今该罪又因限制互联网金融的发展而重新被推上风口浪尖。本书认为，无论是从不影响互联网金融发展的角度，还是从该罪自身的宿命来看，该罪名的废止实属必然。因此，在互联网金融高度发展的今天对该罪名的适用应十分谨慎。

首先，非法吸收公众存款罪的存在会严重阻碍互联网金融活动的正常开展。我国关于非法集资的司法解释已经对非法吸收公众存款罪的构成要件进行了明确的界定，只要具备未经有关部门依法批准、公开宣传、承诺还本付息、向社会不特定对象吸收资金这四个条件并达到一定数额标准，即可构成非法吸收公众存款罪，这也成为目前司法审判当中对非法吸收公众存款罪最主要的标准。但是如果据此标准，互联网金融企业的很多金融活动就会因为未经有关部门批准而构成非法吸收公众存款罪，如 P2P 网贷平台往往会通过将借款需求设计成理财产品出售给放贷人，而一些放贷人资金进入平台的中间账户并产生资金池，那么该平台的经营者就涉嫌构成非法吸收公众存款罪。也正因如此，2013 年 9 月，由招商银行开通的小企业金融平台——小企业 E 家，在经营两个月后就被迫暂停。应当看到，很多金融创新往往都是未经有关部门批准就实施并取得重大成功的，如果非法吸收公众存款罪这一达摩克利斯之剑始终悬在互联网金融之上，势必会遏制创新，并严重阻碍互联网金融活动的正常开展。

其次，废止非法吸收公众存款罪，是利率市场化改革的必然要求和结果。《刑法》规定非法吸收公众存款罪的目的是保护国家的金融管理秩序，具体体现为国家对利率的管制制度和国有金融机构的垄断利益。由于非法金融机构吸收公众存款的行为会在一定程度上影响到利率水平，影响国家对利率的管制，并且可能损害国有金融机构的垄断利益，因此立法者便在刑法中设置了非法吸收公众存款罪。对此，全国人大常委会法工委刑法室的立法说明实际上也进行了明确："我国经济建设的飞速发展，使项目建设与资金短缺的矛盾突出，一些单位和个人为了筹集资金，擅自提高利率，不择手段地把公众手中的钱集中到自己手里，与银行争资金，破坏了利率的统一，影响货币的稳定，诱发通货膨胀。"① 然而，随着我国市场经济的全

① 李淳、王尚新：《中国刑法修订的背景与适用》，法律出版社 1998 年版，第 209 页。

面建设和发展以及市场化改革的不断推进和深入，利率市场化也成为我国市场化改革的一大趋势。一旦实现利率市场化，那么国家对利率的管制制度就会随之被废除，从而促使我国目前的金融管制秩序发生重大变革。如此一来，非法吸收公众存款罪的立法意图和价值也将不复存在，该罪名必然废止，这就如同1979年《刑法》规定的流氓罪随着时代的变革而消亡一样。

当然，法律的修改不可能一蹴而就，而往往需要经历复杂、烦琐的程序才能实现，这既是立法稳定性的客观要求，也是刑事立法的性质使然。对非法吸收公众存款罪的废止，也必然要经历一个严格而复杂的立法程序，而这显然无法适应对迅猛发展的互联网金融的规制要求，因此作为非法吸收公众存款罪废止前的权宜之计，刑事司法机构应当最大限度地克制与节制，既应尽量提高非法吸收公共存款罪的入罪标准，也应对入罪的行为科以尽量轻缓的刑罚。首先，在入罪的标准上，鉴于互联网金融活动所涉及的经济数额会远远大于线下交易经营数额的基本情况，参照单位犯罪的起刑点一般是自然人犯罪的五倍标准来提高互联网金融活动中的非法吸收公众存款罪的起刑点，是相对较为合理的。因此，以2010年5月7日《最高人民检察院、公安部关于公安机关管辖的刑事案件立案追诉标准的规定（二）》第28条规定的追诉标准为基础，应将互联网金融活动中涉及未经批准实施的非法吸收公众存款行为的追诉标准，由司法解释规定的吸收存款数额20万元提高至100万元，单位犯罪的由100万元提高为500万元，将吸收公众存款30户以上提高为150户以上，单位犯罪的则由150户提高为750户以上，将给存款人造成的直接经济损失在10万元以上提高到50万元以上，单位犯罪的由50万元提高到250万元。此外，还应当将造成恶劣社会影响并达到上述数额标准的行为，作为构成犯罪的必要条件。其次，在量刑上，对于涉嫌构成非法吸收公众存款的互联网金融经营行为，应当尽量在三年以下有期徒刑内量刑，并且不并处罚金，并尽可能地给予缓刑。

2. 限制非法经营罪的适用

根据《刑法》第225条第3项的规定，未经国家有关主管部门批准，非法经营证券、期货、保险业务或者资金支付结算业务的，即可构成非法经营罪，其中的非法从事资金支付结算业务，即为打击地下钱庄逃避金融监管，非法为他人办理大额资金转移等资金支付结算业务的行为，而通过《刑法修正案（七）》增加的内容。所谓资金支付结算业务的，是指通过银行账户的资金转移实现收付的行为，但地下钱庄从事这些只有商业银行才能开展的资金支付结算业务都是非法、秘密进行的，故而将其纳入非法经营罪的惩治范围。[①] 可见，只要是未经国家有关主管部门批准，擅自开展资金支付结算业务，即可能构成非法经营罪。事实上，很多互联网金融活动不仅涉及资金支付结算业务，而且还涉及相关证券、保险、基金等金融业务，而只要是未经国家主管部门批准开展或者参与这些金融业务的，就可能构成非法经营罪，由此可见，《刑法》第225条第3项的规定势必会使很多正当的互联网金融业务被纳入刑法打击的范围。

当然我们不可能为互联网金融活动专门修改《刑法》，虽然非法经营罪作为计划经济的产物，本身也广受诟病，但是其在我国当前经济发展状况下仍然具有一定的存在意义和价值，并且还没有达到寿终正寝的境地。故而，在必须使用该罪名的情况下，我们应当对罪名的适用进行严格的限制，在刑事司法上对互联网金融活动进行一定的“标准放宽”，即在入罪标准和量刑情节的判定上区别于其他非法经营行为。第一，在入罪标准上，鉴于《最高人民检察院、公安部关于公安机关管辖的刑事案件立案追诉标准的规定（二）》第79条第3项并没有区分个人与单位分别构成非法经营罪的追诉标准，

① 黄太云：《刑法修正案（七）解读》，载《人民检察》2009年第6期。

可将互联网金融活动中涉及的未经批准，经营证券、期货保险业务行为的追诉标准由30万元提高为150万元，将互联网金融活动中涉及的未经批准，经营资金支付结算业务的行为的追诉标准由司法解释规定的200万元提高为1000万元，将互联网金融活动中涉及的未经批准，经营证券期货保险业务或从事资金结算业务违法所得数额标准由5万元提高为25万元。第二，在量刑上，对于涉嫌构成非法经营罪的互联网金融行为，应当尽量控制在三年以下判处有期徒刑，且不处罚罚金，并尽可能判处缓刑。

3. 限制集资诈骗罪的适用

根据《刑法》第192条的规定，以非法占有为目的，使用诈骗方法非法集资数额较大的可构成集资诈骗罪。对于那些在互联网金融活动中，以非法占有他人财物为目的利用P2P网络平台集资以及众筹活动，实现非法集资的行为，通过集资诈骗罪的规定给予严厉打击本无可厚非。但是，对集资诈骗罪的主观构成要件——以非法占有为目的的认定，则必须慎之又慎，不能武断地进行扩张解释，以免误将一些因经营失败而无法归还钱款的互联网金融行为纳入刑法打击范畴。正是因为司法实践当中，以非法占有为目的的认定较为宽松，导致很多非法吸收公众存款的行为往往被认定为集资诈骗行为，所以通过对非法占有为目的的限定，可以有效地遏制集资诈骗罪的滥用。

第一，应当从集资诈骗无法返还的原因上进行限定。实践中往往凭借行为人无法返还较大数额筹集的资金的结果，就推定行为人以非法占有为目的，导致集资诈骗犯罪的案件激增。本书认为，无法返还是行为人以非法占有为目的的必要条件，而非充分条件。也就是说，无法返还与行为人以非法占有为目的之间并不存在必然的因果联系，既可能是行为人主观上的原因导致其无法返还，如肆意挥霍或者是将资金钱款用于违法犯罪活动，也有可能是一些客观上的原因导致其无法返还，如因扩大生产经营而投入大量的资金，导致其暂时无法收回成本，或者因为经营不善而破产导致钱款无法返还等。显然，只有前者才能说明行为人具有非法占有目的，而如果不分青红皂白地一概推定行为人以非法占有为目的，那无疑等于客观归罪。因此，判断行为人是否具有非法占有目的，关键是要分析导致其无法返还的结果是主观上的原因还是客观上的原因，如果是客观上的原因，就不应当认定为行为人以非法占有为目的。

第二，从集资款用途的比例上进行限定。司法实践中经常发生追诉犯罪方面的考虑，仅根据行为人存在将资金钱款用于个人消费或挥霍的情形，就认定其以非法占有为目的，从而致使那些将大部分资金用于投资或生产经营活动，而仅将少量的集资款项用于个人消费或挥霍的行为被认定为集资诈骗罪。事实上，仅根据行为人将少量的资金钱款用于个人消费或者是挥霍的行为，难以推断其对所有资金具有以非法占有为目的的主观内容。对此，本书认为妥当的做法应当是根据集资诈骗用途的比例来判断：行为人将集资所得资金用于个人消费或挥霍的比例至少应当超过其用于投资或生产经营活动的比例，才能考虑认定行为人具有非法占有目的，而不应当仅因存在将资金钱款用于个人消费或挥霍的事实，就武断地判定其有非法占有目的，进而认定其构成集资诈骗罪。如果案情较为复杂，吸收存款的行为多次，还可以区分钱款的用途并按照相应的比例判断是否构成集资诈骗还是构成非法吸收公众存款罪，考虑数罪并罚。但不应当将全部的资金全款不区分用途而全部归于集资诈骗罪。

第三章　互联网金融语境下的个人信息保护法律问题研究

在大数据时代，人们的信息权利主要体现为网络（数字）信息权利。大数据时代给消费者带来了极大便利，为消费者提供了以往任何一个时代都无法比拟的高效性和准确性。当然，大数据时代另外一个问题就是公民个人信息的泄露风险，实践中这种泄露会给公民个人的生活带来一定影响，通过互联网泄露的金融信息会影响公民个人的财产安全和人身安全，严重的会影响公民个人生命安全。但是，我国目前对个人信息保护的法律力度不大，立法、执法仍然存在一定空白。2016 年 6 月 22 日，中国互联网协会发布的《中国网民权益保护调查报告 2016》显示，54% 的受访中国网民认为个人信息泄露“严重”，21% 的网民认为“非常严重”，85% 的网民亲身感受到了由于个人信息泄露带来的不良影响。在这种信息泄露的情况下，有 76% 的中国网民遇到过电话或邮件诈骗，其中 37% 的网民遭受过钱财损失。该报告还指出，经济损失是因垃圾短信、诈骗信息、个人信息泄露等造成的。以垃圾信息为例，据 12321 网络不良与垃圾信息举报受理中心统计，2016 年上半年，我国网民平均每周收到垃圾邮件 18. 9 封、垃圾短信 20. 6 条、骚扰电话 21. 3 个，其中骚扰电话是网民最为反感的骚扰来源，电脑广告弹窗和 APP 推送紧随其后。

在诈骗信息方面，调查发现，76% 的网民遇到过“冒充银行”、互联网公司、电视台等进行中奖诈骗的网站，排在诈骗信息第一位；其次是冒充 10086、95533 等伪基站信息，55% 的网民收到过“冒充公安、卫生局、社保局等部门进行电话诈骗”的诈骗信息；收到过“冒充苹果、腾讯等公司进行钓鱼、盗取账号的电子邮件”的网民占51%。

报告同时指出，“诱导用户点击”是侵犯网民知情权和选择权的首要现象，其次是“预装软件无法卸载”，“APP获取个人信息、用户并不知情”排在第三位。

近两年，网民遭受经济损失大多是垃圾短信、诈骗信息、个人信息泄露等造成的。前段时间，厦门市公安局特勤大队抓获了一批非法倒卖、持有公民个人信息的犯罪嫌疑人，涉及公民个人信息上百万条。其中包含姓名、联系方式、职业等个人基本情况，还包括银行贷款记录、信用卡信息等，这些详细信息足以让一个人变得完全“透明”。犯罪嫌疑人通过网络渠道，从“同行”手中购买公民个人信息，每条信息最贵不过三毛钱。有了这些信息，网络诈骗变得轻而易举。

当然，个人信息的泄露有多方面的原因，如个人信息主体的疏忽、黑客的入侵、数据掌握者或处理者的不当使用、某些行业缺乏数据保护的规定等。但是这背后的深层原因是，在中国数据科技高速发展的当下，信息主体与信息处理者之间存在尚未调和平衡的矛盾——信息主体希望能够最大限度地保护其个人信息；而信息处理者希望能够最大限度地利用数据。当然，必须认识到，在互联网金融语境下，如果不能很好地保护个人信息，消费者受到的损失将是不可估量的，因为在互联网金融中，用户的个人信息和财产安全直接相连，第三方支付将用户的资金直接进行转移，P2P网贷的付款和收款都需要用户绑定银行卡在相关APP中，互联网贷款企业也会收集个人信息，确保日后的信息披露和账目追讨，众筹行业也与P2P网贷类似，需要信息披露和筹款等。因此，认真研究如何保障个人信息、互联网金融信息安全，构建合理的法律规范和监管制度具有十分重要的理论和现实意义。

第一节 个人信息法律保护概述

个人信息是互联网金融得以健康发展的基本保障，是互联网金融的血液。同时，个人信息是关系到个人隐私的重要数据，个人信息的滥用会造成个人信息的直接泄露，会给个人造成难以弥补的精神损害和财产损害，如人格权、名誉权、荣誉权等方面的损害。因此，个人信息保护问题成为个人信息领域内的关键问题，也是互联网金融信息安全的重要问题。尤其是在大数据时代，每个人都会在网络上留下“痕迹”，这种“痕迹”塑造了所谓的数字个人，也就是“虚拟个人”“虚拟我”。这种“虚拟我”越来越多地出现在信用贷款、升学、就业、商务洽谈等经济领域，并且影响了每个人的生活工作。同时，在互联网语境下，个人信息越来越有利益性，“流量经济”“粉丝经济”的核心是个人信息，包括个人的基本信息、生活习惯、消费习惯、消费趋势等，这些信息经过大数据分析，都会给企业带来很大的商业利益。网络强国的构建必然需要网络安全，个人信息安全是网络安全的应有之义和核心内容之一。

近年来，个人信息安全泄露事件时有发生，且影响恶劣。2014年携程网被曝大量用户信息泄露；2013年央视“3·15”晚会曝光网易、品友等公司涉嫌侵犯用户隐私；2015年5月，朱烨与北京百度网讯科技公司cookies隐私纠纷案在南京落下帷幕；[①] 2015年12月，任甲玉与北京百度公司的“遗忘权”纠纷又起风云。[②] 可见，当前个人信息安全和个人信息隐私权的侵犯较为严重，立法者应当重视实践中发生的侵权案件和民众对于个人信息安全的关切，“要站

① 江苏省南京市中级人民法院（2014）宁民终字第5028号民事判决书。

② 北京市海淀区法院（2015）海民初字第17417号民事判决书；北京市第一中级人民法院（2015）一中民终字第09558号民事判决书。

在促进经济发展和国际竞争的高度，认识个人信息保护对于国家的发展前途和占领经济发展制高点的战略意义”①。

一、个人信息的界定

（一）个人信息界定的理论

关于个人信息界定的理论，学术界争论不断。就目前来看，比较具有代表性的理论主要有三种，即关联说理论、隐私说理论和识别说理论，其中识别说理论是现有理论的主流，本书也赞同识别说理论。

关联说理论，即以关联性为标准界定个人信息，将凡是与信息主体相关联的信息均认定为个人信息。该理论认为“所谓个人信息，包括与人相关之一切信息，而不局限于其人格或私生活有关者。亦即有关自然人的个人信息从其生物性之身体到社会性之地位，及至个人之活动、外界评价，等等。凡与其相关联之信息，均在所属”②。在大数据时代的背景下，由于信息技术的发展与数据挖掘技术的进步，与信息主体相关联的信息产生了爆炸式的膨胀，越来越多的信息能够被发掘出来。因此，关联说理论作为个人信息界定的理论之一，在大数据时代已经不再适用，其对个人信息的定义无疑过于宽泛，这显然是不合理的，也会妨碍个人信息的合理处理和利用。

隐私说理论，即通过隐私的概念来界定个人信息，强调个人信息的隐私性，即与个人隐私相关的信息才能被界定为个人信息，这些个人信息一般应当具有不应为他人所知以及与公共利益无关等特

---

① 个人信息保护课题组：《个人信息保护估计比较研究》，中国金融出版社2017年版，第1页。

② 范姜真媺：《政府信息公开与个人隐私之保护》，载《法令月刊》2001年第5期。

征。隐私说理论是美国个人信息界定的主流学说，美国的 Parent 教授认为："个人信息即是社会中多数不愿向外透露者；或是个人极其敏感而不愿为他人知道者。"① 隐私说理论主要适用于普通法系国家，如美国、加拿大、澳大利亚、新西兰等。隐私说理论以隐私为标准界定个人信息，对个人信息的界定过严，且隐私本身就是一个没有定论的概念，每个信息主体所理解的隐私和所期望的隐私保护不尽然相同。况且在大数据时代，对个人信息的合理处理和利用已经成为一种不可逆转的趋势，而通过隐私这一标准对其予以颇为严格的保护，显然会在价值取向上产生难以调和的分歧。这些都使得适用隐私说理论并不能够满足大数据时代个人信息保护的现实需要。

识别说理论，顾名思义，是以识别性为标准界定个人信息。所谓识别，是指该个人信息与信息主体之间存在身份确定的可能性。理论上，识别包括直接识别和间接识别，二者对信息主体身份的识别性存在显著区别。具体而言，前者是指通过能够直接确认信息主体身份的个人信息来识别，如肖像等；而后者则是指无法通过单一信息直接确定信息主体的身份，但通过对某些信息或资料进行关联分析，却足以最终锁定信息主体的身份。② 目前识别说理论是个人信息理论界定的通说，也为绝大多数域内外立法实践所采用。

（二）个人信息界定的国际立法比较

早在 20 世纪 80 年代，亚太经合组织理事会在关于隐私保护与个人数据跨界流动的指导方针中即就个人数据的概念做了明确规定："个人数据"是指与一个已经被识别或可以被识别的人（数据主体）相关的任何信息［"Personal data" means any information relating to an

① 转引自陈起行：《资讯隐私权法理探讨——以美国法为中心》，载《政大法学评论》2000 年第 64 期。

② 齐爱民：《大数据时代个人信息保护法国际比较研究》，法律出版社 2015 年版，第 222 页。

identified or identifiable individual (data subject).]。1995 年，欧洲议会和欧盟理事会表决公布了《关于涉及个人数据处理的个人保护以及此类数据自由流动的指令（95/46/EC）》(以下简称个人数据保护指令)。该指令在总则中规定“‘个人数据’是指与一个身份已被识别或者身份可识别的自然人（数据主体）相关的任何信息”，并对此作了进一步解释。“身份可识别的人是指其身份可以直接或者间接特别是通过身份证件号码或者一个或多个与其身体、生理、精神、经济、文化或社会身份有关的特殊因素来识别的人。”① 个人数据保护指令在全球范围内产生了重大影响，迅速成为个人数据保护领域最具影响力的立法之一。众多国家和地区尤其是欧盟成员国，在制定个人信息保护法时，均参照个人数据保护指令的规定，对个人信息以识别性为基础作了界定。以德国《联邦数据保护法》为例，其第 3 条第 1 款即规定：“个人数据是指关于已被识别、可识别的个人(数据主体）的客观情况的信息。”大数据时代到来后，在不断变化的新形势下，个人数据保护指令显得日渐乏力。因此，经过漫长的准备和磋商之后，欧盟最终于 2015 年年末通过了新的《一般数据保护条例》(General Data Protection Regulation，GDPR)。作为数字时代的首个新规，GDPR 试图取代互联网发展初期阶段构想的规则，大力加强对最终用户的保护。在个人信息的界定上，GDPR 与个人数据保护指令一脉相承，规定个人数据是指与一个身份已被识别或者身份可识别的自然人（数据主体）相关的任何信息。但在解释身份可识别的人时，二者却有细微的不同。GDPR 规定身份可识别的自然人是指其身份可以直接或者间接特别是通过姓名、身份证号码、位置数据等标识及在线标识或者某一或某些与其身体、生理、基因、

① 参见：95/46/EC Directive of Personal Data Protection. Art. 2 (2).

精神、经济、文化或社会身份有关的特殊信息来识别的人。①

由此可见，作为对数据经济飞速发展的应对举措，GDPR 扩大了个人信息的范围，将位置数据、在线标识以及基因数据等涵盖其中。总体而言，上述关于个人信息的定义均采取了概括式的方式，其核心界定标准是识别性，识别的方式包括直接识别与间接识别，即只要与已被识别或可识别的自然人相关的任何信息，均被认定为个人信息并予以个人信息法上的保护。颇值得商榷的是，从语法上讲，这些定义中对识别性的界定均是作为自然人的定语，即已被识别或可识别的人。然而事实上，只要信息足够，即使不能直接识别，但在与其他信息对照、组合的情况下，任何人都可能被间接识别，因此将识别性与“人”相关联，似乎并不合理。况且与已被识别或可识别的自然人相关的“任何”信息这一措辞显然会不当地扩大个人信息的范围。

与之不同的是，我国台湾地区“个人资料保护法”对个人资料的定义采取了概括加列举的方式，其第 2 条规定：“本法用词，定义如下：一、个人资料：指自然人之姓名、出生年月日、国民身分证统一编号、护照号码、特徵、指纹、婚姻、家庭、教育、职业、病历、医疗、基因、性生活、健康检查、犯罪前科、联络方式、财务情况、社会活动及其他得以直接或间接方式识别该个人之资料……”我国台湾地区的“立法”与欧盟及以德国为代表的个人信息保护法律不同，其对个人资料的定义没有采用“已被识别或可识别的人”的说法，而是强调个人资料是否得以直接或间接方式识别该个人，

① REGULATION (EU) 2016/679 OF THE EUROPEAN PARLIAMENT AND OF THE COUNCIL of 27 April 2016 on the protection of natural persons with regard to the processing of personal data and on the free movement of such data, and repealing Directive 95/46/EC (General Data Protection Regulation). Art. 4 (1) (Oct. 10, 2016)，来源网址：http：//eur - lex. europa. eu/legal - content/EN/TXT/? uri = CELEX：32016R0679，最后访问日期：2018 年 5 月 5 日。

并对予以保护的个人资料进行例示，有利于个人信息范围的明确。但“个人资料保护法”对个人资料定义所作的例示却存在不当之处。在这些例示中，除姓名、“国民身分证统一编号”、护照号码、指纹等因具有直接识别性而应被保护之外，其他例示并不当然应被保护。例如，个人的教育、病历、医疗及财务状况等信息，即使被信息处理者收集，但如不与姓名等其他个人信息相结合，亦无法确定究竟属谁之信息。若依照我国台湾地区之“立法”对此类信息予以严格保护，显然是不合理的。事实上，上述例示仍应符合具有识别性之要件，始能认定为“个人资料保护法”所应保护之个人资料。换言之，我国台湾地区“个人资料保护法”中个人资料之定义，仍然在某种程度上不当扩大了个人信息的范围。

在个人信息保护立法中，值得特别关注的是日本《个人信息保护法》。该法第2条规定：“本法所称的‘个人信息’系指，关于生存之个人之信息，且借由该信息所包含之姓名、出生年月日等其他记述，足以识别特定个人者（包含可以较容易地与其他信息对照、组合，并可以借此识别出特定个人的信息）。”① 可见尽管日本《个人信息保护法》仍然采取概括条款规范，但其对个人信息范围的界定却强调了信息的整体性，即考察与自然人相关之信息内容整体，是否在客观上达到足以识别特定个人的程度。尤其值得注意的是，该法强调前述信息之所以被规定纳入个人信息范围，是因为其包含姓名、出生年月日等其他记述。定义所列举者仅为姓名、出生年月日，而该二者均具有较强之识别性，由此可知“其他记述”亦应符合此种要求。故而，日本《个人信息保护法》在个人信息保护上独辟蹊径，在很大程度上限缩了个人信息的范围。统观之，既有的个人信息保护立法主要以识别性为标准对个人信息进行界定，均在不

---

① 参见 Japan Act on the Protection of Personal Information Law No. 57, 2003, Art. 2 (1).

同程度上扩大了个人信息的范围。在大数据技术飞速进步，数据经济迅猛发展，社会信息化程度不断提高的背景下，如若仍以识别性标准界定个人信息，不当地扩大个人信息范围，无疑既无益于对其进行妥当保护，又不利于信息资源的有效利用。

二、隐私权与个人信息权

互联网金融天然地与隐私权有密切关联。一般认为，沃伦和布兰代斯最早在 1890 年《论隐私权》（The Right to Privacy）一文中提出了隐私权，[①] 随着时代的发展和科技进步，隐私权的范围越来越广，表现形式愈加多样化。“权利是私法的核心概念，同时也是对法律生活多样性的最后抽象”[②]，大数据时代将这种“生活多样性”推向了网络个人空间，也将个人在互联网领域内的隐私权推向了“信息隐私权”。一般认为，互联网金融信息也属于信息隐私，学界对于信息隐私权并没有统一界定。美国学者查尔斯弗莱德（Charles Fried）认为，“信息隐私权不只局限于不让他人取得我们的个人信息，而是应该扩张到由我们自己控制个人信息的使用与流向”[③]。其意义在于，在没有通知当事人并获得其书面同意之前，资料持有者不可以将当事人为某特定目的所提供的资料使用在另一个目的上”[④]。我国学者林喆认为：“隐私应该是指个人的私生活信息，隐

---

① 但也有学者认为沃伦等并不是最早提出隐私权的，19 世纪的后半期，隐私已成为一些哲学家、法学家和作家的讨论主题。参见：［美］阿丽塔·艾伦：《美国隐私法：学说、判例与立法》，冯建姝等译，中国民主法制出版社 2004 年版，第 15～16 页。

② ［德］迪特尔·梅迪库斯：《德国民法总论》，邵建东译，法律出版社 2000 年版，第 62 页。

③ Charles Fried, Privacy (A moral Analysis), 77 Yale. L. J. 475 (1969), reprint in Philosophical Dimensions of Privacy (Ferdimard D. Schoeman ed. 1984).

④ 刘静怡：《网络上资讯隐私权保障问题之研究》，来源网址：http://www.cyberlawyer.com.tw/alan4-0801.html，最后访问日期：2018 年 10 月 13 日。

私权就是指个人所享有的与公共利益无关的私密信息的支配和控制权。”① 从以上界定中可以看出，隐私权核心在于“个人对于个人信息的掌控、利用与查核等权利，且个人是其个人信息使用范围的参与决定者”②。

当然，在互联网金融语境下，所谓“个人信息使用范围”包括住址、消费记录、贷款记录、还贷情况、银行存款、位置信息、行动信息、疾病史、宗教信仰、电话、电子邮件地址等。鉴于互联网金融消费者具有强烈的“长尾”特性，其自身的财务状况、知识能力、金融专业技能较低，互联网金融消费者维权成本较高，他们面临着比传统金融消费者更大的侵权可能性。互联网金融的“互联网”“大数据”等特点决定了互联网金融消费者的信息隐私权更为重要，在互联网环境下被侵犯的可能性也更大。

传统隐私权强调个人不受干扰的权利（the right to be alone），基本上属于消极的防御性权利；因网络对人们生活的冲击而产生的信息隐私权概念包括积极地参与、控制并决定个人资料的使用范围及其正确性、完整性，如美国学者查尔斯弗莱德（Charles Fried）认为，信息隐私的理念不应只局限于不让他人取得我们的个人信息，而应扩张到由我们控制自己的个人信息；③ 信息隐私权是对个人信息的流动所享有的权利。1995 年，克林顿政府信息特别工作小组在其起草的“提供和使用个人信息原则”（Principles for Providing and Using Personal Information，IITF 原则）中指出，“所谓隐私权，是指他人所享有的对其个人信息——能够被识别为其个人的信息——的获取、披露和使用予以控制的权利”。该观点也得到英国官方的认

---

① 林喆：《公民基本人权法律制度研究》，北京大学出版社 2006 年版，第 371 页。

② 张娟：《个人信息的公法保护研究》，中国政法大学 2011 年博士学位论文，第 23 页。

③ Charles Fried. Privacy [J]. Yale L. J, 1968,(77).

同。美国隐私权理论从“不要别人管的权利”发展到“个人信息的自我控制权”，再发展到被理解为“自我决定权”。

我国有的学者认为隐私权是公民享有的私人生活安宁和私人信息受到法律保护，不被他人非法侵扰、知悉、搜集、利用和公开等的一种人格权。① 简言之，将信息纳入人格权保护范畴。也有学者认为个人信息不完全属于隐私的范畴，个人信息权是一项独立的民事权利，不能将其与隐私权混同。② 还有学者主张个人信息保护立法中，隐私权与个人信息保护概念可以互换使用。③

本文认为，随着《民法总则》的颁布，隐私权和信息隐私权的保护进入了一个新的时代。相关监管规定应当尽快完善，构建我国隐私权和信息隐私权保护体系。1986 年制定的《民法通则》并未明确规定自然人的隐私权。根据随后颁布的司法解释，在司法实践中，侵犯隐私权的行为在达到一定要件后，可认定为名誉权侵权。2009 年出台的《侵权责任法》第一次正式将隐私权作为一项独立的民事权利加以保护，而 2014 年出台的《最高人民法院关于审理利用信息网络侵害人身权益民事纠纷案件适用法律若干问题的规定》，对利用网络侵害他人隐私权的行为作出了更为具体的规定。《民法总则》延续了《侵权责任法》和前述司法解释的规定，将隐私权作为一项独立民事权利加以规定，其第 110 条第 1 款规定：“自然人享有生命权、身体权、健康权、姓名权、肖像权、名誉权、荣誉权、隐私权、婚姻自主权等权利。”

值得注意的是，《民法总则》也规定了个人信息的概念，其第 111 条规定：“自然人的个人信息受法律保护。任何组织和个人需要

① 张新宝：《隐私权的法律保护》，群众出版社 2004 年版，第 3 页。

② 王利明：《论个人信息权在人格权法中的地位》，载《苏州大学学报》2016 年第 6 期。

③ 周汉华：《个人信息保护法（专家建议稿）及立法研究报告》，法律出版社 2006 年版，第 30 页。

获取他人个人信息的，应当依法取得并确保信息安全，不得非法收集、使用、加工、传输他人个人信息，不得非法买卖、提供或者公开他人个人信息。”

2016年7月5日公布的《中华人民共和国民法总则（草案）》中并未对个人信息保护作出规定。在对草案的审议和征求意见过程中，“有的常委会委员、部门、法学教学研究机构和社会公众提出，一段时间以来，非法获取、非法出售或者非法向他人提供公民个人信息的违法行为泛滥，社会危害严重，建议进一步强调对个人信息的保护。法律委员会经研究认为，个人信息权利是公民在现代信息社会享有的重要权利，明确对个人信息的保护对于保护公民的人格尊严，使公民免受非法侵扰，维护正常的社会秩序具有现实意义”。有鉴于此，2016年11月公布的《中华人民共和国民法总则（草案二次审议稿）》加入了“自然人的个人信息受法律保护。任何组织和个人不得非法收集、利用、加工、传输个人信息，不得非法提供、公开或者出售个人信息”。2017年公布的《中华人民共和国民法总则（草案四次审议稿）》对上述规定进行了进一步补充，增加了“任何组织和个人应当确保依法取得的个人信息安全”的规定。在《民法总则》出台之前，《全国人民代表大会常务委员会关于加强网络信息保护的决定》《消费者权益保护法》《网络安全法》等法律以及一系列法规、部门规章已经对网络运营者、经营者的个人信息保护义务做出了规定。《民法总则》的出台进一步赋予了个人信息权利基本民事权利的地位。

当然，《民法总则》出台前，对个人信息的保护主要通过侵犯公民个人信息入罪和行业主管机关对特定领域或性质的个人信息保护进行监管的方式实现。《民法总则》将个人信息权从隐私权中分离，确立了个人信息权的独立地位，体现了互联网和大数据时代加强个人信息和数据保护的需求。《民法总则》的规定同时带来新的理论问题和实践挑战。隐私、个人信息和数据的具体内容如何认定、对这些权利的保护在司法实践之中将如何变化值得期待。例如，对数据的权属如何进行相应的认定和保护；又如，以往在隐私侵权诉讼中损害后果举证难、认定难、损害认定通常轻微等问题，是否能够通过将个人信息作为一项独立的民事权利加以保护解决，赋予权利人更多的救济可能。这都将是我们持续关注的问题。

三、大数据时代下的个人信息保护问题

（一）信息保护问题的由来

马斯洛需求理论认为，安全自由是人类与生俱来的本能需要，是人类追求的永恒主题。按照马斯洛需求理论，人类的需求首先是现实生理需求，其次是安全需求，最后是情感需求、被尊重的需求和自我实现需求，因此安全需求是人类基本需求之一。而个人隐私安全是安全需求中十分重要的内容。美国著名法官托马斯库利（Thomas Cooley）提出了“个人独处权利”，即保障个人思乡情绪和感受不被外界干扰（1888 年），同时瓦伦教授（Samuel D. Warren）在 1890 年出版了《论隐私权》一书，较为全面、系统地提出了“关于个人私生活不公开的自由，及属于私事领域不受他人侵入的自由”① 的隐私权定义。确保公共生活和公众视线从个人生活中退出，个人可以真实地生活，发展个人个性并不受他人支配和操纵。② 事实上，美国通过司法判例，将隐私权的概念和理念又进行了扩张。1965 年沃伦（Whale）诉罗伊（Roe）案就是扩张隐私权概念适用范围的典型案例。总体上看，美国最高法院从宪法权利法案中推理出个人隐私权，并将隐私权延伸到了企业和个人信息收集、适用和

---

① Warren and Brandeis. The Right to Privacy，4 HARV. L. REV. 193. 1890.

② 张新宝：《从隐私到个人信息：利益在衡量的理论与制度安排》，载《中国法学》2015 年第 3 期。

传播上。保护个人信息和私生活不公开的权利，成为 20 世纪 60 年代美国进入信息社会前提的个人人格权利和基本人权保障的重要基础。

但是，侧重个人生活不被干扰，不能确保个人信息收集处理和滥用对个人人格阻延的保障。因此，美国于 1967 年提出了积极的信息自我控制权——信息隐私权（Information Privacy）的理念。信息主体对个人信息的保密、公开和支配享有隐私权。主要涉及个人信息的保护、公开和利用的利益，以及支配控制已公开的个人信息的利益，通过在民事主体之间建立公平透明的信息处理原则——公平信息实践原则（FIPs），确保个人对其个人信息积极参与控制支配的权利。在包含消极隐私权和积极隐私权的广义的隐私观念之下，无论立法还是学理，利用隐私权保护基本人权在美国逐渐成为主流并延续至今，应当讲英美法系选择个人隐私权作为保护对象，一方面是因为隐私在英美法系中是一个宽泛的概念，另一方面则是在保护涉及个人隐私的个人信息和使用不涉及个人隐私的个人信息之间进行平衡的一种现实需要。

（二）大数据时代与个人信息保护挑战

当今的社会是一个信息高速发展的社会，是人们的消费、社交等皆可在网络上完成的社会，也是人们个人生活、学习、工作日益数据化的社会，人类已经进入了大数据信息时代。在大数据和互联网高速发展的今天，通过数据挖掘、数据分析等手段，个人信息被用于对用户的各种行为进行评价和预测，企业也可以借助数据分析以及大数据模型来预测消费者的消费习惯、消费行为，进而优化、组合、搭配他们提供的商品和服务。个人信息不断叠加、信息种类不断丰富，这有利于克服信息不对称的问题，在就业、信贷、商贸、公共服务等各方面给我们带来诸多的便捷。但是个人信息的广泛使用，可能会触及个人隐私、个人信息安全等底线，在大数据时代也给我们的个人信息保护带来了许多新的问题和新的思考。对此，立法者必须给予正面回应。

1. 个人信息保护的新挑战

大数据云计算、互联网的发展，不仅带动了很多科技企业的迅速发展，而且可穿戴的智能设备、物联网技术、云存储的发展与大数据技术一道，可以瞬间完成海量个人信息数据的收集整理和传播。然而，保护个人独处的空间和安全的房屋屋顶也不复存在了，我们认为我们已经躲开了世俗的眼光，独自在家，但是如果我们使用打车软件，“他们”就可以清楚地知道我们是何时到的家；如果手机的各种应用软件的定位功能开启以后，“他们”也可以清楚地记录我们在家中的什么位置、我们使用空调的频率、我们锻炼的时间和心跳的速度。在网络上，“他们”还可以知道我们观看网络直播的视频是什么内容，网络地址也会被服务器收集，我们在网上所购买的各种商品也会被“他们”全部知晓。我们订购的个人服务、浏览的网页、读的书、听的音乐、看的电影等，在“他们”面前早已经是公开的秘密。从技术上来看，我们已经是一个个由各种各样的数据堆砌而成的“数据人”，如果不采取适当的方式来保护所谓的“数据人”的个人信息隐私，那么这个“数据人”在大数据时代就会呈现“裸奔”的态势。

2. 个人信息使用可能会影响个人的财产权利

个人信息在线上和线下都被广泛收集，并且通过大数据的分析模型，我们各类行为的表现已经变得一清二楚，并且会形成不同场景，形成各式各样的“数据人”。通过技术手段也可以清晰地描绘出每一个人在不同领域的消费习惯、消费商品种类等“用户画像”，并且对个人而言，“数据人”对现实生活当中的我们的影响也会越来越大，因为目前我国的个人信息收集、分析和整理并不规范，缺少完善的监管规范和监管机制。实践当中，我们经常看到个人信息铺天盖地，并且在商业利益的驱使之下，个人信息的泛滥会导致骚扰电话、短信、邮件、微信频频出现，浪费我们的时间，消耗我们的资源。一些企业利用用户的特征设计不同的方案，进行“精准式”的营销轰炸，并且可能会实施诈骗活动，危害公众的财产安全和人身安全。我们所熟知的徐玉玉案就是典型的代表。除本文已经列举的数据外，仅在2015年，因短信诈骗、电信诈骗和个人信息泄露等导致的损失就已经达到805亿元。

3. 互联网金融语境下的个人信息利用问题

在互联网金融领域内，一些互联网金融企业利用已经拟订好的格式条款，全权授权协议等方式在电商、社交网络、第三方支付、P2P互联网金融贷款以及其他线上线下等渠道收集个人信息，分析评价用户的行为特征，给用户打上所谓的标签，如“房奴”、新生儿父母、单身、已婚未孕等，并且非法对外出售，服务于所谓的精准式信贷、保险、信托、理财等领域。结果可能是一方面，客户为了获得一两万元的小额信贷等金融服务，被迫向金融机构作出不平等、不公平的个人信息让渡，一旦信贷构成违约，甚至要面对信息技术下的个人定位跟踪预期，贷款违约信息甚至有可能曝光于公共网络等情况；另一方面，现实生活中，人们可能由于深夜购买游戏币、深夜时间打游戏等，而被贴上没有稳定的工作、生活习惯不良、容易熬夜等负面标签，有可能在申请贷款或寻找新的工作时被拒之门外。换言之，当其他机构利用关于本人的信息，对其进行营销放贷、聘用等决策，特别是作出了不利于个人的决策时，本人往往既不知情又无可奈何。在关于个人信息被秘密收集、处理和使用的情况下，没有对信息控制机构在数据质量上的保障机制和迅速及时的本人申诉救济途径，个人信息使用带来的负面影响往往非常巨大。

第二节　互联网征信行业与个人信息保护

互联网金融和征信行业的关系非常密切，被称为“天然盟友”，互联网金融的发展需要征信作为依托和支撑。互联网金融在理论上主要采取大数据、云计算、移动支付等方式完成资金的融通，其中大数据是互联网金融的重要要素。如果没有完整的征信体系，所谓大数据就成了无源之水。当然，数据的收集涉及众多法律问题，用户的隐私权、知情权等都是需要重点讨论的。实践中，互联网金融企业和征信企业合作的案例屡见不鲜，一些大型的金融集团、网络科技集团都有自己的征信部门（对外是集团的征信子公司），如万达网络科技集团的“万达征信”。因此，研究征信行业的合法合规发展，对于互联网金融未来的用户数据建设、合法收集利用数据具有重要意义。

一、互联网金融和征信行业的关系

（一）征信是互联网金融体系运行的基石

尽管互联网金融作为“第三种”融资模式，但其金融的属性仍然存在，以信用为基础，对征信的需求迫切。美国 P2P 平台采用无抵押信贷模式，但这种模式背后的依托是国家强大的个人征信体系。这也体现了互联网金融的本质，即长尾客户、小额、普惠，也体现了借款效率，这些中小微企业、自然人一般情况下无法提供“像样”的抵押和担保，甚至无法提供任何担保，这正是金融的主要客群的基本特征。我国《征信业管理条例》将征信业务描述为对企业、事业单位等组织的信用信息和个人的信用信息进行采集、整理、保存、加工，并向信息使用者提供的活动。从上述规定来看，征信实际上是一种专业化的信用信息服务，它是金融业务链条上至关重要的一环，不仅可以降低经济社会活动主体对信用信息的收集使用成本，而且可以依托其专业化、规模化优势提高信用信息质量，甚至还可以因信用记录直接关系到未来的经济借贷活动而促使信息主体自觉地提高信用水平。

由此可见，征信体系是现代金融体系运行的基石，是能够保障互联网金融体系有效稳定运行的一项重要基础设施。

（二）征信帮助互联网金融控制风险

征信之所以能够成为互联网金融运行的基石，关键是因为其能够帮助信用信息使用者了解信息主体的信用水平，从而做出关于信息主体信用风险的判断。央行的征信系统向银行系统提供信用查询，向个人提供信用报告，但对于除银行外的互联网金融公司目前暂不提供信用查询服务，这就促使市场自发形成了多样化的风险控制系统。一些大公司如阿里巴巴通过大数据挖掘，自建征信系统，而众多的中小公司则通过信息分享的方式从第三方获得信用信息服务，这种互联网金融公司自建的征信组织收集的数据涉及范围广、行业多，因而数据也就更全面，依靠更加全面的征信数据做出的判断也就更有成效。

互联网金融发展的关键在于风险控制，风险控制的水平在很大程度上决定了互联网金融公司能否发展壮大，征信系统可以助力互联网金融企业解决以下两个风险控制难题：一方面，由于市场自发形成的征信系统在一定程度上可以共享，这就增加了网络金融违约的成本，降低了整个行业的经营风险；另一方面，由于互联网金融企业对融资主体的信用信息掌握全面，投资人可以了解融资人的真实信用水平，从而可以降低互联网金融的审查成本和担保成本。①

① 杜晓峰：《我国互联网金融征信体系建设研究》，厦门大学出版社2014年版。

（三）征信能够促进互联网金融合规发展

互联网金融在过去的发展中出现了野蛮生长问题，大量互联网金融平台因相关规范和制度的缺失而出现问题，互联网金融呈现出来的是带有野蛮特征的成长。① 2015 年 1 月，中国人民银行印发了《关于做好个人征信业务准备工作的通知》，要求芝麻信用管理有限公司、腾讯征信有限公司等八家机构做好个人征信业务的准备工作，同时该通知还指出培育社会征信机构对于规范发展征信市场、服务实体经济具有积极意义。个人征信业务市场正在逐渐放开闸门，互联网征信业的发展将会逐渐打破电商及互联网金融分割的现状，促进信用信息共享机制的形成，这有利于网络交易信用缺失问题的有效解决，也有利于互联网金融市场自治自律能力的培育，还有利于互联网金融告别野蛮从而步入良性可持续的发展道路。

二、我国征信领域面临的主要问题

（一）征信行业存在的问题较多

征信市场发展面临的挑战，随着征信信息采集渠道范围的扩大及大数据信用评分的复杂性、应用场景的丰富，如何更好地保护个人信息、保障个人的合法权益，已经成为我国征信业发展当中普遍面临的突出问题。新发展趋势下，个人信息保护的基本原则如何落地，未来立法如何进一步引领行业规范发展等都是需要面临的问题。

一是关于信息采集问题。根据采集的目的性和适当性原则，征信机构收集个人信息，主要为了服务信用风险评估的目的采集相关

① 苏亮瑜：《个人征信：让互联网金融告别野蛮成长》，载《第一财经日报》2015 年 2 月 10 日，第 A12 版。

信息，信息的收集应适当，不能毫无限制，但是由于信用信息的范畴很难界定，因此立法上只是明确了不能采集的一些个人信息，除此之外并没有更多的限制。为了切实保护消费者的合法权益以及隐私权，《征信业管理条例》第 13 条专门规定了采集个人信息应当经信息主体本人同意，从以前的放贷机构上报信贷信息转变为征信机构积极从各个渠道采集信息，客观上也使得落实知情同意权变得更加困难，在保障信息主体对自身信息采集的知情同意方面，还是面临很大挑战。当前立法在知情同意原则上没有很好的规定以及围绕它的制度设计，所以也并不能很好地解决这个问题。

二是关于信用信息使用问题。我国《征信业管理条例》规定，征信信息需要得到本人书面同意，并约定用途，而对于具体用途并没有明确规定。条例释义中提到，征信信息除在银行授信、商业、信用交易中使用外，也逐步应用在企业部门项目审批、招投标、干部任免、公务员录用的活动中。从我国行业的发展现状和趋势来看，征信信息主要还是用在评估个人违约风险、信用风险、欺诈风险等活动中，用来决定消费者是否可以获得某项资格，未来征信信息如何使用还有待于进一步明确。对于信息应用的具体场景，一方面要确保信用信息能够充分发挥作用，另一方面要确保个人对自身的信用信息使用有自由支配权利，信息查询机构需要获得本人授权，确保信息没有被滥用。这一点还有待于未来立法详细说明个人如何要求机构出示其收集、处理、利用信息的方式以及信息更正查明途径等。

三是关于征信数据质量问题。区别于传统的银行信贷数据，互联网上的数据类型多样、数据量大，消费行为记录很有可能并非本人发出，数据的真实性、可信度存在很大问题，收集的信息是否及时、准确、完整，将直接决定信用信息的质量。而众所周知，数据准确性是征信业赖以生存的根基，此外传统的信用评分模型的有效性已经得到了行业充分验证，而大数据信用信息分析模型相比传统的信用评分更加复杂，模型的客观性、科学性如何保证？评分结果是否有效？是否可解释？这些都决定了信用评分的质量，而这也是目前大数据信用评分模型开发和应用不可回避的问题。

四是关于消费者各项权利尤其是隐私权的保障问题。由于数据源广、信息多，如何保证信用信息主体对自身信息的知情权、查询权、更正权等合法权益成为征信业能否合规开展的关键。征信机构应当按照法律要求，向消费者提供本人信用报告查询服务，充分满足个人的知情权、查询权、更正权、异议权等，建立快速便捷的流程，确保个人不受错误信息的影响。

我国个人数据保护法规和公平性交易法律相对缺失，客观上对于征信市场的监管提出了更大的挑战。目前，由于没有一部统一的个人信息保护法，征信机构及参与各方需要认真落实《网络安全法》《民法总则》《征信业管理条例》以及“两高”的有关司法解释等法律法规的要求，履行相关的义务，建立相关的管理措施，并采取一定的技术手段切实保障个人的基本权利。

（二）实践中个人信息权利被侵权频率较高

尽管我国个人信息保护方面的法律法规已经逐步完善，政府报告等对国际通行的个人信息保护原则也有所提及，但是由于认识不到位、立法不完善、保护框架缺陷明显、行政监管缺位、违法惩戒不足等因素，个人信息保护基本被漠视。在个人信息收集处理和使用过程中侵权行为较为普遍。

1. 个人信息收集环节的涉嫌侵权问题

信息主体的知情同意应当成为信息收集、使用者收集、使用个人信息的正当性基础。但是，实践中信息收集、使用以格式合同、“霸王条款”的方式获得用户“同意”，通过 cookies 技术、恶意软件甚至非法买卖等方式获取公民个人信息，这些行为严重侵害了用户的知情同意权，且有可能构成违法犯罪。

（1）网站利用格式条款获得用户“同意”

大量互联网公司、互联网金融公司甚至征信公司往往滥用优势地位，以隐蔽的格式合同、不需要用户点击同意的隐私声明等方式获取了主体的“同意”“授权”。另外，目前大部分的隐私政策均强制要求用户点击“同意”，如果用户不点击“同意”，就无法进行下一环节的注册或获得相关服务，用户也时常因为网络服务的依赖性而被动选择接受。据了解，目前不少大型互联网公司普遍在隐私权政策中极其详尽地列举了其可收集的个人信息的范围，对自身授权的内容极其广泛，身份验证与第三方分享广告营销等使用方式均涵盖在内，而赋予用户可行使的权利却极少。由于现有法律法规均只作原则性的规定，在这种模式下，“知情同意”原则实际上完全被架空，用户表面上的同意并不能代表用户是在平等、自愿、公平的前提下作出的同意，更有很大一部分网站的隐私权政策都只是网站的单方面声明，如声明“您使用或继续使用我们的服务意味着同意我们按照本隐私权政策收集、使用、储存和分享您的相关信息”，用户一旦登录浏览该网页，即被视为用户已经同意了该网页的声明，个人无法行使有效的“同意”权利。

同时，行业内部分机构会限制用户查阅更正删除个人信息的权利。网络服务提供者大多通过格式条款，严重限制用户的查阅、更正、删除个人信息等权利。这种情况下收集、处理个人信息的行为缺乏透明度，个人无法获知自己的哪些信息被收集、被储存在何处以及信息被用于哪些用途，更无法要求网络服务提供者更正和删除。《网络安全法》虽新增了关于用户删除权和更正权的要求，但正式施行后的效果仍有待于观察，监管对于《网络安全法》的执行也要有反应周期。目前已经实施的《网络安全法》也要求网络运营者应当建立网络信息安全投诉举报制度，这有利于维护用户的合法权益，但是该法刚刚实行，因此其执行效果仍有待于观察，更详尽的监管要求也有待于进一步明确。

（2）利用 cookies 技术收集个人信息

由于目前很多第三方统计工具和互联网广告（包括精准营销工具）其实都是基于第三方 cookies 运作，其不合理性以及违法性受到了广泛关注。此前被央视媒体关注报道过的“上海传漾”“品友互动”等多家广告公司利用 cookies 对用户进行数据跟踪。网络广告公司通过在别的网站加代码便可以收集到用户的 cookies，并在用户不知情的情况下擅自调动这些 cookies 达到盈利目的。cookies 可以为用户提供个性化服务，但是如果运用不当或者被滥用，个人信息就会面临被非法获取进而用于非法目的的困境。

（3）通过恶意软件、木马、无线网络（Wi-Fi）等收集个人信息

第一，通过恶意软件、木马病毒非法收取个人信息。恶意软件不易被察觉，更不容易被完全清除。在用户不知情的情况下，恶意软件会不断收集个人信息。根据工业和信息化部关于电信服务质量的通告，工信部对 40 个手机应用商店进行调查，发现不良软件 14 个。

第二，通过 Wi-Fi 收集个人信息。中国互联网协会发布通告称，用户信息被 Wi-Fi 获取的原因在于 Wi-Fi 保密等级比较低，黑客容易入侵；应用程序对用户手机号码等信息明文传输，未加密，容易被获取。

（4）非法买卖获取个人信息

当前个人信息非法买卖活动形成了“源头—中间商—非法使用人员”的交易模式。实践中，购买个人信息最多的是那些利用信息进行广告推销、出售虚假发票、发送垃圾短信的人，其中不规范的房产销售中介、保险公司、互联网公司、教育培训公司等也是主要的购买群体。我国《刑法修正案（七）》将出售、非法提供公民个人信息和非法获取公民个人信息入罪，《刑法修正案（九）》将罪名调整为“侵犯公民个人信息罪”，并进一步加大了整治力度。

（5）案例提示

自 2013 年 4 月起，上海炳恒金融信息服务有限公司在日常经营活动中，为开拓业务、发展客户，由理财部大区经理通过购买等途径收集大量个人信息，并按照公司层级依次派发给团队经理、理财经理、业务员，以电话方式联系消费者，推销公司网贷理财产品。有关部门认定，该公司上述行为违反了《消费者权益保护法》第 29 条第 1 款的规定，构成了侵犯消费者合法权益的行为。2015 年 7 月 6 日，上海市工商局对炳恒金融信息服务有限公司开出了罚单，鉴于当事人非法收集使用的消费者个人信息数据较为庞大以及违法行为直接对应的违法所得难以认定，根据《消费者权益保护法》第 56 条第 1 款第 9 项的规定，对当事人处以 40 万元罚款。

2. 个人信息加工处理环节的涉嫌侵权问题

根据个人信息权利的基本原理，信息处理主体应当保证个人信息在利用目的范围内准确、完整并及时更新。根据该原理，如果发现信息错误，应当及时更新。这也是数据质量原则的基本体现。但是信息不准确、企业操作流程不完善、安全保障措施不到位、内控制度不健全等一系列原因，容易导致个人信息发生错误、遗失甚至被盗取、非法买卖。“刘某与中国邮政储蓄银行股份有限公司郑州市分行名誉权纠纷案民事判决书”［河南省郑州市中原区人民法院（2014）中民一初字第 799 号民事判决书］显示，因被告（邮政储蓄银行）处理不良信用信息时，将原告刘某的信息错误导入该行不良信用卡信用记录数据库中，而原告刘某从未在被告处办理过信用卡，刘某要求其改正，但是被告拒不改正。刘某名誉权受到影响故诉至法院，法院受理并支持了原告刘某的诉请。

3. 业内内控制度不健全，工作人员存在违规操作空间

信息管理者应当建立完善的内部控制制度和管理流程，明确内部人员的操作权限，防止员工利用职务上的便利侵害个人权利，但很多行业内部的工作人员违规操作，导致个人信息非法提供、买卖

等类似案件时有发生，如某电话公司工作人员偷偷利用消费者身份信息开卡，并将卡卖给卡贩子，而一些通信公司也被曝为骚扰电话提供各种支持。2011 年 8 月 5 日，北京市第二中级人民法院宣判一起侵犯公民个人信息案件，电信运营商有关员工倒卖个人信息获刑，23 名被告人犯非法获取公民个人信息、出售公民个人信息罪、非法提供公民个人信息罪、帮助毁灭证据罪等罪名，分别判处有期徒刑六个月至两年六个月不等。

4. 个人信息输出环节的涉嫌侵权问题

（1）恶意推销产生垃圾广告、邮件及骚扰电话

不法企业利用获得的用户信息，不断向客户投放广告和恶意推销信息，导致大量垃圾邮件、短信和电话，直接影响了个人生活安宁。

（2）由撒网式诈骗变为精准诈骗

目前，精准诈骗几乎取代了之前的撒网式诈骗，而且诈骗犯得以实施的前提条件是掌握用户的个人信息。从目前警方破获的案件看，公民个人信息泄露的重要源头是网络漏洞导致黑客入侵、非法获取、非法买卖公民个人信息等行为，诈骗分子通过购买或窃取用户个人信息等方式实施诈骗。另外，通过大数据分析作案，也导致诈骗变得更加精准，受害群体也变得更加广泛。诈骗分子会根据客户个人信息数据进行详细分析，并根据用户信息的特点刻画被骗者的画像。

正是由于我国在个人信息保护实践中的严峻形势，急需出台一部能够一览全局、在法律层面上规定公民信息权利、信息保护基本原则的法律。同时该法律能够和我国现有的法律法规契合，共同保护公民个人信息权利。当前大量公民信息通过网络途径存在，公民信息在收集、处理和输出过程中都存在大量问题，行业中大量违法犯罪行为广泛存在。因此，未来《个人信息保护法》应当在个人信息权，国家机关信息处理主体对个人信息的收集、处理和利用，非国家机关信息处理主体对个人信息的收集、处理和利用及相关主体法律责任方面作出详细规定。

第三节　我国关于个人信息保护的立法现状

一、法律梳理

目前，我国对于个人信息保护的立法较多，但是比较分散，从法律到行政法规、部门规章、行业规范，都有涉及个人信息保护的相关规定，但是缺少统一的上位法。《民法总则》规定了个人信息保护问题，但是一笔带过，较为宏观，几乎没有可操作性，因此在下表中暂不列出。《网络安全法》于2016年11月7日颁布，2017年6月1日生效，是我国第一部全面地阐述个人信息权利保护的法律，下文将详述，本部分暂不列出评述。

表1：现有关于个人信息保护的主要法律

法律规范	规制主体	个人信息客体	义务	法律责任	其他内容
1.《消费者权益保护法》	经营者（私）	消费者个人信息	保密	民事责任＋行政处罚	消费者个人信息权；收集、使用个人信息合法、正当、必要的原则；收集、使用信息明示并经同意，公开并不得违法和违约
2.《职业病防治法》	用人单位（私）	劳动者职业健康监护档案	提供查阅和复印件	行政处罚	

续表

法律规范	规制主体	个人信息客体	义务	法律责任	其他内容
3. 《反恐怖主义法》	公安机关、有关部门（公）	真实姓名、住址和工作单位等个人信息	不公开		公安机关调查恐怖活动嫌疑，有权向有关单位和个人收集、调取相关信息和材料。公安机关调查恐怖活动嫌疑，可以依照有关法律规定对嫌疑人员进行盘问、检查、传唤，可以提取或者采集肖像、指纹、虹膜图像等人体生物识别信息和血液、尿液、脱落细胞等生物样本，并留存其签名
4. 《反间谍法》	国家安全机关及其工作人员（公）	个人的信息、材料	只能用于反间谍工作；保密	泄露个人隐私的，追究刑事责任	在国家安全机关调查了解有关间谍行为的情况、收集有关证据时，有关组织和个人应当如实提供，不得拒绝
5. 《环境保护法》	上级政府或检察机关（公）	举报人的相关信息	保密		

续表

法律规范	规制主体	个人信息客体	义务	法律责任	其他内容
6. 《统计法》	统计机构和统计人员（公）	知悉的国家秘密、商业秘密和个人信息，能够识别或者推断个人统计调查对象身份的资料	保密	依法处分	
7. 《税收征收管理法》	收到检举的机关和负责查处的机关（公）	检举人	保密		
8. 《护照法》	护照签发机关及其工作人员（公）	登记项目：护照持有人的姓名、性别、出生日期、出生地	保密	行政处分+刑事责任	
9. 《反洗钱法》	反洗钱行政主管和监管部门（公）	客户身份资料和交易信息	保密；只能用于反洗钱行政调查和刑事诉讼	行政处分	
10. 《反家庭暴力法》	公安机关（公）	报案人的信息	保密		
11. 《出境入境管理法》	履行出境入境管理职责的工作人员（公）	出境入境管理工作中知悉的个人信息	不得泄露	依法处分	

续表

法律规范	规制主体	个人信息客体	义务	法律责任	其他内容
12.《刑事诉讼法》	人民法院、人民检察院和公安机关（公）	特定案件的证人、鉴定人、被害人的真实姓名、住址和工作单位等个人信息	不公开		
13.《律师法》	律师（行业）	在执业活动中知悉的委托人和其他人不愿泄露的有关情况和信息	保密	行政处罚	
14.《居民身份证法》	国家机关或者金融、电信、交通、教育、医疗等单位的工作人员（公＋公服）	登记项目：姓名、性别、民族、出生日期、常住户口所在地住址、公民身份证号码、本人相片	保密	行政处罚＋刑事责任	
15.《刑法修正案（七）》		公民个人信息	不得出售、非法提供；不得窃取或非法获取	刑事责任	
16.《社会保险法》	社会保险行政部门和其他有关行政部门、社会保险经办机构、	用人单位和个人信息	不得泄露	依法处分＋赔偿责任	

续表

法律规范	规制主体	个人信息客体	义务	法律责任	其他内容
	社会保险费征收机构及其工作人员（公＋公服）				
17.《传染病防治法》	疾病预防控制机构、医疗机构（公＋公服）	个人隐私的有关信息、资料	不得泄露	行政处罚＋行政处分＋刑事责任	
18.《旅游法》	旅游经营者监督检查人员（私＋公）	旅游者个人信息、被检查单位的商业秘密和个人信息	保密		
19.《精神卫生法》	有关单位和个人（公＋私）	精神障碍患者的姓名、肖像、住址、工作单位、病历资料以及其他可能推断出其身份的信息	保密	赔偿责任＋行政处分	
20.《刑法修正案（九）》	不特定主体（所有）	公民个人信息	不得出售、非法提供；不得窃取或非法获取	刑事责任	侵权主体扩大为对世权主体，加大了处罚力度；履职和服务主体的侵权行为加重处罚

续表

法律规范	规制主体	个人信息客体	义务	法律责任	其他内容
21.《邮政法》	任何单位和个人；邮政企业和从业人员（所有）	邮件；邮政服务信息	不得私自开拆、隐匿、毁弃他人邮件；不得泄露邮政服务信息	行政处罚	因国家安全或者追查刑事犯罪的需要，公安机关、国家安全机关或者检察机关可以依法检查、扣留有关邮件，并可以要求邮政企业提供相关用户使用邮政服务的信息。邮政企业和有关单位应当配合，并对有关情况予以保密
22.《未成年人保护法》	任何组织或者个人（所有）	未成年人的信件、日记、电子邮件	不得隐匿、毁弃；不得开拆、查阅	行政处罚	

虽然《网络安全法》对个人信息保护问题作了比较详尽的规定，但是总体上我国当前主要法律中对于个人信息保护法律比较宏观，可操作性不强。主要问题在于：第一，以个人信息保密并承担法律责任的原则规定为主。除《职业病防治法》规定了档案信息查阅权、《反间谍法》和《反洗钱法》规定了特定目的使用个人信息外，2013年最新修订的《消费者权益保护法》从消费者个人信息权利、收集使用个人信息原则以及侵害个人信息权利承担民事、行政责任等方面作了比较全面的规定。其他法律主要针对个人信息保密作了规定，并简单表述为相关主体有对知悉的个人信息保密、不公开或

不泄露的义务，同时规定了法律责任。而部分法律仅规定了个人信息不公开和保密义务，并没有配套的法律责任规定。第二，个人信息具体内容不明确。上述涉及个人信息的具体内容以《居民身份证法》列举的最多，即姓名、性别、民族、出生日期、常住户口所在地住址、公民身份号码、本人相片、指纹信息，《护照法》中还出现了出生地，《刑事诉讼法》列有工作单位。个人信息的列举集中在《身份证法》《护照法》等规范证照办理的法律中，其他法律基本上只是规定保护个人信息但是并没有规定个人信息的内容。第三，法律责任规定比较简单。民事、行政和刑事法律责任虽都有规定，刑法入罪规定也有明确量刑，但是刑法中构成该罪必须达到“情节严重”的标准几乎不具有可操作性，① 其他犯罪构成的实践操作也有很多问题；除刑法外的其他法律中均为宣示性的“应当给予处分”“依法给予赔偿”等法律责任规定，具体操作性非常弱。第四，个人信息法律保护规范的主体以公权力机关和公共服务单位为主。主要包括公安机关、监管机关、统计机关、社会保险行政机关、人民法院和人民检察院等，其他主体包括经营者以及社会保险经办机构、社会保险费征收机构和其他公共服务机构。《刑法修正案（七）》列举了金融、电信、交通、教育、医疗等公共服务单位，修改后的《居民身份证法》也同样列入。但是这里的单位主体到底是一般主体还是特殊主体、“等”字应作何解释，在理论上还存在争议。② 值得关注的是，2015 年通过的《刑法修正案（九）》把侵犯公民个人信息的主体扩大为对世权的一般主体，不仅对履职和服务主体不再具体列举，而且在履职和服务以外的所有“违反国家有关规定”侵犯公民个人信息的主体都受刑法规制，这无疑是对个人信息刑法保护责

① 付强：《非法获取公民个人信息罪的认定》，载《国家检察官学院学报》2014 年第 2 期。

② 赵桂民、韩玉胜：《出售、非法提供公民个人信息罪犯罪主体的立法完善》，载《人民检察》2014 年第 15 期。

任主体范围的扩大。①

二、行政法规梳理

行政法规多从保密义务和法律责任两方面规定对个人信息的保护，但列举出的个人信息并不多。行政法规对个人信息保护的规定主要集中在公权力行使的几个领域以及公权力特许的彩票经营、互联网地图服务、银行、铁路运输企业等领域。保护的模式采用的是保密加法律责任。泄露个人信息法律责任的规定非常简化，只规定高度概括的依法处分、处罚或追究刑事责任。除涉及身份证、居住证、社会救助、保安登记、不动产登记等登记信息有个人信息的具体内容规定外，其他的几乎都是概括规定个人信息。流动人口登记中规定保护涉及公民隐私的流动人口信息，但是并没有明确具体是哪些信息。除《现役军人和人民武装警察居民身份证申领发放办法》与《居民身份证法》有衔接外，其他行政法规与规定有个人信息保护的法律均没有上下承接关系。由此可见，在对个人信息分散保护的法律比较粗糙的前提下，行政法规并没有多大作为，只是扩大了几个保护个人信息的行政管理领域。

表 2：现有关于个人信息保护的主要行政法规

行政法规	规制主体	客体	义务	法律责任
1.《居住证暂行条例》	国家机关及其工作人员	居住证持有者个人信息	保密	依法处分；刑事责任

① 王秀哲：《我国个人信息立法保护实证研究》，载《东方法学》2016 年第 3 期。

续表

行政法规	规制主体	客体	义务	法律责任
2.《地图管理条例》	互联网地图服务单位	用户个人信息	明示收集使用目的、方式、范围，经用户同意，公开收集使用规则，不得泄露、篡改、出售或非法提供，采取技术措施	
3.《不动产登记暂行条例》	不动产登记机构、不动产登记信息共享单位及其工作人员；查询的单位、个人	不动产登记信息	保密；说明查询目的；用于特定目的；不得泄露	赔偿；依法处分；刑事责任
4.《社会救助暂行办法》	履行社会救助职责的工作人员（公）	知悉的个人信息，最低生活保障家庭的人口状况、收入状况、财产状况	保密	依法处分
5.《国际收支统计申报办法》	国家外汇管理局及其分支局；银行、交易商以及提供登记结算、托管等服务的机构	申报者申报的数据	严格保密；只用于国际收支统计	依法处分；追究法律责任
6.《铁路安全管理条例》	铁路运输企业；铁路运输企业工作人员	旅客身份信息	加强保护；不得窃取、泄露	由公安机关依法处罚

续表

行政法规	规制主体	客体	义务	法律责任
7.《缺陷汽车产品召回管理条例》	产品质量监督部门和有关部门、机构及其工作人员（公）	知悉的个人信息	不得泄露	依法处分
8.《戒毒条例》	公安、司法行政、卫生行政等有关部门工作人员(公)、戒毒医疗机构	戒毒人员戒毒的个人信息	保密，保密约定	依法处分+刑事责任
9.《流动人口计划生育工作条例》	地方各级人民政府和政府有关部门以及协查的村委会、居委会及其工作人员	涉及公民隐私的流动人员信息	保密	
10.《现役军人和人民武装警察居民身份证申领发放办法》	公安机关、军队、武装警察部队及其有关人员(公)	知悉的个人信息，登记项目:姓名、性别、民族、出生日期、长期固定住址、公民身份证号码、本人相片	保密	给予处分+刑事责任
11.《彩票管理条例》	彩票发行机构、彩票销售机构、彩票代销者以及其他(私)	彩票中奖者个人信息	保密	行政处罚+行政处分

三、部门规章和地方性法规、规章梳理

部门规章有专门针对互联网个人用户的信息保护规定，与本章节的内容密切相关，下文详述。《征信业管理条例》也是本部分重点论述的内容，因此下文一并详述。除此之外，通过比较现行的主要规章，可以发现如下问题：首先，部委规章在上述法律、行政法规之外的更大范围内规定有个人信息保护的内容，包括旧电器电子产品流通、家电维修、房地产经纪、水路运输、家用汽车产品、家庭服务等经营性活动管理领域；网络游戏运营、互联网信息服务、网络零售等网络经营管理领域；外航企业使用外国计算机订座系统许可；消费金融公司运营、有限广播电视运营等许可管理领域；结核病防治、养老、高校招生等社会性管理活动领域；财政信访、工商行政管理行政处罚等公权力运行活动。其次，规制的主体多样、模式单一。规制的主体包括私营主体、公共服务组织和政府机构；主要规定模式依然为个人信息保密，不得泄露，一半以上没有配套规定法律责任，规定法律责任的规章也多限于行政处罚。最后，基本上没有界定个人信息具体内容。《侵害消费者权益行为处罚办法》《工商行政管理行政处罚信息公示暂行规定》对受保护的个人信息作了列举并作了“识别”性的界定；《旅行社条例实施细则》有关于个人信息超保存期限应妥善销毁的规定；《网络零售第三方平台交易规则制定程序规定（试行)》中有制定、修改、实施保护个人信息的规则公示并备案的规定。总体上看，部门规章涉及规定个人信息保护的领域比较宽泛，但是对个人信息的保护依然是泛泛规定，多为碎片化内容，法律可操作性不强。值得注意的是，对个人信息明确列举内容并使用“识别”性作为界定标准，对于个人信息内容的明定有示范作用。

另外，地方性法规、规章在保护个人信息权利方面的作用比较有限。此类规范涉及的主要是法律、行政法规、部委规章之外的领域

的，包括：志愿者、献血、慈善事业、公共图书馆、档案馆等公益服务管理；劳动用工、人力资源市场、职业技能鉴定、农民工工资保障等劳动管理；未成年人保护、残疾人保障等弱势群体保护；服务租赁中介、邮政、按摩服务业、废旧金属收购、出租车、机动车维修、特种行业治安管理等特种行业管理；养犬、物业、城镇住房保障、公租房保障、公共安全视频监控、流动人口、居民卡制作、道路交通安全等公共管理；信息化、计算机信息系统安全、电子商务、网络商品交易、信息化促进等网络信息管理；精神卫生、农村合作医疗、医患纠纷、遗体捐献、胎儿性别鉴定、艾滋病防治等医疗管理；举报监督、违纪处分、人大代表政协委员提案、法律援助、审计等监督管理。虽然领域比较宽泛，但是对于个人信息保护的规定依然限于保密、不泄露，法律责任比较概括。

部门规章和地方性法规保护个人信息领域的扩大，表明保护个人信息的社会需求的普遍，但是从立法规制的角度看，因为基本没有对个人信息内容的明确界定和列举，没有规定个人信息的收集、使用的具体原则和办法，也没有上位法可以参照，所以实际上上述众多的规定并不能发挥有效的作用。

四、关于征信和互联网领域内的个人信息保护专门规范

与上述分散在不同的规范性文件中的非专门个人信息保护不同，我国目前在征信业和网络个人信息保护方面有专门规范。国务院出台的《征信业管理条例》（以下简称《征信条例》）是从征信行业规制方面对个人信息进行的专门保护规定，《厦门市软件和信息服务业个人信息保护管理办法》（现已失效）虽出台在前，但针对的是“信息服务企业”，实际上属于对征信服务企业的规制；《全国人民代表大会常务委员会关于加强网络信息保护的决定》（以下简称《保护决定》）；工业和信息化部《电信和互联网用户个人信息保护规定》（以下简称《工信部规定》）；以及《最高人民法院关于审理

利用信息网络侵害人身权益民事纠纷案件适用法律若干问题的规定》（以下简称《网络侵权解释》）是对网络个人信息的专门保护。

（一）征信业规制中的个人信息保护

《征信条例》适用于在我国境内从事个人或企业信用信息的采集、整理、保存、加工，并向信息使用者提供的征信业务及相关活动。规范的对象主要是征信机构的业务活动及对征信机构的监督管理。通过对征信机构的特许经营管理，对个人信息收集、加工的严格限制，该条例在个人信息行政法规保护领域迈出了重要一步。《征信条例》在对征信机构的资质和成立进行规制中，针对设立从事个人征信业务的征信机构设定了相对严格的管理，规定取得个人征信业务经营许可证后方可办理登记，并设征信业务规则专章对个人信息的收集使用进行了详细规定。《征信条例》中个人信息保护的主要内容见下表：

项　　目	内　　容
禁止采集的个人信息	宗教信仰、基因、指纹、血型、疾病和病史信息以及法律、行政法规规定禁止采集的其他个人信息
限制采集的个人信息	收入、存款、有价证券、商业保险、不动产的信息和纳税数额信息
不良信息	信息主体在借贷、赊购、担保、租赁、保险、使用信用卡等活动中未按照合同履行义务的信息，对信息主体的行政处罚信息，人民法院判决或者裁定信息主体履行义务以及强制执行的信息，以及国务院征信业监督管理部门规定的其他不良信息
个人信息收集、使用原则	信息本人同意；约定用途使用；提供不良信息告知；不良信息限期保存
个人信息主体的权利	对不良信息作出说明权；查询；免费获取本人的信用报告；知情同意；信息异议、更正；投诉、起诉权

续表

项　　目	内　　容
征信企业的义务	建立信息安全的规章制度；保障信息的准确性；金融信用信息基础数据库提供查询服务；国内使用；行业自律
监督管理机构	中国人民银行及其派出机构
法律责任	行政处罚；民事责任；刑事责任

从上表内容可见，《征信条例》从征信业收集使用的个人信息范围、原则、个人信息主体权利、企业义务及法律责任等方面全方位进行了规制。其对禁止采集的个人信息的规定，是我国规范性文件中首次出现的有关敏感个人信息保护的规定，主要从宗教信仰、生理和疾病信息以及法律、行政法规规定等方面作了规定。《征信条例》对于信息主体的知情同意、查询、变更以及寻求救济等权利规定的也比较完整。但是，《征信条例》的局限性也非常明显：其一，尚缺少对于个人信息的明确界定，其对于禁止和限制采集的个人信息的列举也值得商榷。其二，《征信条例》的规范范围非常狭窄。征信管理基本上集中在金融信息的信用管理领域，国家机关以及法律、法规授权的具有管理公共事务职能的组织依照法律、行政法规和国务院的规定，为履行职责而进行个人信息的采集、整理、保存、加工和公布，不属于该条例规范的范围，而这一部分恰是目前个人信息收集和使用的重点领域。① 其三，《征信条例》规制对象分类不明确。当前，我国征信业实行的是双轨制，即以政府主导的国家征信机构为核心，以市场主导的民营机构为补充辅助的运行模式，两者的职责应有所不同，但是《征信条例》没有明确界分。其四，《征信条例》的可操作性不强。网络信息社会的个人信息需求已经到了

① 孙平：《政府巨型数据库时代的公民隐私权保护》，载《法学》2007 年第 7 期。

非常具体和细化的程度，收集和使用个人信息的经营业务远比《征信条例》规定的复杂，虽然《征信条例》对于收集个人信息的征信机构作了特许经营管理，但是实际上，大量的信息收集和使用在普遍意义的企业经营中就完成了。其五，程序规定缺失。《征信条例》中，信息主体同意、变更、约定等权利都是概括规定，没有配套程序规定，使得实际上权利保护不可执行。其六，如果细致推敲，《征信条例》对于信息数据库运行机制的规定、逻辑关系以及与上位法协调方面也存在问题。①

（二）网络行业个人信息保护规范

在网络交流成为生活常态的当下，互联网也成了侵害个人信息的重灾区，网络个人信息保护的社会需求非常迫切。《保护决定》是具有法律效力的专门针对网络信息保护的规范性文件，《工信部规定》是从电信与互联网行业规制的角度对网络个人信息做出保护规定的部委规章；司法解释则是从侵权责任承担角度对网络个人信息作出的救济规定。

1.《保护决定》《工信部规定》对网络个人信息的保护

《保护决定》是上位法，制定在先，《工信部规定》是下位规章，制定在后，对于决定的内容有所落实，但两部规范性文件的内容都很原则和概括，具有操作上的行政色彩。主要内容为：

第一，网络个人信息的明确界定。《保护决定》界定的是公民电子信息，《工信部规定》界定的是电信业务经营者和互联网信息服务提供者在提供服务的过程中收集的用户个人信息。前者是从网络个人信息保护出发进行的界定，而后者是从规制网络服务提供者的角度进行的保护，这和《保护决定》是从普遍对世范围保护网络个人

① 李理、扬名杰、段维明：《〈征信业管理条例〉的局限性》，载《银行家》2015 年第 2 期。

信息以及《工信部规定》是行业规制性规范性文件的性质一致。《保护决定》对公民电子信息的界定采用的是概括的方法，有两类判断标准，即“能够识别公民个人身份和涉及公民个人隐私”；《工信部规定》采用的是概括加列举的方式，即用户基本身份信息加上“可识别性”判断标准。显然，《保护决定》中的个人电子信息的判断标准更为宽泛，但是，“身份识别性”与“涉及个人隐私”是否是一种并列关系，在个人隐私并无法律明确规定的情况下，实践中如何操作还是个难题。

第二，网络个人信息处理的原则。《保护决定》第2条是关于网络收集使用个人电子信息的原则规定，包括：应当遵循合法、正当、必要的原则；明示收集、使用目的、方式和范围；经被收集者同意；依法、依约定收集使用个人信息；公开收集、使用规则。《工信部规定》中并没有集中规定以上原则，但是在全文中贯彻了《保护决定》中的所有原则。

第三，网络个人信息保护中的权利义务关系。由于《工信部决定》对于公民网络电子信息要求普遍保护，其规范的义务主体范围非常广，主要包括三类：任何组织和个人不得非法获取、出售、提供公民个人电子信息，不得向用户固定电话、移动电话或电子邮箱发送商业性电子信息；网络服务提供者和其他企事业单位负有对于掌握的个人信息保密并采取安全技术措施的义务；国家机关及其工作人员对于履职中获得的个人电子信息必须保密、不得出售、非法提供。《工信部规定》仅对电信业务经营者和互联网信息服务提供者的安全保障责任作出了规定。《保护决定》和《工信部规定》都没有明确规定用户的个人信息权利，只是在规制网络信息使用中出现了知情、同意、举报、控告等个人信息的权利内容。

第四，行政监管之下的法律责任承担。两个规范性文件都有行政监管责任的设定，《保护决定》中的有关主管机关监管需要和各行业的具体监管相结合，《工信部规定》中明确规定电信管理机构负责监督检查。在法律责任设定上，主要规定了行政处罚和刑事责任，并都有记入社会诚信档案的规定。《保护决定》还规定了治安管理处罚责任以及民事责任，但是法律责任都很原则性，并不与具体违法情节裁量相衔接。《工信部规定》中的行政法律责任比较具体，但仅限于警告和3万元以下罚款。在个人信息保护统一立法缺位的情况下，《保护决定》具有法律效力，但其仅限于保护个人电子信息，且只有12条规定，在个人电子信息界定、个人信息权利以及法律责任方面虽超越了本文前述分析的个人信息分散法律保护规定，但其规定较为模糊，无法在实践中直接落实，还是需要制定配套的专门个人信息保护法律。

2.《网络侵权解释》对于网络个人信息的消极不侵犯规定

由于网络个人信息侵权事件频发，民事纠纷不断，在没有专门法律依据的前提下，从实践需要出发，最高人民法院针对利用信息网络侵害人身权益民事纠纷案件适用法律做出了司法解释。《网络侵权解释》第12条是专门针对网络用户或者网络服务提供者利用网络不当公开个人信息作出的规定。主要内容包括：

第一，列举了利用网络公开的个人信息的范围，即“自然人基因信息、病历资料、健康检查资料、犯罪记录、家庭住址、私人活动等个人隐私和其他个人信息”，公开上述个人信息造成他人损害的，可以向法院提起侵权责任之诉。与笔者上文讨论的各种列举不同，《网络侵权解释》列举的个人信息主要集中在基因、医疗、犯罪记录、住址和私人活动几个方面，并用个人隐私和其他个人信息作了兜底，这意味着《网络侵权解释》中列举的是属于个人隐私的个人信息和其他个人信息。另外，《网络侵权解释》虽然在界定个人信息的范围时没有使用识别性，但是在列举的公开例外第3项中出现了“且公开的方式不足以识别特定自然人”的规定。这可以看成对《保护决定》内容的落实。

第二，规定例外情况公开个人信息不侵权，主要列举了自然人同意或约定范围公开、社会公益需要、科学研究需要、自然人自己公开或已经合法公开等几种情形。这体现对个人信息保护与信息流通自由的平衡。

第三，例外公开的例外规定。自然人自行在网络上公开或合法渠道公开的个人信息，如果网络用户或者网络服务提供者以违反社会公共利益、社会公德的方式公开的，或者侵害了权利人值得保护的重大利益的，权利人有权提起侵权保护之诉。这个例外的例外实际上是对个人自行公开个人信息的限制，赋予了权利人道德检视的权利。在公共利益、社会公德并没有法律明定范围的情况下，公开的例外、例外的例外如何操作，依然存在实际的困难。

第四，《网络侵权解释》的适用范围较为狭窄。《网络侵权解释》是仅就民事侵权争议的规定，“国家机关行使职权公开个人信息的，不适用本条规定”。

第五，侵权责任承担设有上限。除贯彻民法的实际损害赔偿原则外，《网络侵权解释》第 18 条第 2 款规定：“被侵权人因人身权益受侵害造成的财产损失或者侵权人因此获得的利益无法确定的，人民法院可以根据具体案情在 50 万元以下的范围内确定赔偿数额。”这实际上是针对个人信息侵权无法计算损害标准的权宜规定。

五、网络安全法与个人信息保护

《网络安全法》是我国网络安全治理方面的基本法，该法关于个人信息的保护规则比以往相关法律、法规更系统、更全面，不仅对网络运营者及其他主体保护用户个人信息的责任作出了更具体、更严格的规定，也赋予了网络用户更广泛的个人信息权，对我国加强网络个人信息的保护具有重要的意义。

（一）《网络安全法》关于个人信息保护的基本规定

《网络安全法》是我国网络安全领域的基本法，其内容包括网络安全支持与促进、网络安全运行、网络信息安全、监测预警与应急处置等，关乎网络建设、运营、使用和维护等各个领域，其中涉及个人信息保护的规则主要包括以下具体内容。

1. 网络运营者收集、使用个人信息的基本原则

第一，合法原则。网络运营者对个人信息的收集和使用应当严格依照法律进行，其收集信息的范围、内容、程序以及使用、处理、保存信息的方式都不得违反法律、法规的相关规定。任何个人和组织也不得以窃取或任何其他非法方式获取个人信息、非法向他人提供个人信息。

第二，正当原则。网络运营者对个人信息进行收集和使用的行为在现行法律法规没有相关具体规定的情形下，应当符合正当性的原则，即无论何种情形下，网络运营者对个人信息的收集和使用应当具有维护网络安全、维护国家和社会公共利益、保护个人信息安全等方面的正当理由。

第三，必要原则。网络运营者对个人信息的收集和使用应当严格限制在其提供网络产品和服务所必需的信息范围之内，不得超出此范围收集无关的个人信息。

2. 网络运营者的义务

第一，制度建设义务。《网络安全法》第40条规定："网络运营者应当对其收集的用户信息严格保密，并建立健全用户信息保护制度。"该条款明确规定了网络运营者的用户信息保护制度建设义务，对网络运营者而言，其自行制定的内部规章制度更符合运营者自身的行业特色和需求，内容更细致，具有比国家法律法规更强的可操作性，能为其日常经营活动中对网络用户个人信息的收集、使用和保护工作提供更加明确具体的规范性依据。

第二，公示义务。根据《网络安全法》的规定，网络运营者收集、使用个人信息，应当公开收集、使用规则，明示收集、使用信息的目的、方式和范围，并征得被收集者同意。

第三，信息安全维护义务。具体包括实施安全技术措施义务、信息保密义务和信息保护义务。

第四，告知及报告义务。当发生信息安全事故，导致用户个人信息可能或已经泄露、损毁、丢失时，网络运营者应当及时告知网络用户，并及时向有关主管部门报告。

3. 网络用户的权利

第一，知情权。网络用户有权知悉某种网络产品或服务是否具有收集用户信息的功能，对于有收集信息功能的网络产品或服务，网络用户还有权知悉网络运营者收集其个人信息的具体规则、目的、方式和范围。

第二，许可权。网络用户有权决定是否同意网络运营者要求收集用户个人信息的请求，有权要求网络运营者按照用户的要求收集、使用、处理和保存该信息。

第三，删除权。网络用户发现网络运营者违法收集、使用其个人信息的，有权要求网络运营者予以删除。

第四，更正权。网络用户发现网络运营者收集、存储的个人信息有误的，有权要求其予以更正。

第五，监督权。网络用户有权对网络运营者及其他主体收集、使用其个人信息的行为进行监督，一旦发现任何违法行为，均可向国家有关部门举报。

4. 法律责任

法律责任规定了民事责任、行政责任和刑事责任。此不赘述。

（二）《网络安全法》中的个人信息保护规则评价

1. 立法层级更高，法律效力更强，制度更系统

我国关于个人信息保护的法律规定散见于多部法律、法规和司法解释中，最为典型的是上文提及的《保护决定》《工信部规定》《网络侵权解释》等。虽然上述法律、法规及司法解释中对于个人信

息的保护作出了较为详细和具体的规定，但是无论是在立法层级上，还是在制度的系统性上，都不尽如人意，无法适应信息网络社会的快速发展对个人信息保护立法的需求。而《网络安全法》的颁行适时地化解了这一矛盾。《网络安全法》是一部调整国家网络法律关系的基本法，是我国网络安全和发展战略的重要基石，在这样一部法律中用专章规定网络信息安全的基本规则，不仅具有更强的法律效力，也使得我国的个人信息保护制度更加系统和全面。

2. 网络用户保护自身个人信息的权利更广泛

首先，《网络安全法》首次对个人信息的概念进行了界定，将自然人的姓名、出生日期、住址、电话、身份证号码、个人生物识别信息等以电子或其他方式记录的能够单独或与其他信息结合识别自然人身份的各种信息全部囊括到个人信息范畴，这种概括加列举的定义方式更有利于个人信息权的界定和保护。其次，《网络安全法》首次赋予了用户个人信息的删除权和更正权。最后，《网络安全法》首次明确规定了关键信息基础设施保护制度，为个人信息安全的间接保护提供了基础性的技术保障。

3. 网络运营者及其他主体保护用户个人信息的责任更具体、更严格

第一，强化了网络运营者的主体责任。《网络安全法》首次规定了网络运营者在发生或可能发生网络信息安全事故时的通知责任；首次为个人信息的收集设定了边界，对网络运营者设定了无关信息排除责任。第二，对国家公权力的介入进行了一定的限制。《网络安全法》将网络运营商提供技术支持和协助的对象限定为公安机关和国家安全机关，前提限定为依法维护国家安全和侦查犯罪的活动。第三，加大了对侵犯个人信息违法行为的处罚力度。根据《网络安全法》第 64 条之规定，网络运营者和网络产品、服务的提供者侵害个人信息权的，罚款标准为违法所得一倍至十倍，没有违法所得的，罚款标准为 100 万元以下。而此前的《工信部规定》中罚款标准仅

为1万元至3万元。

当然，该立法中也存在问题与不足，如对公权力的介入缺乏必要的程序性控制制度，无法从制度上确保这类公权力不被滥用。用户的个人信息权内容虽然丰富，但是相关规定过于原则性，配套的权利保障机制也不健全。个人信息权的限制制度不够周全，使得某些特殊情况下对个人信息的合理使用于法无据。另外，从整体上看，尽管《网络安全法》对个人信息保护的各个主体、各个环节基本都有所涉及，但仅为原则性规定，可操作性稍显不足，相对于网络运营者来说，网络用户在个人信息保护方面仍处于弱势。例如，《网络安全法》第22条、第41条规定了信息收集的明示和获准原则，但对于网络协议中包含的授予网络运营者任意修订权、任意采取措施权等格式条款，或者实名注册时收集的性别、住址、职业等无关信息，用户却没有更多的选择权，只能在使用服务的同时让渡权利、承担风险，或者放弃使用。另如，《网络安全法》第43条虽规定了用户对于网络运营者违法或违约收集的个人信息，享有要求其删除和更正的权利，但现实的情况是，用户往往无法准确获知其个人信息是在何时何地被何人违法收集或泄露的，碍于技术手段限制也无法获取并保存相应的证据，除遭遇损失后的修复性司法程序外，没有明确且有效的渠道主张其权利。因此，未来立法还应当着重考虑制定《个人信息保护法》，将个人信息的保护作为重要立法事项，体现在法律中，明确立法层级，集中规定个人信息保护事项。

第四节　个人信息保护的立法及实务问题——评《个人信息保护法（草案）》（2017年版）

2017年3月全国人大代表、全国人大常委、财经委副主任委员吴晓灵，全国人大代表、中国人民银行营业管理部主任周学东以及45位全国人大代表于2017年两会期间提交了《关于制定〈中华人民共和国个人信息保护法〉的议案》，建议尽快制定《中华人民共和国个人信息保护法》。议案同时将《中华人民共和国个人信息保护法（草案)》（以下简称草案）作为附件提交。[①] 本部分将对该草案进行评述，研究其基本内容，探究我国个人信息保护立法的基本思路。

一、草案概况

互联网金融行业涉及个人信息领域的行业集中在数据征信领域。当然，有的互联网金融企业建立了内部征信部门和数据风控合规部门。这些部门面临的主要法律问题之一便是个人信息保护、隐私权保护等。这些问题均被草案所覆盖。数据合规的风控点主要体现在对个人信息的收集、处理和利用上。在该环节中要依据草案现有的规定，结合合法原则、知情同意原则、限制利用原则、目的明确原则等草案的基本原则收集、处理和利用数据，同时要满足个人信息主体的基本权利，如信息决定权、信息更正权、信息保密权、遗忘权等收集处理和利用数据。在个人隐私保护问题上，除我国《民法总则》《网络安全法》等规定了隐私权、网络安全权外，草案中对于个人信息的界定体现了个人隐私权的基本内容，但是并没有进一步规定隐私权的具体条款。

草案一共44条，分为6章。第一章为一般规定，主要规定了立法目的、适用原则等方面；第二章规定了公民个人信息权，主要涵盖了信息权的概念、信息权的种类及相关权能；第三章和第四章分别规定了国家机关信息处理主体对个人信息的收集、处理和利用，以及非国家机关信息处理主体对个人信息的收集处理和利用，其中第三章的部分条款（草案第21条、第22条、第26条、第27条、

---

① 该草案的全文请参考：http：//www. credithunan. gov. cn/article/2017/11/article_ 6603. htm，最后访问日期：2018年5月16日。

第28条、第29条、第30条以及第31条）能够使用到第四章当中；第五章规定了法律责任，确定了赔偿主体、种类等，根据主体不同，可以将赔偿分为国家赔偿和非国家赔偿两大类型，当然该章节也规定了共同侵权、精神损害赔偿等相应规定。该草案中未见目录中规定的“第六章　附则”部分。

但是该草案的缺点也较为明显。第一，草案的可操作性不强，本草案没有和行业实践尤其是征信业实践达到较为密切的接轨。尤其是个人信息权利如何保护、征信企业有哪些具体的义务去满足这些权利、这些义务又该如何行使，都没有全面规定。草案仅规定了企业的信息披露义务、删除义务、封锁义务等，这些义务无法全面保护个人信息权利。第二，保护原则较为笼统。虽然原则是法律的重要组成部分，本身具有一定的抽象性，但是原则的内容应当是具体的、明确的，如在“目的明确”原则中规定了与该原则无关的内容；再如，在个人信息保护原则甚至个人信息保护法最重要的原则即“知情同意”原则中，没有就知情、同意的内容开展列举，同时只规定了收集过程的知情同意，但是排除了处理、利用环节，这是否符合征信业实际情况也有待商榷。第三，草案立法漏洞较多。一是草案的目录当中写明，草案有六章，但是在草案的正文当中只列举了五章，没有最后的附则部分。一般而言，附则应当是规定有关概念、生效日期以及法律冲突的处理方式，这些也是法律的基本内容和重要的组成部分。在草案的第五章的最后，在相关责任中出现了定义，所以第六章的附则似乎是从第44条开始的。二是草案第23条规定可以引用本草案第21条第2款的规定，但草案第21条没有第2款，只有一款。类似地，草案第41条规定“国家机关和非国家机关信息处理主体依本法第39条承担责任的，信息主体对其非物质损失可以主张精神损害赔偿”，但草案第39条为自律规范，与第41条没有直接关系。

除了法律漏洞较多以外，草案的最重要也是最基础的概念即

“个人信息权”的界定当中，没有明确个人信息权的权利属性，当然这也是学界争议较多的问题。所以该学者提出的建议稿也可能是刻意回避这个问题。同时，草案缺乏对于个人信息权隐私部分的重点描述，因为个人信息权的权利主体肯定是信息权产生的个人，但是信息经过处理加工以后，信息主体是否有衍生权（其类似于知识产权中的邻接权），这明确的是信息处理后的“产权”归属问题，类似于肖像权主体同肖像制作成照片后的著作权主体有所不同，法律已经明确界定，且各有各的权利。进一步明确权属，才能避免行业内产生诸多混乱，更好地保护个人信息权利，也能避免在司法实践当中同案不同判的情况出现。

二、个人信息保护的基本原则

（一）目的明确和限制利用原则

该两项原则是信息处理流程的概括。立法上可以归结为一个原则，即“限制原则”。草案的立法模式比较冗繁。限制原则就可以将二者结合在一起，避免了草案中原则过多的尴尬。征信数据库建立的目的要明确，主要服务于信用风险决策和银行监督管理，这一点也是国际上较为通行的《征信通用原则》所规定的。在草案的原则即相关信息披露要求之下，我国的征信机构也应当如实披露其业务范围当中所需要收集信息的目的、用途和使用的方式等，这也是限制原则的基本含义。草案也规定了应当如实披露本机构的一些信息以及收集信息的披露目录，信息披露将会给征信机构带来一定的业务困难和合规成本。

（二）知情同意原则

在征信业法律体系中（包括本草案）知情同意原则在大多数情况之下也有例外条款。也就是说，在法律法规有规定的情况下，可以不经过本人的同意采集其本人的信息。事实上无论是满足中央监管的公共利益需求，还是作为从放贷机构获取信贷服务的必要条件，个人信贷信息被征信机构收集几乎已经成为必然。草案规定的同意豁免原则范围过窄，征信同意豁免的范围未来立法时可能会扩大。这一点会给征信机构业务开展带来一定的利好。当然征信机构从放贷机构采集借款人的信息，可以通过制度设计用“告知原则”取代本人的同意原则。我国为了严格保护个人信息，《征信条例》规定金融信用机构采集信贷信息无需获得个人的同意，其他征信机构采集个人信贷信息需要获得本人同意，同时要求从事信贷业务的机构向金融信用信息基础数据库或其他主体提供信贷信息应当事先取得信息主体的书面同意。

（三）完全正确原则

数据质量原则应当是在征信行业内和各征信企业中贯彻得最为彻底的原则，因为这不仅关系到数据的真实性，同时也关系到征信机构的业务量、盈利大小。准确的信息是征信活动的核心，错误的数据或不全面的数据不仅会对消费者获得信贷产生重大影响，而且对信贷机构的风险管理和监管部门市场统计分析也会带来不利影响。草案当中也明确规定了数据应当正确。同时为了保障数据准确、完整，草案中对信息权主体也规定了其具有及时更新的权利以及查证的权利。所以，信贷机构在草案生效以后，应当构建信息主体查询更正提示的相关渠道并设计有关制度。

（四）责任原则（草案中没有明确规定）

草案中与该原则关系最为密切的是“安全原则”，同时草案第五章规定了责任制度，即征信机构违反安全原则及其他规定的，应当承担责任，故称之为责任原则。在整个征信体系中，征信机构将数据报送给信息查询机构，信息查询机构需要按照有关法规的要求，承担落实个人数据保护的主要责任，因为无论是出于公共利益的考虑，还是放贷人出于“了解客户”的需求的考虑，借款人的信贷信息被收集、被查询在一定程度上来说是难以避免的，而且相对机构而言，个人处于一个弱势的地位，应当在制度层面给予更多的保护倾斜。因此，在整个征信活动中，保护个人信息的主要责任应当由参与各机构承担。我国《征信条例》第七章专门对法律责任进行了规定。对于违规的主体，征信业相关部门可以依照法律进行处罚，相关主体还要承担一定的民事责任，甚至是刑事责任。草案当中也规定了有关赔偿责任。据此，一旦草案落地，辅之以《征信条例》，征信机构应当设立业务防火墙。合规及法务部门应当密切关注有关监管细则的出台，同时积极与监管部门沟通，认真制定风控规则，在信息收集处理利用的各个环节把好关。

三、草案规定的基本原则评述

法律的原则指导立法基本思路和条款设计，在法律框架中占有十分重要的地位，当具体条款不能够完全适应现实要求时，法律原则可以作为具体条款的补充来解释法律，在司法判决中，也有以原则作为判决标准的司法判例。正确理解原则内容和意义，以及违反原则的表现形式，对于理解整个草案、正确适用草案都有着十分重要的意义。

草案开宗明义，确定了个人信息保护法的七大原则，即合法原则、知情同意原则、目的明确原则、限制利用原则、完整正确原则、安全原则和可追溯、可异议、可纠错原则。其中，合法原则、知情同意原则是这些原则的重中之重。

（一）合法原则

合法原则是指个人信息的收集、处理和利用应当遵循合法、正当、必要的原则，不得违反法律、法规的规定和双方的约定收集、处理和利用个人信息。该原则是整个草案的基石和重要基本原则。实践中大量侵犯公民信息权的案件出现，均是由于采用了非法手段进行收集、购买等。

合法原则的具体要求是：

第一，不能违反法律、法规收集处理和利用个人信息。值得注意的是，此处没有提及部门规章、地方政府规章和行业自律规范等。由于行业内一般是以监管部门的具体要求作为重要标准，做到符合监管，一般情况下就可以做到符合法律法规的有关规定。因此，在业务操作过程中，要对“合法原则”作广义理解，不能限于全国人大的法律和国务院制定的法规，同时要以监管部门出台的具体规章制度和地方性法规作为重要执业依据。

第二，不能违反双方的约定收集、处理和利用个人信息。在民商事领域，双方的约定即双方应当遵循的“法律”。因此，约定对于信息的提供者和采集者而言十分重要，上文所述的“霸王条款”、排除信息提供者的“隐蔽条款”均应当作无效处理。因此，在执业中，约定的有效性十分重要，有效性包括协议文本的生效要件齐备以及具体约定内容合法有效。

另外，从相反角度理解，在信息采集、处理和输出过程中，任何违反法律、法规、当事人约定和监管规定的行为，都应当被视为违反该原则。因此，该原则是个人信息保护的总的原则、基础原则，其他原则和草案条款都是围绕着合法原则而设计的。

（二）知情同意原则

知情同意原则是指不符合草案或其他法律、法规规定，或未经信息主体知情同意，不得收集个人信息。收集不需识别信息主体的个人信息，应当消除该信息的识别力，并不得恢复。

知情同意原则是个人信息保护的重要原则，地位十分重要。草案的重要立法目的和宗旨就是保护公民个人信息不受非法侵犯，保障公民个人的信息权行使，但是如果信息主体知道自己的信息将被收集、处理和利用，且同意提供自己的信息给相关主体，则可认为草案立法目的已经达到，公民个人有权依法处理自己的信息，同意他人使用也是行使自己信息权的重要体现。

该原则的重点在于“未经信息主体知情同意，不得收集个人信息”。因为“同意豁免”所列举的范围为草案、相关法律法规所明确规定，在实践中一般不会产生过大争议。例如，草案第 20 条、第 21 条规定了国家机关在收集公民个人信息过程中的收集范围、职权和告知义务，第 22 条规定了“同意豁免”范围；草案第 37 条规定了非国家机关（如征信机构）收集个人信息的“同意豁免”内容。但信息主体的知情并同意的内容容易在实践中产生不同理解，执行标准也有不同，如“知情”哪些内容、哪些内容需要“同意”等。

第一，所谓“知情”，根据《网络安全法》第 22 条第 3 款“网络产品、服务具有收集用户信息功能的，其提供者应当向用户明示并取得同意；涉及用户个人信息的，还应当遵守本法和有关法律、行政法规关于个人信息保护的规定”及第 41 条第 1 款“网络运营者收集、使用个人信息，应当遵循合法、正当、必要的原则，公开收集、使用规则，明示收集、使用信息的目的、方式和范围，并经被收集者同意”的规定可推知，信息收集主体应当让被收集的个体明知信息收集、使用信息的目的、方式和范围。《网络安全法》中的信息收集规定相对于草案而言属于一般法。信息收集除了适用一般法以外，详细的规定还要根据草案实施后以及相关配套的规定具体确定“知情权”的内容。

所谓“同意”，是对信息收集主体收集信息行为的同意认可，因为“知情”的内容应当是逐项向被收集人列明的信息收集的范围、方式、时间地点、用途目的等，所以同意同样应当逐项同意，一般不能概括性授权（法律另有规定的除外）。需要注意的是，信息收集主体和信息主体本就存在两层法律关系，即民商事法律关系和经济法律关系。这两层法律关系构建了二者权利义务体系的框架。从民商事法律关系角度看，信息收集应当是双方自愿达成的法律事项，因此需要体现双方真实的意思表示。行业中很多企业利用隐蔽的甚至强迫“同意”的方式取得信息主体的授权，是违反信息收集过程中民商事法律关系的自愿原则的；从经济法律关系角度看，草案、《网络安全法》的部分内容可以纳入经济法律关系，对于在法律关系中处于弱势地位的信息主体将给予“倾斜”保护，这可以更好地维护社会公平。所以，信息收集主体不能滥用强势地位迫使、剥夺信息主体的“同意权”。同时草案第6条规定“个人信息的收集应当有明确而特定的目的，不得偏离有关目的收集个人信息。不得以欺诈、胁迫等其他不正当的手段获取个人信息”，回应了知情同意原则。但是草案将本该属于知情同意原则内容放到了第6条目的明确原则中，是有意为之还是另有考虑，需要提出者进一步解释。也可以认为：目的明确原则也需要收集信息过程中披露收集信息的目的，信息主体会提供相应目的的有关信息，没有提供的不得采取欺诈、隐瞒真实目的的方式收集。

（三）违反草案原则的违法行为表现形式

草案还同时规定了目的明确原则、限制利用原则、完整正确原则、安全原则和可追溯、可异议、可纠错原则。行业实践中经常出现的违反草案基本原则的行为如下表所示：

草案原则	草案出处	违反原则的典型表现行为
合法原则	第 4 条	1. 信息收集主体违反草案有关规定的行为。2. 其他行为如：网站拒绝让客户查询网站收集到的用户个人信息，或者只提供部分信息；设置不合理的查询费用，阻止用户查询信息、更正信息、删除信息等要求，或网站不提供用户可以进行修改、更正的渠道；拒绝为用户提供退出机制，用户一旦完成注册，便无法取消或退出，不允许用户删除自己网上留下的痕迹和数据，如社交网站上的照片状态、聊天记录等
知情同意	第 5 条	1. 将隐私政策放置在网站不显眼的位置，并以小号字体方式显示内容，故意用烦琐冗长的隐私条款，让客户难以发现对其个人信息保护不利的条款；2. 使用格式条款、霸王条款迫使用户同意不合理的信息收集处理行为。例如，“您使用或继续使用我们的服务，即意味着同意我们按照隐私权政策收集、处理、储存和分享您的相关信息”等表述；3. 利用 cookies 技术，在用户不知情的情况下收集个人信息，用户已经在浏览器中设置了 cookies 或开启了不想被收集信息的设置后仍然被收集信息；4. 未经监护人同意收集、处理未成年人信息；5. 在用户不知情的情况下，利用用户已经安装的软件、木马、免费无线网络等收集用户手机 ID、通讯录、位置信息等个人信息；6. 不告知用户收集其个人信息的目的，如在网页显示：允许程序获取您的头像、ID、通讯录等；7. 在向消费者发送的促销短信或邮件中，不提供取消、退订等途径，或消费者取消、退订之后，仍然向其发送短信或邮件；8. 营销者在用户不知情的情况下，使用用户的个人信息，为产品做宣传

续表

草案原则	草案出处	违反原则的典型表现行为
目的明确、限制利用	第6条、第7条	1. 超出服务目的的所需范围，大量收集储存个人信息；2. 将收集的个人信息用于提供服务之外的其他目的，如用于广告经营与第三方分享，甚至出卖个人信息；3. 将不同来源的用户信息加以处理或将不同数据库的信息进行整合，以形成新的信息，如通过用户的购买偏好和行为偏好来判断其取向或心理特征等；4. 在为提供服务而收集个人信息的目的达到之后，仍长时间保留个人信息，未按照约定或者法律规定进行删除；5. 信息收集目的变更后没有告知信息主体而继续使用、利用原目的项下的个人信息
完整正确	第8条	1. 遗漏、弄错用户填写的个人信息，或因操作不当等使得不同用户的个人信息发生混淆错乱；2. 用户的个人信息已经发生变更，但信息管理者未进行变更，或用户已经明确要求信息管理者变更个人信息，但信息管理者未变更信息
安全	第9条	1. 信息管理者采取的安全措施不足以保障用户信息安全，以致用户信息很容易被窃取、泄露；2. 缺乏完善的内部控制制度和操作流程保障，内部员工对用户信息监守自盗，造成用户信息的遗失；3. 企业系统和网页漏洞广泛存在，在发生信息泄露事件后，不及时采取补救措施，不及时报告有关部门和用户，导致泄露事件愈演愈烈
可追溯、可异议、可纠错	第10条	企业没有建立完善的追溯制度和条件，无法完成个人数据的溯源行为，由于缺少溯源，无法追溯，进而影响数据的纠错

四、草案重点条款评述

本草案一共44条（不含第六章附则），在草案的第一章当中，主要是规定本法的立法目的和基本原则，该章的重点部分是信息保护原则（本文第一部分进行了重点分析，尤其重点分析了合法原则和知情同意原则），第二章个人信息权是本草案的重点之一，另一部分重点是收集主体的相关义务（草案第四章、第五章的相关条款）。任何一部法律，其核心均是围绕着各方权利义务来构架。权利主体及相应的权利一旦被确定下来，义务主体以及相应的义务就会被确定下来，权利和义务就达到了在法律当中平衡对等的状态，所规范的社会关系就会达到法律上的平衡，形成形式上的平等。当然，具体的权利保护落实还需要更加详细的法规及监管措施出台。

（一）第一章重点条款评述

1. 个人信息的概念

草案第3条规定，个人信息是指“以电子或者其他方式记录的能够单独或者与其他信息结合识别自然人个人身份的各种信息，包括但不限于自然人的姓名、出生日期、身份证号码、个人生物识别信息、住址、电话号码等”，个人信息是个人信息保护法中的核心概念，本法所保护的客体是公民的“个人信息”。

2. 个人信息概念的实际可操作性

概念作为法律的基石，应当具有实际可操作性。本条规定采取了列举的方式，对个人信息类型给予了列举，即哪些信息属于草案规定的“个人信息”。该立法模式的好处在于能够清晰地确认草案所要保护的对象具体包括哪些，但是其缺点也较为明显，即不能把法律所保护的对象全都明确地纳入概念中，仅能采用“包括但不限于”的语言逻辑来包括将来可以被列为“个人信息”范围的信息。

本草案仅列举了同公民个人身份密切关系的基础概念，如姓名、出生日期、身份证号码、电话号码等，但是在实践当中，还有很多与公民个人身份关系非常密切的个人信息，草案并没有把它们列举出来。这势必会增加对于个人信息标准的认定难度。大数据形势下公民的个人信息应当给予尽可能全面的列举，以减少行业内不必要的论证、推测，甚至于监管部门请示沟通。草案并未将家庭电话、电子邮箱、QQ号、微信号、手机设备号、互联网协议IP地址以及其他常用的移动或固定设备终端号等列举在个人信息定义中，但这些信息在长期的实践当中已经形成了与某人的对应关系，可以便捷地指向某个人，所以具有实际意义上的信息识别功能。

在这一点上，2008 年，欧盟数据隐私管理部门针对谷歌公司提出，网民访问互联网时被分配的互联网协议 IP 地址应视为个人信息的组成部分；2016 年，德国法院在司法审判当中把互联网协议地址作为个人信息。但目前我国对于电子信息财产及所有权归属仍有争论，草案应当注意到这些问题，不应回避，草案应当从法律意义上尽可能全面界定个人信息的种类。

当然，草案有进一步修改的可能性。草案有可能借鉴国际法上比较通行的规范，采用两层含义的一般性个人信息定义。为了弥补这一开放性界定的不足，个人信息保护机构如工信部、网信办等也可通过制定细则、指南等方式，对个人信息的含义给予进一步明确，为市场提供具体的指导。我国可能会发布一些部门规章、地方性法规、监管意见，甚至是司法判例作为参考，“两高”也可联合发布司法解释或者是对个案的批复，来确定个人信息具体的界定范围。

个人信息是动态的，而不应该是静态的，要考虑诸多因素，甚至诸多因素的混合体，如数据的类型数据、涉及的实体服务商的安全水平、收集数据的方法、环境设备、信息的使用以及交易各方之间的价值交换等。当然，还需要注意的是，草案当中并没有区分信息的类型，信息保护都是平等的、一般性的，但是我们应该考虑到，在复杂的互联网环境下对所有的个人信息采取一视同仁的保护是否合理。从国际经验上来看，普遍的做法是将个人信息区分为一般信息与敏感信息两大类，尽管各个国家对于一般信息、敏感信息的定义有所不同，如美国认为财务、健康和孩子的信息是最敏感的，而中国则不完全一致。为此，区分的标准是敏感信息的泄露将会给用户的财产与精神利益带来更为严重的后果。参考国际惯例，未来草案的修订应当将个人信息进行区分，敏感信息一般包括反映政治、宗教、社团资格、健康、医疗、性取向、基因等个人信息，对于个人敏感信息，立法一般应当予以禁止收集、禁止处理，同时需要结合实际需要，规定可以收集处理的例外情况，并提出更高的保护标准。

（二）第二章重点条款评述

草案的第二章已经详细地规定了个人信息权利。将个人信息权抽象出来作为信息权利的统称（草案第 11 条），在个人信息权下，确定了信息决定权、信息保密权、信息访问权、信息更正权、信息可携权、信息封锁权、信息删除权和信息被遗忘权。

1. 信息决定权

所谓信息决定权，是指个人信息权人得以直接控制与支配其个人信息，并决定其个人信息是否被收集、处理与利用以及以何种方式、目的、范围收集、处理与利用。

该权利的主体是个人信息权人。虽然本草案中并没有直接规定什么是“个人信息权人”，但是从整个草案的立法逻辑可以推定，个人信息权人是对信息拥有所有权（抑或使用权）的人，即产生、制造该些信息权的主体。当然，这里需要探讨的问题是，《物权法》第 2 条规定“因物的归属和利用而产生的民事关系，适用本法。本法所称物，包括不动产和动产。法律规定权利作为物权客体的，依照其规定”，而草案并没有将个人信息权利界定为“物”，因此从法律意义上一般不宜认为信息权人对信息具有类似《物权法》上规定的“所有权”“使用权”。信息与物具有本质上的不同，因此本草案也没有使用“所有权”“使用权”等字样，个人信息权的权能其实都涵盖在草案第 12 ~ 19 条中。

2. 信息保密权

所谓信息保密权，是指个人信息权人得以请求信息处理主体保持信息隐秘性的权利。

草案全文关于信息保密权的具体规定共有三处，分别是第 22 条第 2 款第 4 项、第 33 条和第 37 条第 1 款第 4 项。上述条款规定了信息保密权两方面的内容。其一是国家机关或者非国家机关信息处理机构以及研究人员的保密义务，第 22 条第 2 款第 4 项和第 37 条第 1 款第 4 项规定，国家机关或者非国家机关信息处理机构可以在特定目的之外处理或利用个人信息的情形：进行学说研究所必要且无害于信息主体利益的，但研究人员或机构应当对使用的个人信息进行保密。其二是国家机关工作人员的保密义务。第 33 条规定，未经授权，国家机关工作人员以及其委托的其他人员不得处理或利用个人信息，并对个人信息负有保密义务，工作结束后仍承担该义务。国家机关工作人员对其在履行法定职责过程中所收集、处理或利用的个人信息负有保密义务，不得泄露、篡改或者毁损，不得出售或者非法向他人提供。

3. 信息访问权

所谓信息访问权，是指个人信息权人得以查询、访问其个人信息及其有关的处理情况，并要求答复的权利。

草案对于信息访问权的具体规定是第 28 条，该条款规定了信息主体行使访问权的内容，信息主体有权向国家机关检索、访问和查询其个人信息记录的内容，包括个人信息的来源与接收者。同时，该条款亦规定了如下不予查询的情形：（1）对国家利益、公共利益、公序良俗有害的；（2）会造成信息处理主体不公正履行职责的；（3）事关第三人重大利益而提供信息对信息主体利益影响不大的；（4）法律另有规定或根据个人信息性质不宜提供的。根据草案第 38 条的规定，非国家机关信息处理机构应当准用第 28 条的规定。因此，信息主体行使信息访问权时，非国家机关信息处理机构有义务向其提供个人信息记录的内容，包括来源于接受者的个人信息，若信息主体所查询的信息属于不得提供查询的范围，非国家机关信息处理机构应当说明拒绝查询的法律依据和理由。

4. 信息更正权

所谓信息更正权，是指个人信息权人得以请求信息处理主体对不正确、不全面的个人信息进行更正与补充，或对过时的个人信息进行更新的权利。

草案对于信息更正权的具体规定是第30条第1款，该条款规定国家机关可依职权或者依信息主体请求对不正确的个人信息予以变更。依据草案第38条的规定，非国家机关信息处理机构关于个人信息的更正方面的规定仍准用第30条。

5. 信息可携权

信息可携权，是指信息主体有权就其被收集处理的个人信息获得对应的副本，并可以在技术可行时直接要求信息控制者将这些个人信息传输给另一控制者。

草案对于信息可携权的具体规定是第29条，该条规定，信息主体请求提供副本的，国家机关应当给予便利，可收取适当的成本费。但国家机关在第26条规定的情形下应当拒绝提供复制本。依据草案第38条的规定，非国家机关信息处理机构关于提供、收集、处理个人信息对应的副本方面的规定仍准用第29条。

6. 信息封锁权

所谓信息封锁权，是指在法定或约定事由出现时，个人信息权人得以请求信息处理主体以一定方式暂时停止或限制该个人信息处理的权利。

草案对于信息删除权的具体规定是第30条第3款和第4款，该两款规定，有下列情形之一的，应当以封锁代替删除：（1）因法律法规规定的或合同约定的保管期限，不得删除的；（2）有理由认为删除将损害信息主体的合法利益的；（3）因存储方式特殊不能删除或需要过多费用才能删除的；（4）根据个人性质不宜删除的。信息主体对个人信息的正确性有争议，而无法确认其正确与否的，应当予以封锁。国家机关确认在特定情况下若不封锁个人信息，信息主体的合法利益将受到损害且该机关履行职责已经不再需要该个人信息的，应当封锁该个人信息。根据上述规定，国家机关应当对个人信息予以封锁的情形主要包括以下几种：其一，本应当删除但因特殊原因不能删除的；其二，信息主体对正确性有争议但又无法确认的；其三，将损害信息主体合法利益且相关机关履职已不再需要的个人信息。依据草案第 38 条的规定，非国家机关信息处理机构关于封锁个人信息方面的规定仍准用第 30 条第 3 款和第 4 款。

7. 信息删除权

所谓信息删除权，是指在法定或约定事由出现时，个人信息权人得以请求信息处理主体无条件删除其个人信息的权利。

草案对于信息删除权的具体规定是第 30 条第 2 款，该条款规定，个人信息有以下情形之一的，应当被删除：（1）非法存储的；（2）国家机关执行职责已无知悉该个人信息的必要的。但应当删除的个人信息如遇第 30 条第 3 款之特殊情形，应当以封锁代替删除。依据草案第 38 条的规定，非国家机关信息处理机构关于删除个人信息方面的规定仍准用第 30 条第 2 款。

8. 信息被遗忘权

所谓信息被遗忘权，是指在法定或约定事由出现时，信息主体得以请求信息处理主体无条件断开与该个人信息的任何链接，销毁该个人信息的副本或复制件的权利。

草案第 19 条虽然明确规定了信息主体的被遗忘权，但是草案全文未就被遗忘权的具体内容进行展开。被遗忘权并非我国法律明定的权利类型，属于舶来品，其来源于欧盟 2012 年出台的《一般数据保护条例》，此次被草案所采纳。

被遗忘权成为欧洲司法实践中的正式法律用语，得益于欧盟法院对“冈萨雷斯诉谷歌公司案”的终审判决。2014 年 5 月 13 日，欧盟法院针对该案作出最终判决，认为被告谷歌搜索引擎运营商作为信息控制者，应当删除有关信息主体的“不当的、不相关的、过时的”搜索结果，依法支持原告冈萨雷斯的删除请求。该判决系信息被遗忘权的首次法律解读与适用，它使得信息被遗忘权的规定具有了实践可能性，信息被遗忘权由此获得了突破性的发展。

信息被遗忘权的主要功能在于有效避免保存在网络上的已经过时的信息继续侵扰信息主体当前的生活状态，其主要是通过删除“不当的、不相关的、过时的”个人信息从而实现信息被遗忘的目标，该权利的一个重要权能就是删除。

信息被遗忘权虽被草案所采纳，但其最终能否通过审议、出台实施并为司法机关解释运用，仍有待观察。在我国的司法实践中，实际上已有信息被遗忘权案件发生，但法院未支持原告关于信息被遗忘权的主张。

在任某某与北京百度网讯科技有限公司（以下简称百度公司）人格权纠纷一案中，任某某系人力资源管理、企事业管理等管理学领域的从业人员，曾以笔名加羽著有《合一兵法》一书，其于2014年7月1日起在无锡陶氏生物科技有限公司（以下简称陶氏教育）从事相关的教育工作，2014年11月26日该公司向其发出《自动离职通知书》，双方解除劳动关系。百度公司系提供网页搜索、相关搜索等网络搜索服务的提供商。由于陶氏教育在外界颇受争议，“陶氏教育任某某”“无锡陶氏教育任某某”等侵权信息给任某某名誉造成极大侵害。此外，任某某认为百度公司的侵权行为还侵犯了其一般人格权，不良的搜索结果会影响任某某的就业、工作交流、日常生活。任某某认为还有“信息被遗忘权”的问题，现在陶氏教育跟任某某没有关系，公众会误解任某某与陶氏教育还有合作，误导潜在合作伙伴、误导学生。综上，任某某诉请之一就是要求在百度搜索界面中输入“任某某”进行搜索，搜索结果中不得出现“陶氏任某某”“陶氏超能学习法”“超能急速学习法”“超能学习法”“陶氏教育任某某”和“无锡陶氏教育任某某”六个关键词。

法院认为，我国现行法中并无法定称谓为“信息被遗忘权”的权利类型，“信息被遗忘权”只是在国外有关法律及判例中有所涉及，但其不能成为我国此类权利保护的法律渊源。因此，两审法院均驳回了任某某的诉请。

（三）第三章重点条款解读

草案第三章对国家机关信息处理主体对个人信息的收集、处理和利用作出了规定，该章共 14 条（第 20 条至第 33 条），其中第 20 条和第 21 条是对国家机关收集个人信息的权限与告知义务的规定，第 23 条是对国家机关处理和利用个人信息原则的具体规定，第 23 条和第 24 条是对国家机关传输、跨境传输个人信息的规定，第 25 条是对个人信息比对的规定，第 26 条和第 27 条是对国家机关在收集、处理和利用个人信息方面的政策披露义务和披露例外情形的规定，第 28 条至第 30 条是对信息主体行使信息访问权、信息可携权、信息更正权、信息封锁权和信息删除权方面的规定，第 31 条是对国家机关受理期限的规定，第 32 条是对国家机关保管个人信息的规定，第 33 条是对国家机关工作人员保密义务的规定。

1. 收集个人信息的要求

在行政法领域，法无授权即禁止。从该原则出发，若国家机关缺乏相应职权或者超越职权，则无权向信息主体收集个人信息。因此，草案第 20 条规定国家机关收集个人信息的首要前提便是履行职责或者接受有权机关委托，并且应当在相应的职权范围内收集信息。非经信息主体书面同意或授权，不得超越职权范围收集个人信息。

根据草案第 20 条第 2 款及第 21 条的规定，国家机关基于履行职责的需要，向信息主体收集个人信息，还应当注意以下要求：第一，原则上应当直接向信息主体或者信息主体的委托人收集，不得向其他第三方机构或者他人收集个人信息；第二，在向信息主体收集个人信息之前，应当事先公告或者告知信息主体或其代理人国家机关的名称、收集个人信息的法律依据、目的、处理和利用方式、个人信息收集是否强制、信息主体的权利和不提供个人信息的法律后果。鉴于非国家机关信息处理主体同时准用第二项要求，因此互联网金融企业或征信企业在收集个人信息时应当在经营场所或者工作地点以书面公告形式载明收集个人信息的单位、法律依据、目的、处理和利用方式、个人信息收集是否强制、信息主体的权利和不提供个人信息的法律后果等内容。若通过电子形式收集个人信息，则应当在隐私政策或者相关授权文件中载明上述内容。

2. 处理和利用个人信息的要求

草案第 22 条第 1 款规定：国家机关因履行法定职责，并为实现收集个人信息的目的，可以处理和利用个人信息。此处对于处理和利用个人信息的要求可以概括为目的特定原则。目的特定是信息处理主体处理和利用信息的重要原则，仅在法律规定的特殊情况下，方可突破该原则，草案第 22 条第 2 款作了如下列举：（1）法律法规明文规定；（2）维护国家安全、公共安全、增进社会公共利益；（3）防止信息主体或他人人身、财产遭受侵害所必要，法律用语称为“紧急避险”；（4）学术研究的需要；（5）有利于信息主体权益；（6）经信息主体书面同意或授权；（7）收集已公开的个人信息，但信息主体声明禁止变更目的的除外。需要说明的是，根据草案第 38 条之规定，上述要求同样适用于非国家机关信息处理主体，即互联网金融企业或征信机构亦应当遵守。

3. 传输个人信息的要求

草案第 23 条规定了国家机关之间、国家机关向非国家机关信息处理传输个人信息的要求。国家机关之间传输个人信息首先应当基于履行职责所必要的前提，其次应当符合第 21 条第 2 款①的规定。

---

① 需要提示的是，草案的第 21 条系关于信息主体履行告知义务的规定：“国家机关收集个人信息，应当事前公告或告知信息主体或其代理人国家机关的名称、收集个人信息的法律依据、目的、处理和利用方式、个人信息收集是否强制、信息主体的权利和不提供个人信息的法律后果。”但条款有且仅有一款规定，不存在第 2 款，此处为草案的疏漏之处，予以指出。

作为信息接收一方，对于信息的处理和利用，仍应当遵循目的特定的原则。

国家机关向非国家机关信息处理主体传输信息，应当履行告知义务，并符合以下要件之一：第一，非国家机关信息处理主体证明其对他人的个人信息有正当利益；第二，信息主体无合法利益禁止该传输。

国家机关如需向境外传输个人信息，应当符合专门的法律法规规定和我国公序良俗的要求，并且信息接收地对于个人信息的保护措施应当达到我国法律规定的最低标准，否则国家机关不得向境外传输个人信息。

4. 个人信息对比的要求

根据草案第 25 条的规定，国家机关基于履行职责的需要，在与其他信息主体达成书面比对协议前提下，还须满足以下条件之一，方可进行个人信息比对：（1）维护国家安全和公共安全；（2）反恐怖活动、反恐怖融资和反洗钱等；（3）刑事侦查；（4）税务机关为防止逃税、骗税等；（5）为支持学术研究工作或统计项目，所得到的个人信息不得用于作出与信息主体权益有影响的决定；（6）为得到统计资料，确有进行个人信息比对必要的；（7）为一般行政目的且主要利用国家工作人员的记录进行个人信息比对的；（8）只利用本机关内部个人信息数据库中的个人信息进行比对的，但比对结果不得用于作出不利于国家工作人员的决定；（9）法律规定的其他情形。

5. 个人信息收集、处理和利用的政策披露义务

根据草案第 26 条之规定，国家机关应当公开有关个人信息的收集、处理和利用政策，政策披露应当包含如下信息：（1）个人信息档案的名称；（2）个人信息的类别和范围；（3）个人信息的收集机关、目的、范围和程序；（4）个人信息的处理和利用机关及目的；（5）个人信息存储机关的名称、住所及联系方式；（6）个人信息存

储的法律依据和目的；（7）个人信息传输的通常接收人的名称、住所及联系方式；（8）跨境传输个人信息的直接接收人名称、住所及联系方式；（9）受理查询、变更、删除或阅览等申请的机关的名称、住所及联系方式；（10）拒绝查询、变更、删除或阅览的法律依据及程序；（11）信息主体享有的各项个人信息权利及法律救济措施；（12）国家机关及其工作人员的法定义务和不履行本法规定义务的法律责任；（13）其他应当公开的事项。但是涉及国家安全、军事机密、重大国防利益、国家重大外交、经济利益的、有关犯罪、刑事侦查的、个人信息的安全措施以及其他法律规定不应当公开的个人信息档案不受上述政策披露义务的约束。根据草案第38条之规定，上述要求同样适用于非国家机关信息处理主体。

6. 信息访问权、信息可携权、信息更正权、信息封锁权和信息删除权的行使

草案第28条至第30条系关于信息访问权、信息可携权、信息更正权、信息封锁权和信息删除权的行使，该部分内容前文已有详述。

7. 受理期限的要求

国家机关受理信息主体的申请后，应当在受理申请之日起15天之内予以答复，必要情况下可以延长，经该级行政机关批准可延长15天。再须延长，应报上级机关批准。

8. 安全措施的要求

草案第32条规定，国家机关应设置专人负责个人信息的安全管理工作，并根据技术发展的状况及时更新安全措施。在发生或者可能发生个人信息泄露、毁损、丢失的情况时，应当立即采取补救措施，按照规定及时告知用户并向有关主管部门报告。

（四）第四章重点条款解读

草案第四章对非国家机关信息处理主体收集、处理和利用个人信息作出了规定，该章共6条（第34条至第39条），其中第34条

和第 35 条是对适用对象和业务资格的规定，第 36 条是对非国家机关信息披露义务的规定，第 37 条是对非国家机关收集、处理、利用个人信息的具体规定，第 38 条是准用性规范，第 39 条是自律性规范。其中，与第三章国家机关信息处理主体对个人信息的收集、处理和利用存在较大差异的主要是第 34 条和第 35 条，即关于适用对象和业务资格的规定，以及第 39 条自律性规范。本部分将着重就这两部分内容进行展开。

1. 适用对象和业务资格的要求

草案第 34 条对非国家机关信息处理主体作出界定，即为了商业目的或其他职业目的收集、处理和利用个人信息的自然人、法人或其他信息处理主体。草案第 35 条规定，非国家机关信息处理主体进行业务资格登记，并颁发执照后，方能进行个人信息收集。征信机构及以个人信息收集或处理为主要业务的自然人、法人或其他信息处理主体，获得主管部门的批准并经登记管理机关进行业务资格登记并发给执照后，方可收集个人信息。互联网金融企业或征信机构应当根据展业情况，成为央行备案的征信机构，即主管部门认可的征信机构。但是结合草案的规定，草案生效后，相关征信机构是否需要就业务资格再行登记、办理个人信息收集领域的相关执照，还有待观察。

2. 自律性规范

草案第 39 条规定，非国家机关信息处理主体依据本法制定的自律性规范，达到本法要求标准的，经主管部门审批后具有与本法同等的效力。根据该规定，非国家机关信息主体制定的行业自律性规范，经审批后，具有与法律同等的效力。该条为非国家机关信息处理主体对个人信息的收集、处理和利用方面规范的完善打开了空间，无疑也提高了行业自律性规范的法律地位。

（五）第五章重点条款解读

草案第五章对个人信息保护方面的法律责任进行规定，该章第40条至第42条系关于民事责任的规定；第43条系关于其他法律责任的规定，即行政责任与刑事责任。

1. 民事责任规范

草案第40条至第42条民事责任规定部分，主要分为损害赔偿、精神损害赔偿和共同侵权三部分。第40条规定："国家机关违反本法规定，给信息主体造成人身或财产上的损失的，应依照本法的规定承担损害赔偿等民事责任；本法无规定的，依照《中华人民共和国国家赔偿法》的规定承担民事责任。非国家机关信息处理主体违反本法规定，给信息主体造成人身或财产上的损失的，应依照本法的规定承担损害赔偿等民事责任；本法无规定的，依照民法及其他法律法规的规定承担民事责任。"根据该规定，国家机关或者非国家机关信息处理主体若违反本法规定，给信息主体造成人身或者财产损失，首先承担民事责任的依据为草案，若草案并无规定，国家机关依据《国家赔偿法》承担民事责任，非国家机关信息处理主体依据民法及其他法律法规承担民事责任。

虽然草案规定了国家机关或者非国家机关信息处理主体承担民事赔偿责任的首要依据是草案，但是综观草案全文，并无关于民事赔偿责任的具体规定，在草案的体系内，实际上无法追溯相关信息处理主体的民事责任。因此，国家机关信息处理主体违反草案的规定，承担民事责任的依据应当是《国家赔偿法》。结合前述"关于个人信息保护的法律体系分析"部分的内容，非国家机关信息处理主体违反草案的规定，其承担民事责任的主要依据仍为《侵权责任法》与《网络侵权解释》。

草案第41条明确规定，国家机关或非国家机关信息处理主体依草案第39条①承担责任的，信息主体遭受非物质损失，具有主张精神损害赔偿的权利。但是草案对于损害赔偿的计算方式、限额等并未作出具体规定。因此，该规定缺乏可操作性，在未来的司法实践中，有待于法院的自由裁量。

草案第42条规定，若信息主体无法确认侵权人，可以向有权收集、利用或处理个人信息的两个或两个以上的相关主体主张共同侵权，这意味着在信息主体无法确认侵权人的情况下，相关信息处理主体须在一定程度上证明其没有侵权行为。因此，该条款在一定程度上实现了个人信息保护领域的举证责任倒置。

2. 其他法律责任规范

草案第43条规定，违反本法规定，构成违反行政法律法规的行为，依法承担行政法律责任；构成犯罪的，依法追究刑事责任。该规定增设了信息处理相关主体的行政责任，但草案并未规定个人信息保护领域的行政执法与监管部门。因此，此处关于行政责任的承担，在实践中如何进行执法与监管尚待进一步明确与细化。关于刑事责任的承担，主要的法律依据仍为《刑法修正案（七）》和《刑法修正案（九）》。

---

①　需要提示的是，在草案第41条的表述中，第39条系责任条款，但实际上该草案第39条系行业自律规范的规定，此为草案的疏漏，在此予以指出。

第四章　互联网金融监管法律问题研究

世界金融的发展史也是一部世界金融监管史。金融和金融监管息息相关，“相克相生”“对立统一”。各国均需要针对金融行业的发展特点，依法依规对金融行业进行监管。本章将以 P2P 网贷为重点讨论对象，探讨互联网金融本质和实践语境下的法律监管问题。

第一节　金融监管体系的历史沿革

一、自由市场时期（20 世纪 30 年代前）

毋庸置疑，在整个 19 世纪，古典政治经济学在资本主义世界占据了统治位置。[①] 古典政治经济学反对政府对经济的干预，主张“管得最少的政府才是最好的政府”，市场上有一只看不见的手，能对市场行为进行自动调节，奉行自由市场的基本理论。当时比较重要的金融机构自然是商业银行，其他金融机构并没有当今社会这般发达，甚至现代社会有的金融机构类型在当时还没有出现。此时期，商业银行的存款创造能力对经济生活有十分重要的作用，因此相较于非银行的金融机构，商业银行的业务量、资产负债规模都非常大，因而在整个社会经济生活当中所处的地位及影响力较为突出。

在古典政治经济学学说的影响及“大市场小政府”的政策背景

① 1776 年亚当·斯密在《国富论》中提出“看不见的手”经济自由主义理论，并以此为核心创建了古典政治经济学体系。

下，政府的监管能力主要体现在对商业银行的监管之上，其监管目标主要在于防止银行出现挤兑现象，银行能够提供较为稳定的并且具有一定弹性的货币供给，到20世纪初期，中央银行逐渐收归货币发行权，因此央行也成为在此阶段较为重要的金融监管机构。美国在1913年建立了联邦储备体系及制定了《联邦储备法》,《联邦储备法》的重要监管目标就是建立联邦储备银行，提供富有弹性的货币政策以及实现现有的银行监管等。因此，该阶段政府监管的对象、范围、体系都比较单薄，且具有一定的有限性，这并不体现传统金融监管体系。除了银行，总体上金融市场还是处于“自由放任”的宽松监管时期，直到20世纪30年代爆发了资本主义世界大规模经济危机。这场经济危机验证了市场的“不完备性”，传统的金融监管体系也是在此之后才得以正式确立。

二、机构监管时期（20世纪30年代~70年代）

20世纪30年代，资本主义爆发了大规模的经济危机，这场危机使得古典政治经济学的主张成为不可能的神话。政府监管也在这场大规模的经济危机中进行了深刻的反思。随后，古典政治经济学被提倡国家干预的凯恩斯主义①所取代，市场的不完备性、不确定性、金融市场的负外部性以及金融体系所具有的公共产品特性都给政府监管强势介入市场提供了理论上的支撑。

（一）市场不完备性和不确定性

古典经济学所主张的“自然秩序”强调政府介入监管之前，就能够产生自发淘汰机制，产生优胜劣汰，根据价格机制和市场机制淘汰不符合市场需求的产品或服务。但是，凯恩斯主义却注意到了

① 1936年凯恩斯发表《就业、利率和货币通论》，提出政府直接干预经济的思想。

经济社会生活当中普遍存在的不确定性事实，这种不确定事实和所谓的信息不对称经常一同出现。信息的不对称由于知识经验、社会阅历以及对信息掌握的程度等不同而广泛存在于市场各个主体之间，当然这种信息不对称和市场的不完备性集中体现在了金融体系当中。因为金融交易与服务看不见、摸不着，也不能体现在具有物理特征的商品上，所以信息不对称、不完备而导致的逆向选择和资源畸形配置都使得古典经济学所主张的那只看不见的手在市场上无法完全发挥调控作用，同时，金融集团垄断可能会导致竞争的失灵。

（二）金融市场的外部性

金融市场的外部性主要是指在相互作用、相互连接的经济主体之间，一个主体的活动会对其他相关人产生影响，这种影响可能是正面影响，也有可能是负面影响，而受到影响的相关主体并不能够因此影响而向对方支付报酬或者收取相应的赔偿。发端于单个银行的挤兑，可能会引发系统性的风险，而2008年由美国的次贷危机引发的全球经济危机最初也只是两家房地产贷款公司的次级贷款风险。金融市场固有的这种外部性，使得整个金融体系关联性非常强烈，政府监管就是为了从整体角度来预防风险，优化资源配置，降低个体活动、个别金融机构违法违规所招致的负外部性。

（三）金融体系的公共产品特性

一个国家稳定、健康、高效、公正的金融体系，就是该国的一项公共产品，有普通群众搭便车的内在属性，并且公共产品的这种特性也使得仅仅依赖个别当事人提起诉讼以寻求救济有失公平。所以从理论上来讲，纳税人为实现共同福利而组建的政府，或者虽非纳税人供养，但同样具有公共权力的机构负责金融机构的监管便成为各国理论上共同的选择。相对于个人的救济，政府的救济或公共权力机构的救济更加有效、快捷与安全。

正是由于上述原因，以机构监管为主的金融监管体系的确立自然成为顺理成章之事。由于1929年纽约股市崩盘，美国等国家的金融体系遭到严重的打击，从此进入了持久的经济萧条时期。各国都开始脱离原有的自由市场监管政策，转而寻求稳定和安全的金融监管体系。与此同时，市场的情况也发生了显著变化，由于传统金融行业受到了强烈冲击，新兴的行业开始蓬勃发展，这一时期出现了各类非银行金融机构，曾经以银行为主的金融体系开始朝着金融机构多元化方向发展。在强调风险防范与稳定的金融监管政策之下，各国开始对本国内的诸多行业采取较为一致的做法，就是以行业为基础，根据行业不同的特征和现实情况，建立相对应的监管机构。同时还禁止银行、证券、保险的混业经营，正式开启了机构监管的时代，形成了证券业、保险业监督机构及银行业监督机构和非银行业监督机构并存的金融监管体系。凯恩斯主义强调稳定与安全，这种目标契合了当时政府的社会治理主张，其主要特征是政府严格管制，政府直接介入市场的运作，包括对价格、竞争、企业行为的具体管制。

英美两国作为在金融市场及金融监管体系都颇有代表性的国家，在此阶段一致地表现出鲜明的分业经营、分业监管、机构监管、严格监管以及以金融稳定与安全为导向的总体特征。美国作为大萧条受灾最为严重的国家之一，通过加强金融立法迅速转变了其金融监管制度，确立了银行、证券及保险分属不同机构监管的格局，并主要表现为三四十年代陆续出台的银行及证券相关法规。从宏观监管的角度，其中极具影响性的事件是1933年《格拉斯·斯蒂格尔法》（Glass－Steagall Act）的出台，这标志着美国全面进入分业经营、分业监管的时期，是此前自由混业经营的历史转折点。“该法将银行、证券与保险业务严格分离，以立法强制的方式限制银行之间的市场竞争，如规定银行存款利率上限、禁止对活期存款支付利息等。英国尽管立法及公权力介入金融监管的时间较晚，金融监管初期主要体现为行业自律为主的监管模式，但在30年代～70年代（即1986年国会制定《金融服务法》）之前，以行业为本位的自律监管体系同样体现为分割的、分业的机构监管模式，金融体制内同样实行分业经营，整个金融市场与美国一样呈现较为初级的、简洁的分业经营状况，但是相较以前以银行业为主导的金融市场，此时的金融体系无疑更为丰富多元，非银行业的规模与比例也与日增长。”①

三、统一监管时期（20世纪70年代～2008年）

每一种经济理论、监管理论和政府金融监管政策都是时代的产物，当时的政策出台和法律制定均以满足当时的社会经济背景和金融发展状况为主要目标。但是经过一个时期后，新的社会发展状况、经济发展趋势、金融创新活动又会引导政府制定新的金融监管政策以顺应金融发展需求。经过凯恩斯主义提倡的经济政策对各国经济的长期修复，资本主义经济得以快速恢复和发展。但是众所周知，20世纪70年代爆发了两次“石油危机”，以此为导火索，世界经济进入了滞涨阶段，高通胀率、高失业率和低增长率弥漫了资本主义世界，凯恩斯主义已经不能适应当时的经济发展要求。“新自由主义”逐渐成为主流思想并在主要资本主义国家盛行。

新自由主义与凯恩斯主义存在很大不同。凯恩斯主义主要强调国家的干预和经济金融的稳定，而新自由主义则提倡经济自由化、金融自由化。同时，新自由主义重点主张金融的管制应当放松，应当恢复市场竞争，当然新自由主义并不完全否定凯恩斯主义，同时也不是古典经济学的翻版。它强调以效率为优先，兼顾公平，效率应当作为监管的主要导向，对于利率、金融企业的业务范围和经营地域的管制应当适当放松，甚至取消。所以，新自由主义并不否定

---

① 蒙瑞华：《我国债权众筹监管制度法律构建》，西南政法大学2016年博士学位论文，第24页。

市场不完备的理论，也没有要求政府完全摒弃金融监管，只是更加强调金融监管应当符合市场关于效率的追求，监管的目标应当进行转换，政府对经济的干预应当给予限制，包括政府干预的手段、范围和方式。新自由主义认为，严格的监管造成了金融效率的大幅下降以及金融创新的停滞。此时，互联网技术已经兴起，20 世纪 70 年代的世界经济已经发生了较大的变化。从国际范围上来看，全球经济一体化的趋势非常明显，各国金融竞争的格局更加复杂，金融创新和新型的金融市场不断涌现，传统金融的分业经营开始变得界限模糊，超级金融集团的出现开始受到各国的鼎力支持，而这种金融集团是以混业经营为主要特征的。因此，各国政府监管的客体变得更加复杂。传统金融中金融市场的风险、体系的稳定性以及风险的特征都发生了较大变化，新一轮的金融监管体系改革势在必行，世界各国纷纷对自己本国的金融监管体系进行了较大规模的修整。金融监管现代化（financial regulatory modernization）① 改革成为这一时期金融监管体系改革的主要特征。

在这一轮改革当中，欧洲、亚洲、大洋洲等地域相关的发达资本主义国家都对自己本国的金融监管体系进行了大刀阔斧的变革。这种变革虽然和本国的经济社会发展情况密切相关，但是也都具备一个共同特征：在宏观上体现了分业监管到统一监管的转变。这种统一监管特征体现在监管理念、监管机构和监管规范等各个方面。

（一）统一监管模式下的监管理念：功能监管和目标监管

如前文所述，分业监管能够根据行业特点对金融机构进行监管，在金融行业追求稳定、国家强调严格监管的时代，这种分业监管模式发挥了重要作用，但是随着金融行业迅速发展，混业经营和金融

① Regulatory Modernization. See Heidi Mandanis Schooner&Michael Taylor，supra note 4. at 322.

创新不断涌现，这种监管模式反倒容易导致监管不公平和监管套利。因此，强调目标和功能的监管理念逐渐成为主流观点，随后功能监管（functional regulation）与目标监管（Objective Regulatory）理论被正式提出并付诸实践。

功能监管理念由罗伯特·默顿（Robert C. Merton）于 1995 年在其所著的《功能视角下的金融体系》一文中正式提出，他认为，金融体系及其具体表现形态可能因时空发展而不断变化，但金融体系执行的功能却较为稳定。默顿将该功能总结为 6 项，包括支付清算功能、汇集资金功能、“跨时、跨区、跨业”配置资源功能、管理风险功能、价格发现功能以及降低信息不对称成本的功能。因此，业务活动的性质可以成为判断金融性质的重要标准，这要比以金融机构为监管区别标准更具有可控性和确定性，能够较好地应对金融创新和混业经营。“金融机构所从事的业务活动性质比谁在从事这项活动更重要，在此思路下，相同功能业务由同一监管机构依据相同立法进行监管，而无论从事该业务的是证券公司还是银行。”① 换句话说，若银行所从事之业务为证券业务，也得由“证券监督管理机构”而非“银行监管机构”监管。

与功能监管强调以监管对象的“功能”作为分类与监管管辖标准不同，目标监管则侧重以目标作为监管构建的导向。但二者均以尊重行业混业经营、尊重市场竞争、简化监管体系、增强监管确定性为基础，二者皆认可机构监管的不合时宜并共同包含了新监管构造中的“统一思路”②。

目标监管理论主要表现为英国经济学家迈克尔泰勒提出的双峰

① Robert C. Merton. A Functional Perspective of Financial Intermediation，来源网址：http：//www. people. hbs. edu/rmerton/afunctionalperspective. pdf，最后访问日期：2017 年 8 月 22 日。

② 蒙瑞华：《我国债权众筹监管制度法律构建》，西南政法大学 2016 年博士学位论文，第 27 页。

监管理论（1995 年）。双峰监管理论认为，金融监管的目标有两个，即以金融系统稳定为目标的审慎监管和针对金融机构运行的行为监管，保护金融消费者权益为另外一个目标，即所谓的“双峰”（Two Peaks）监管。在双峰监管理论之下，迈克尔泰勒建议成立职能不同的两个部门实现上述目标，如成立金融稳定委员会负责审慎监管、消费者保护委员会负责行为监管。当然，实践中澳大利亚采取了这种监管模式，成为将双峰监管理论贯彻得最为彻底的国家。1998 年澳大利亚便成立了金融审慎监管局（Australian Prudential Regulation Authority，APRA），负责存款机构、保险公司和养老金机构的审慎监管职责（原由央行负责的职能，可称为“微观审慎”），而证券与投资委员会（ASIC）负责行为监管，保护金融消费者合法权益，从而形成了审慎监管与行为监管的“双峰”模式。

（二）统一监管模式下的监管机构：监管机构统一

分业监管模式被统一监管模式取代，这在一些欧美国家已经开始或已经完成，统一监管机构纷纷开始设立就是最好的证明。并且新型的监管机构的数量比分业监管之下的数量要少，运用有限的监管机构负责对金融体系进行统一监管是统一监管模式下的特征之一，这种监管方式能够比较好地克服分业监管模式下监管机构众多导致的信息分散、监管空白、监管重复及成本畸高等一系列弊端。监管机构内部建立有效的分享监管信息机制，及时高效整合监管资源，精简决策及执行流程，避免重复监管、监管竞赛和监管套利，最大化减少监管漏洞。除可对金融集团具体业务进行监管外，也可以对集团整体风险予以评估，强化监管效能。据 2010 年不完全统计，“统一监管模式已渐成国际金融监管发展的主要趋势，目前世界上有近 56 个国家和地区已经采用或拟采用此模式”①。采取统一监管模式的国家或地区有：亚洲的韩国、日本以及我国台湾地区；欧洲的挪威、丹麦、瑞典、芬兰、英国、冰岛、匈牙利、拉脱维亚、爱沙尼亚、奥地利、德国以及瑞士等。

亚洲金融监管体系改革以韩国和日本为代表。韩国于 1998 年 4 月设立“金融监管委员会”，承担原银行监管局、证券监管委员会、保险监管局和非银行金融机构监管局四个机构的监管职能；于 1999 年 1 月设立了金融监督服务公司（Financial Supervisory Service），专门负责金融监管的执行，“金融监管委员会”主要负责法律和政策制定。金融监督服务公司有独立的经费保障（主要来自金融机构上交的管理服务费），确保政治独立，其与“金融监管委员会”之间有监督关系，人事任命上也由“金融监管委员会”负责，确保监管信息沟通顺畅。有学者将这种监管模式称为“两段式监管架构”②。日本则于 1998 年 6 月在总理府下设立金融监管厅（Financial Supervisory Agency，被简称为“旧 FSA”），实现了对银行、证券、保险及其他金融机构的统合监管，金融监管厅于 2000 年 7 月更名为金融服务厅（Financial Services Agency，被简称为“新 FSA”）并吸收了原属于大藏省的金融政策制订权，2001 年 1 月再度吸收了原属于“金融重建委员会”的职责（负责处理濒临破产的金融机构），完成了监管上的高度统合，以求实现金融机能安全之确保、金融消费者之保护以及金融运作之圆滑。③

欧洲金融监管系统改革的典型是法国和英国。法国依据 2003 年

---

① 杨东：《后金融危机时代金融统合法研究》，载《法学杂志》2010 年第 7 期。

② 刘科：《韩国金融改革概述》，载《存款保险资讯季刊》第 15 卷第 3 期，第 151 页。

③ 陈春山：《台湾金融会之定位及功能之研究》，载《金融改革及存保法制之研究》2004 年第 3 期。

《金融安全法》（Loide Sécuritéfinancière）设立了金融市场管理局（Autoritédesmarches Financiers，简称 AMF），合并了此前证券交易委员会、金融市场委员会和金融管理纪律委员会的职能，成为证券市场的统一监管机构，这也是 2008 年《经济现代化法》（Loide Modernisation Financière）之前的唯一的金融市场监管机构。①

英国则于 2000 完成了具有全球重大影响力的金融监管系统改革，制定了统一监管立法《金融服务与市场法 2000》（Financial Services and Markets Act 2000），这部法律以行为监管与消费者保护为主要宗旨；以“金融商品”“受监管金融机构”以及“受监管之金融行为”等法律概念描述传统证券、保险、银行及其他金融机构及其业务等监管对象。同时，英国在此期间建立了超级金融监管机构——英国金融服务局（Financial Services Authority，FSA），此机构是在 1997 年 10 月由证券与投资局（Securities and Investments Board）“升级”后形成的。以上举措改变了分业监管局面，在此之前行使相关职能的机构如原证券与投资管理局（Securities and Investments Board，SIB）、证券与期货管理局（Securities and Futures Authority，SFA）、私人投资监管局（Personal Investment Authority，PIA）、投资监管局（Investment Management Regulatory Organisation，IMRO）、房屋协会委员会（Building Societies Commission，BSC）、财政部保险业董事会（IDT）、互助会委员会（Friendly Societies Commission，FSC）以及友好协会注册局（Register of Friendly Societies，RFS）等监管机构皆被 FSA 取代。FSA 同时负责了审慎监管和行为监管（在 2008 年以后英国金融监管体系又进行了改革）。有资料显示，在一定时期，美国与英国的监管成本最高可达 16 倍之差。②

---

① 施鹏鹏：《法国金融市场监管管窥》，载《证券市场导报》2006 年第 5 期。

② 罗培新：《美国金融监管的法律与政策困局之反思——兼及对我国金融监管之启示》，载《中国法学》2009 年第 3 期。

（三）统一监管模式的监管规范：统一立法模式

在统一监管模式下，监管机构的合并、整合还带来了一个新的变化，即统一监管规范逐渐确立。这种规范的确立对于统一监管模式十分重要。标准统一是监管统一的重要要素。日本的统一监管规范有2000年的《金融商品销售法》、2006年的《金融商品交易法》，它们取代了原有的证券交易法，而对股票、债权、外汇、存款等风险性金融产品进行一元化管理，构建了从广告劝诱、投资顾问到资产管理的全方位“行为监管”框架，从之前的“纵向业别监管模式”变为以投资者保护为线索的“横向监管框架”①。

韩国2007年的《关于资本市场和金融投资业的法律》按照功能监管的思路对既有监管体系作了重大增补、删改，是在废止《证券交易法》《期货交易法》《间接投资资产运用业法》《信托业法》《综合金融公司法》《韩国证券期货交易所法》六部法律的基础上制定的一部综合性法典，将除了存款与保险之外的其他资本市场业务与金融商品均纳入其调整范围。自此，韩国金融监管仅体现为《银行法》《保险法》《关于资本市场和金融投资业的法律》三大规范体系。在我国台湾地区，有“金融服务业法”草案与“资本市场整合法”草案，这些草案暂时没有成为正式法律文件，但也彰显了我国台湾地区未来金融监管的“立法”模式。

英国的《金融服务与市场法2000》在全世界金融监管立法中占有非常重要的地位，其对全球金融监管立法的影响非常巨大。被称为金融统一立法最为彻底的代表。这部法律将1979年的信用合作社法（Credit Unions Act 1979）、1982年的保险公司法（Insurance Companies Act 1982）、1986年的金融服务法（Financial Services Act 1986）、建筑融资协会法（Building Societies Act 1986）、1987年的

① 杨东：《论金融法制的横向规制趋势》，载《法学家》2009年第2期。

银行法（Banking Act 1987）以及1992年的互助协会法（Friendly Societies Act 1992）等调整金融法律关系的金融法规统一整合在一起，其立法包括了银行、保险、基金管理、房贷业以及证券交易等领域，以“金融商品”“受监管对象”“受监管活动”为统一立法用语，传统机构分业的立法模式被统一立法所取代。

四、统一监管和双峰监管并行时期（2008年至今）

由于大多数国家将对金融消费者的保护力度不够、信息不对称等作为引发2008年金融危机的主要因素，因此双峰监管理论在2008年以后成为“更受各国欢迎”的金融监管理论和模式。这种模式强调了审慎监管和金融消费者保护的“双峰”目标，因此建议成立“二元”监管机构，以实现金融监管目标。这与金融危机后加强系统性风险监管与重振消费者信心的需求相符，美国、英国对既有金融监管体制的调整都不约而同、有意无意地体现了强化“双峰”监管的特征。

（一）美国：伞状的双峰监管

2010年7月美国通过了《多德—弗兰克华尔街改革与消费者保护法》（Dodd－Frank Wall Street Reform and Consumer Protection Act），这部法律的主要目标有两个：一个是维护金融系统的稳定，另一个是保护金融消费者权益，这与双峰监管目标不谋而合。该法律专门成立了“金融稳定监管委员会”（Financial Stability Oversight Council），其职责主要是：维护国家金融稳定的系统，防止系统性风险出现，加强金融系统宏观监管，协调监管机构之间的审慎标准，促进监管机构沟通协调，解决监管争议等。危机后美国突出了金融系统性监管与金融消费者保护，但这并没有改变监管机构林立的现状，故有论者将其概括为“伞+双峰模式”①。

（二）英国：采纳“双峰”模式

危机后，英国政府认识到，超一元的金融监管体系无法完全满足金融消费者的保护需求。因此，英国在认真总结2008年金融危机的基础上，开始采用“双峰”监管模式，改革原有的超一元监管模式，强化金融消费者保护和维护金融系统稳定。《2012年金融服务法》（Financial Services Act2012）将FSA予以撤销，同时建立了包括金融政策委员会（Financial Policy Committee，FPC）、审慎监管局（Prudential Relation Authority，PRA）和金融行为监管局（Financial Conduct Authority，FCA）的三方监管体系，这种分工体系是根据宏观监管与微观监管、审慎监管与行为监管分工合作的思路建立的。“其中，FPC设立在英格兰银行理事会内部，负责全英金融系统的宏观审慎监管与系统稳定，专注识别、检测和管理系统性风险，以帮助英格兰银行实现保护和强化金融系统稳定性的目标。”② PRA与FCA共同承担了原FSA监管职责，PRA负责重要金融机构的稳健运营及其他经营行为的审慎监管，以提升受监管机构安全性和稳健性为目标；FCA承担行为监管职责（含PRA审慎监管之机构）和较小金融机构的审慎监管（PRA监管之外的金融机构）。FCA是监管体系中重要的机构，其监管总体战略目标是“确保金融市场运行良好”，具体目标是“确保对消费者适度保护”“保护和增强英国金融

① 朱摇摇、李辰：《美国金融监管体制改革趋势：“伞+双峰”的模式》，载《海南金融》2009年第12期。

② 中国人民银行、银监会、证监会、保监会联合调研组：《英国金融消费者保护法律制度》，载《全球瞭望》2013年第8期。

体系的整体性”以及“促进消费者利益保护的有效竞争”①。

第二节　我国金融监管体系的历史沿革和改革趋势

1949 年至今，我国金融监管体系逐渐成熟，并形成现行的监管体系，相应的监管体制、制度和规范也在逐步形成。当前，我国以 2003 年为标志点，形成了分业监管的格局，即形成了“一行三会”的“分业经营、分业监管”的金融监管体制（2018 年之前）。之后金融危机时代下国际社会关于金融监管理论的创新和完善以及 2013 年开始出现并且迅速发展的互联网金融，也都在影响着我国关于金融监管体制的改革和完善。金融稳定发展委员会和中国银行保险监督管理委员会的成立，都预示着我国现行的金融监管体系需要进一步革新，以适应混业经营、分业经营和金融创新。

一、我国金融监管体系的历史沿革

（一）1949～1978 年

这一阶段计划经济占据主导地位，中国金融体系没有完全形成，市场上只有一个金融机构，即中国人民银行（以下简称央行），全国金融业务都由其负责，可以说并不存在严格的金融监管体系。在 20 世纪 60 年代之后，随着经济的发展，私营的金融业开始被纳入公私

---

① The FCA has an overarching strategic objective of ensuring the relevant markets function well. To support this it has three operational objectives: to secure an appropriate degree of protection for consumers; to protect and enhance the integrity of the UK financial system; and to promote effective competition in the interests of consumers. 来源网址：http://www.fca.org.uk/news/fca－finalises－rules－to－improve－the－protection－of－client－money－and－custody－assets，最后访问日期：2018 年 6 月 18 日。

合营银行中，这时央行的业务和职能开始由最初的稳定货币体系、开放存贷款、治理通胀、管理外汇等向央行现在的职能靠拢。央行开始全面负责国家金融业的管理和货币的发行，同时兼办商业银行的业务，同时商业银行的一部分业务也开始由专门的商业银行办理。这一时期的金融监管主要由财政部等部门发布的行政指令来实施，更偏重于金融管制。这是当时特定的历史因素所导致的。

（二）1979～1992 年

1979 年开始，我国逐渐恢复或建设了四大国有商业银行、设立了外汇管理局、建立了中国人民保险公司、陆续成立一些城市信用合作社等。中国金融机构开始变得多元化，这一阶段央行的职能主要有三个方面：管理货币、监督全国金融机构、保持商业银行的身份。金融监管的侧重点主要是监督金融机构对国家颁布的金融相关政策的执行、打击金融犯罪和投机倒把。监管仍然以行政监管为主，专业的经济政策很少被提及。日益发展的金融系统迫切要求一个监管机构来对其进行统一管理，1982 年国务院确立了央行的地位，由其负责统一管理全国金融。在其成立初期，受中国经济体制的限制，央行的监管手段主要还是行政政策和规章制度，对金融机构的专业监管存在缺位。但是后期央行不断地改革机制、促进金融市场的发展和创新，开始逐步利用利率、准备金率等实行货币政策，为后来的“一行三会”的监管打下了基础。

（三）1993～2013 年

20 世纪 80 年代中期开始，四大国有商业银行开始涉及其他金融机构的业务，但是银行既没有办好其他行业的业务，自己的业务也没有办好，混业经营加剧了金融风险，导致 90 年代初期我国金融市场出现了紊乱的状况。1993 年国务院出台了《关于金融体制改革的决定》，根据不同的金融机构对其实行分业监管。1995 年出台了

《中国人民银行法》，自此成为我国金融监管法律体系的核心法律。1998 年中国证券监督管理委员会和中国保险监督管理委员会（以下简称保监会，现已被撤并）正式成立，分别监管证券、保险业；2003 年成立了银监会，开始独立监管银行业等。央行的职能调整为“制定和执行货币政策、维护金融稳定、提供金融服务”。“一行三会”标志着中国正式进入“分业经营、分业监管”的金融监管时期。2008 年全球性的金融危机让国际社会重新开始思考金融监管问题。尽管中国在此次危机之中受到的负面影响相对较小，但仍然暴露出我国金融监管体制存在的一些问题，如央行的非现场监管和日常监管导致监管缺乏重点；监管部门各行其是，缺少信息共享；相关法律法规布局缺乏切实的可行性等，并且由此引发了一系列的金融监管体制改革理论的热潮，相应的金融监管当局也做出了一些改革和调整，以适应经济和金融的平稳发展。

（四）2013 年至今

2013 年互联网金融开始迅速发展，无论是 P2P 网贷，还是第三方支付、互联网银行、众筹等方面的发展，都缺乏行业监管、内部控制制度、消费者保护机制，这种迅速发展的背后如果制度缺位，必然会造成巨大经济风险和社会风险，这种风险甚至还会借助于互联网而进一步加大，因此必须对其进行监管。2015 年下半年，财政部等十部委联合印发了《关于促进互联网金融健康发展的指导意见》，对互联网金融的监管进行了分工：央行监管支付和征信；银监会监管网贷、信托、消费金融；证监会监管股权众筹和互联网基金销售；保监会监管互联网保险。之后又有 40 多部相关法律法规对其监管予以完善。目前，中国已经形成了良好的互联网监管的体系，保证了互联网金融在这样的体系之下健康发展。以互联网金融为代表的金融创新，进一步加速了中国金融行业混业经营的进程，也推动了改革现有的分业监管体制的进程。从长久来看，为互联网金融建立一个独立的监管部门、对整个金融监管体系进行变革是势在必行的，但是需要待以时日。2017 年第五次全国金融工作会议提出“推进构建现代金融监管框架”。随后，国务院设立金融稳定发展委员会，统筹协调金融稳定和改革发展重大问题的议事协调，其职责包括强化宏观审慎管理，强化功能监管、综合监管和行为监管，实现金融监管全覆盖。2018 年银监会和保监会合并，拟订银行业、保险业重要法规草案和审慎监管基本制度的职责划归央行，这也是金融监管体制改革的一部分。主要目的还是进一步加强监管的协调性，防范监管空白和监管套利，同时进一步加强监管部门之间的相互制约。

二、我国现行金融监管体系的不足

如前文所述，金融监管体系、政策是历史时代的产物，我国的金融监管体系也不例外。在相当长的一段时期内，我国的金融监管体系顺应了当时金融发展的需求，具备一定的合理性。虽然一段时期内，我国金融市场要素、金融商品不断丰富、规模大幅提升，但是总体上，机构之主营业务依然鲜明，市场“版图”仍然保留着较为明显的“分业经营”特征。在这一点上，我国“机构监管”模式与经济发展的阶段、金融市场“基本面”具有大致适宜性。因为“统一监管”“双峰监管”模式尤其是“金融规范”的标准统一，需要建立在金融市场要素足够丰富多元、对“金融商品”“金融服务者”等上位概念进行覆盖监管的基础之上，所以多年来我国金融市场相对稳定，这也证实了我国当时的分业监管体系、宏观监管政策与市场表现基本匹配。

但是，随着互联网金融的发展金融科技的不断进步，金融创新越发呈现猛烈之势。分业监管的弊端逐渐显露了出来。

（一）分业监管容易导致监管漏洞、监管套利

我国在加入 WTO 的过程中承诺了金融市场对外开放的有关政

策。因此，金融市场的开放趋势、创新趋势和金融业“混业经营”趋势，导致了当前分业监管体系下监管机构、监管法律和监管规章制度“疲于应付”，甚至存在很多监管漏洞。2013 年互联网金融的迅猛崛起，传统分业监管难以应付，越来越捉襟见肘，如 P2P 借贷平台“拍拍贷”早在 2007 年便在上海成立，但是 P2P 经过了长达 8 年的野蛮生长，直到 2015 年才落实监管机构，这正是分业监管带来的监管漏洞和监管部门之间的推脱所导致的。既有监管法律、规范中没有与之对应的监管条款或缺乏明确的条款，而新法的制定又需要一个长期的过程，立法成本比较高。另外，新法与现有立法如何调适也是一个问题，如 P2P 借贷受“银（保）监会”监管，但其本质属于民间借贷，《民法总则》《合同法》等法律也可用于规制，如何调和这些法律规范？类似的监管真空甚至和另一个极端即“监管竞赛”同时存在。

（二）分业监管容易导致监管竞赛、重复立法、立法不公

分业监管类似于“铁路警察，各管一段”。在属于自己的管辖区域内解决监管问题，在模糊地带或者争议地带（分业监管模式容易出现争议地带）要么都不管，要么争着管。这就是管辖标准因机构而异的不良后果。类似于“属人管辖”，当同样的金融产品由不同的“人”发售时，管辖标准不同自然导致管辖机构、监管标准不同，各个管辖机构之间又不能完全协调。因此，“银行”发售的同样标准的理财产品的规范标准可能与“信托”发售的同样标准的理财产品会有不同的监管待遇。针对同一个金融产品，金融监管的规范要么重复甚至冲突，要么出现真空。涉及金融商品销售与客户资产管理的规范性文件（除《证券法》《证券投资基金法》《信托法》《保险法》）如下，这些文件由于颁布部门不同，对同一行为可能存在不同规定：

《信托公司集合资金信托计划管理办法》《中国证券监督管理委

员会关于加强证券公司资产管理业务监管的通知》《资产管理机构开展公募证券投资基金管理业务暂行规定》《公开募集证券投资基金运作管理办法》《私募投资基金监督管理暂行办法》《信贷资产证券化试点管理办法》《金融机构信贷资产证券化试点监督管理办法》《证券公司及基金管理公司子公司资产证券化业务管理规定》《中国保险监督管理委员会关于进一步加强投资连结保险销售管理的通知》。

另外，涉及金融服务机构微观审慎与行为监管的规范性文件有：《证券公司监督管理条例》《证券投资基金管理公司管理办法》《信托公司管理办法》《证券经纪人管理暂行规定》《证券公司业务范围审批暂行规定》《证券公司风险处置条例》《保险公司管理规定》《保险专业代理机构监管规定》《证券、期货投资咨询管理暂行办法》《证券投资顾问业务暂行规定》《中国证券监督管理委员会关于规范面向公众开展的证券投资咨询业务行为若干问题的通知》《关于加强证券期货信息传播管理的若干规定》《中国证券监督管理委员会、国家广播电影电视总局关于规范证券投资咨询机构和广播电视证券节目的通知》《人身保险新型产品信息披露管理办法》《保险公司信息披露管理办法》《保险公司中介业务违法行为处罚办法》。

从上述规范不难看出，对“人”不对“事”的监管方式耗损了大量监管成本，各金融机构可能存在监管公平性问题。性质相同的业务，监管目标也相同，但是因从事的金融机构不同，所归口的监管机构不同，即受不同规范调整，这足以引起注意。

（三）分业监管下法律概念缺位、不统一，无法应对金融创新

传统业别概念的“有限性”已日渐不能覆盖发展了的监管需要，具有统合意义的“金融商品”概念兴起并入法。尽管缺乏上位立法的统一界定，“投资产品”“金融商品”或者“金融产品”的概念已广泛出现于包括证监会、保监会、财政部及国家税务总局的各部门的规范性文件中。在证监会官网输入“投资产品”会搜索到62条结

果。在“知网搜法”输入“投资产品”，会搜到包含该用语的地方及行业规范共333条；输入“投资商品”，会搜到21条；输入“金融商品”，会搜到100条。在“北大法宝”网站下“法律法规”栏目按立法名称搜索关键词“金融产品”，搜索结果48条；“金融商品”作为关键词，搜索结果8条。其中明确使用“金融商品”或者“金融产品”的重要规范性文件包括《上市公司监管指引第2号——上市公司募集资金管理和使用的监管要求》《证券发行与承销管理办法》《证券公司代销金融产品管理规定》《证券投资者保护基金管理办法》《中国保险监督管理委员会关于保险资金投资有关金融产品的通知》《中国人民银行、中国银行业监督管理委员会、中国证券监督管理委员会、中国保险监督管理委员会关于全面推进农村金融产品和服务方式创新的指导意见》《中国保险监督管理委员会关于严格规范非保险金融产品销售的通知》《国家税务总局关于金融商品转让业务有关营业税问题的公告》以及《财政部、国家税务总局关于个人金融商品买卖等营业税若干免税政策的通知》等重要部门规章。

三、世界金融监管发展趋势对我国金融体系改革的影响

本书认为，我国的金融监管体系改革受到世界金融监管发展趋势的影响，已经朝着统一监管（改革现有机构监管）、双峰监管目标的模式在逐步推进。我国当前面临的金融市场状况与世界上金融市场发达国家分业监管向统一监管过渡的金融市场情况较为接近。虽然我国金融市场仍处在发展阶段，与发达的资本主义国家存在一定差距，但是我国的金融市场经过长期快速发展，其规模较大，金融创新频繁，金融消费者人数众多，混业经营情况明显，互联网金融的快速发展也已经成为世界瞩目的金融现象。因此，我国金融市场早已经不是分业经营的初期状态。

2008年2月，我国公布了《金融业发展和改革“十一五”规划》，明确指出“金融业发展改革面临新形势。金融全球化趋势深入

发展，各国金融市场联系更加密切，国际化程度日益提高。金融创新日新月异，综合经营趋势不断发展，各行业之间相互渗透。国际金融竞争日趋激烈，资本跨境流动规模不断扩大，不确定因素增多。从国内看，我国工业化、城镇化、市场化、国际化进程加快，经济结构调整和经济社会发展的金融需求日益增加。加入世贸组织过渡期结束后，金融业竞争更加激烈。在这一新形势下，我国金融业既有新的发展机遇，也面临更为严峻的挑战，处于重要的转折和发展时期”，可见综合经营、混业经营的趋势不可避免。同时，该规划提出：“稳步推进金融业综合经营试点。鼓励金融机构通过设立金融控股公司、交叉销售、相互代理等多种形式，开发跨市场、跨机构、跨产品的金融业务，发挥综合经营的协同优势，促进资金在不同金融市场间的有序流动，提高金融市场配置资源的整体效率。”在此背景下，金融创新和通过金融控股公司进行混业经营的事例日益增多，光大集团、中信集团及平安集团等大型金融集团开始出现，业务范畴横跨保险、证券、银行、信托及资产管理等。

十年后的 2018 年 4 月 27 日，央行、中国银行保险监督管理委员会 、中国证券监督管理委员会、国家外汇管理局发布了《关于规范金融机构资产管理业务的指导意见》（以下简称资管新规），规范了我国资产管理市场。资管新规的“管辖”标准不再分行业、金融机构，而是以金融产品的类型作为管辖标准。同样，在机构改革上，国务院金融稳定发展委员会于 2017 年 7 月 14 日至 15 日，在北京召开的全国金融工作会议上宣布设立，该委员会旨在加强金融监管协调、补齐监管短板。2017 年 11 月，经党中央、国务院批准，国务院金融稳定发展委员会成立。2018 年，国务院机构改革方案提请十三届全国人民代表大会第一次会议审议，其中金融监管机构方面，将银监会、保监会的职责整合，组建中国银行保险监督管理委员会，作为国务院直属事业单位。将银监会、保监会拟定银行业、保险业重要法律法规草案和审慎监管基本制度的职责划入央行，不再保留银监会、保监会。

以此可见，我国金融监管的体系和机构也在进行调整，努力与世界金融监管体系、规范和机构相接轨。当然，我国目前处于金融市场的转型期，与资本主义国家漫长的发展道路相比，我国的金融转型、“金融现代化改革”的步伐将更快，转型期间也会较短。改革开放以来，我国四十多年的快速发展积累了大量社会财富和管理经验，同时金融监管的特殊体系将促成我国大量资金投入有限的投资渠道。资产管理将更加迅速地向着混业经营发展，行业分业经营的限制将最终被打破，我国金融市场的转型进程将大大缩短，这种趋势势必会对金融监管提出更高的要求，金融监管的效率性、公平性也会有大幅提高。世界金融监管趋势已经不可避免地向着统一监管、双峰监管目标和模式迈进，不仅如此，大多数发达国家已经基本完成了这一改革，上文已经提及的英国、美国、韩国、日本、澳大利亚等国，虽然在具体监管模式上由于国家政治体制等不同而有所不同，但是宗旨和本质基本相同，即建立统一的监管机构，协调审慎监管和行为监管的“分支机构”，“分支机构”对金融系统的稳定进行审慎监管，对金融机构的行为进行行为监管以保护金融消费者合法权益。我国近些年来尤其是互联网金融高速发展的今天，金融监管系统的改革探索也从来没有止步。

（一）成立金融稳定委员会，彰显统一监管决心

1. 金融稳定发展委员会的权能

新时代我国金融监管体制改革目前采取了“两步走”的策略：第一步，2017 年 7 月 14 日至 15 日召开的全国金融工作会议宣布设立国务院金融稳定发展委员会（以下简称金稳会）①，金稳会办公室

---

①《“金稳会”办公室设在人民银行》，来源网址：http：//www.jiemian.com/article/1484886.html，最后访问日期：2018 年 3 月 4 日。

设在央行。2017年11月初，金稳会正式成立并召开了第一次全体会议，主管金融的国务院副总理出任金稳会主任。这次会议明确了金稳会的法律性质——国务院统筹协调金融稳定和改革发展重大问题的议事协调机构。会议确定了金稳会的主要职能：落实党中央、国务院关于金融工作的决策部署；审议金融业改革发展重大规划；统筹金融改革发展与监管，协调货币政策与金融监管相关事项，统筹协调金融监管重大事项，协调金融政策与相关财政政策、产业政策等；分析研判国际国内金融形势，做好国际金融风险应对，研究系统性金融风险防范处置和维护金融稳定重大政策；指导地方金融改革发展与监管，对金融管理部门和地方政府进行业务监督和履职问责等。也有学者从“权力”的角度对上述职能进行了概括：落实党中央、国务院关于金融工作的决策部署权；金融业改革发展重大规划审议权；金融改革发展与监管的统筹权；货币政策与金融监管的协调权；统筹协调金融监管重大事项权；金融政策与相关财政政策、产业政策的协调权；国际金融风险应对和研究系统性金融风险防范处置和维护金融稳定重大政策权；指导地方金融改革发展与监管权；对金融管理部门和地方政府进行业务监督和履职问责权等，① 本书也赞同这种概括，其充分反映了金稳会的职能和责任。当前金稳会的主要权力也反映了金稳会设立的重要意义，即形成了具有中国特色并且符合我国金融发展监管要求的金融监管体系。这一金融监管体系有利于解决跨部门监管协调困难以及监管盲区并存等问题，有利于规范金融创新活动，有利于守住不发生系统性金融风险的底线。相关专家也表示，金稳会负责人由国务院领导担任，在“一行三会（现为“一行两会”，下同，编者注）之上负责统筹和协调金融监管显然比“一行三会”现有的联席会议制度规格更高、权威性更强，

① 邢会强：《国务院金融稳定发展委员会的目标定位和职能完善》，载《法学评论》2018年第3期。

有利于从机制上保证金融协调监管的效率和效果，更好地实施统一监管、专业监管、穿透监管。①

2. 金稳会的成立国内背景：混业经营与分业监管的矛盾

从世界金融监管体系改革的过程来看，分业监管向统一监管过渡的重要原因即混业经营的兴起，这一点在上文中世界金融监管趋势中有所提及，此不赘述。反观我国的金融监管情况，从宏观上看，近年来我国跨市场、交叉性金融业务蓬勃发展，金融创新和混业经营发展很快，但潜藏于金融体系中的金融风险也不容忽视，特别是跨行业、跨市场的金融风险交叉传染、多点爆发、影响广泛，极易引发系统性金融风险，维护金融稳定的难度显著加大。从微观上看，混业经营的两类方式在我国近年来快速发展的金融市场上都存在：直接混业经营模式下，通过成立金融控股公司、银行母公司以及全能银行的模式获得相关金融牌照来进行银行、证券、保险等金融业务。间接混业经营模式下，利用监管盲区突破原有的业务许可范围，实现本质上的混业经营，如资管产品的多层嵌套等。混业经营，尤其是资管产品的相互嵌套现象，使得金融机构间的关联性加强。虽然宏观审慎政策框架也强调降低金融机构间的风险传染，对分业监管的现状有一定的弥补作用，但是就目前宏观审慎政策框架的施行内容来看，我国采取的是“抓大放小”的监管方式，主要通过控制具有系统重要性的金融机构风险来避免风险的扩散。不过，控制具有系统重要性的金融机构的风险并不能阻止资管嵌套等混业经营行为的发展。因此，对各金融机构进行相应的微观审慎监管仍是必要的。也就是说，从监管角度看为何会出现混业经营，重要原因在于监管部门的沟通成本与监管真空。这是分业经营模式下必然造成的现象。前文已经述及分业经营的不足，此不赘述。

---

① 董方冉：《金融稳定发展委员会正式成立，走进协调监管新时代》，载《中国金融家》2017 年第 12 期。

因此，在现行分业监管体制下，迫切需要加强宏观层面的金融稳定协调，同时协调各监管机构的职能。从顶层设计上，建立统一监管机构，统领我国金融监管，是克服现阶段金融监管合力不足、信息共享不充分、约束机制不健全等困难的重要手段，助力我国监管守住不发生系统性金融风险的底线。至少在以下两个方面，金稳会能够起到关键作用：第一，有效降低监管成本，包括降低立法成本、沟通成本和其他成本。仅就目前各机构的沟通成本而言，央行、银监会、证监会、保监会行政级别相同，各部门对其他部门只具有建议权而无行政命令权，部门间的协调沟通与联合执法涉及众多的法律法规，时间成本、人力成本巨大，效率低下，监管信息无法及时共享。第二，资金监管更加有效，就监管真空来讲，随着包括商业银行在内的多数金融机构的业务经营呈现多元化与综合化的特征，跨行业、跨市场投融资业务链条增加，而在分业监管下，监管部门无法监测资金的真实流向，极易引发金融风险的跨行业、跨市场传染，更易于引发系统性风险，资管产品的多层嵌套就是最好的例证。因此，成立统一监管机构，能够有效协调资管产品的资金流向。当然，具体协调方式还需进一步制定相关政策。资管新规也规定了统一监管的有关问题，相关数据统计工作构架也在其规范之中（下文详述）。

（二）资产管理统一监管规范确立使统一监管“有法可依”

资产管理业务是金融业中非常重要的业务类型。虽然资产管理业务并不是金融的全部业务，但是资产管理业务的统一监管对整个金融监管体系来说意义重大。① 我国过去一个时期以来，资产管理

① 由于资管新规体现了金融监管的最新趋势和基本思路，对于互联网金融的影响十分重大，本书将在下一节详细分析资管新规及有关规范对互联网金融监管的影响。此处不再赘述。

业务由于缺乏统一和系统的监管，存在着刚性兑付、监管套利、杠杆过高等问题。随着资产管理市场的快速发展，风险也在不断累积，如何化解资产管理行业的系统性风险成为当务之急。2018 年 4 月 27 日，央行、中国银行保险监督管理委员会、中国证券监督管理委员会、国家外汇管理局联合印发资管新规，这份文件对资产管理行业当前的发展具有重要意义。资管新规重新梳理和定义了资产管理的业务范围，统一了监管标准，对于消除监管套利具有积极作用。资管新规的重要原则之一就是“统一监管”。这种统一也顺应了世界金融监管体系的改革和发展趋势。统一的监管规范能够使各金融从业机构得到公平的监管待遇，使金融创新有章可循。综合来看，统一监管体现在以下几个方面：

第一，在监管部门方面，资管新规正式发布前，经党中央、国务院批准，成立了金稳会，旨在补齐监管短板，加强监管协调（上文已经述及）。第二，在监管原则方面，央行负责宏观审慎监管，其他各监管部门负责微观监管，同时，按照统一监管标准，实行机构监管和功能监管相结合，避免出现监管漏洞。第三，在监管对象方面，重新定义产品标准和运作规范，统一同类型产品的监管标准，实现对资产管理业务监管的全面覆盖。第四，在监管机制方面，建立向上向下的穿透式监管机制，向上识别投资者，向下识别底层资产，减少多层嵌套和通道的复杂设计，尤其是严格禁止规避投资范围限制和杠杆约束的通道服务。第五，在信息报送方面，实行统一报告制度。由人民银行牵头，制定统一的产品标准和数据格式，逐级统计和报送产品相关信息，实现信息在不同监管部门之间的共享。第六，在违规处罚方面，确保处罚标准一致，遏制监管套利。

需要指出的是，关于分业监管和统一监管的争论早已存在，统一监管需要付出较大的协调成本，而分业监管又容易造成监管的重叠和真空，导致风险跨行业、跨市场传递。资管新规的发布，标志着对以往的争议有了统一的定论，将消除监管套利作为未来监管的方向。[①] 在资管新规所提出的统一监管理念下，监管部门将逐步实现功能性监管、实质性监管和穿透式监管，引导资产管理行业进入规范、有序发展的阶段，避免资金在金融体系内部的自我循环和空转，这有助于扭转金融“脱实向虚”的倾向，使金融更好地服务于实体经济。此外，资管新规通过统一定义产品类型，明确监管标准和准入门槛，能够有效避免监管套利，既阻止了跨市场之间收益转移，也阻止了风险的跨市场转移，这对于净化金融市场、降低杠杆水平和风险水平都具有积极作用。

目前，我国金融监管体系（机构）和金融监管规范都在朝着统一监管的方向迈进，作为金融创新的产物，互联网金融及其衍生的“理财产品”自然在资管新规的管辖范围内。因此，详细分析资管新规及其他相关监管规范对于互联网金融的影响具有十分重要的理论意义和实践意义。

第三节　我国互联网金融监管的主要规范及特点

2013 年被称为我国互联网金融元年，互联网金融迅猛发展，但是监管并没有及时跟进，这一方面是由于监管机构对于互联网金融的形式和本质并没有认识清楚，另一方面监管机构也在探索互联网金融监管的本质和规律，这给了互联网金融发展的“大好时机”。在这种时机下，互联网金融呈现了两个方向的发展：一个方向是一些规范的互联网金融企业秉承了互联网金融的初衷，走普惠、大众、长尾、技术的路，做到了真正为普惠金融的发展提供助力支持，为小微企业和个人提供金融服务，如陆金所、拍拍贷等公司；另一方面，大量线下的“小贷公司”转战线上，无序发展，背离了互联网

① 卜振兴：《资管新规的核心要点与影响前瞻》，载《南方金融》2018 年 6 月。

金融的本质和规律，把在线下集资诈骗和非法吸收公众存款的把戏搬到了线上，利用互联网人数众多的特点，吸收公众存款，乱搞资金池，违法发放“高利贷”“校园贷”“现金贷”，为互联网金融的发展造成了重大影响，也给广大投资人造成了不可避免的损失，一时间“互联网金融”成了集资诈骗和高利贷的代名词。

经过两年发展，我国监管机构引起了重视，认为互联网金融具有金融属性，需要金融监管。2015 年 10 月 29 日，《中共中央关于制定国民经济和社会发展第十三个五年规划的建议》（即国家十三五规划）正式发布。该建议的第三节中提到，“坚持创新发展，着力提高发展质量和效益”，具体的“构建发展新体制”中的表述为“规范发展互联网金融”。加之 2015 年 7 月央行等十部委发布了《关于促进互联网金融健康发展的指导意见》，可以认为，2015 年是互联网金融规范监管的元年。从 2015 年开始，我国根据互联网金融的业务形式和属性，分别确定了监管机构和监管职责。截至 2018 年 6 月，在短短三年时间里，我国互联网金融监管取得了一定成效，当然也存在一定不足。

一、2015 年 7 月 ~2016 年 3 月：专门监管正式注入期

（一）央行等十部委：《关于促进互联网金融健康发展的指导意见》

2015 年 7 月 14 日，央行等十部委联合发布了《关于促进互联网金融健康发展的指导意见》。该意见被称为互联网金融监管的“宪法”。至此，经过长期野蛮发展的互联网金融终于在国家正式文件中明确了监管主体。该意见首次确认了互联网金融的基本概念，认为互联网金融是传统金融机构与互联网企业利用互联网技术和信息通信技术实现资金融通、支付、投资和信息中介服务的新型金融业务模式，肯定了互联网金融的重要作用。该意见指出，互联网金融对

促进小微企业发展和扩大就业发挥了现有金融机构难以替代的积极作用，为大众创业、万众创新打开了大门。促进互联网金融健康发展，有利于提升金融服务质量和效率，深化金融改革，促进金融创新发展，扩大金融业对内对外开放，构建多层次金融体系。作为新生事物，互联网金融既需要市场驱动，鼓励创新，也需要政策助力，促进发展。

该意见还首次明确了互联网金融的基本属性，肯定了互联网金融的金融属性，没有改变金融风险隐蔽性、传染性、广泛性和突发性的特点。对互联网金融要进行分类监管，该意见首次在国家层面对互联网金融做了分类（当然在其他法律文件也有各部门对互联网金融的分类标准），即互联网金融按照形式标准，分为互联网支付、网络借贷、股权众筹融资、互联网基金销售、互联网保险、互联网信托和互联网消费金融，并且明确了不同形式的互联网金融业务由不同部门监管，确认了监管主体。

该意见要求健全互联网金融监管制度，规范互联网金融市场秩序，要求央行会同有关部门，组建中国互联网金融协会，同时建立存管制度、信息披露制度等，切实维护金融消费者合法权益。

（二）最高人民法院：《关于审理民间借贷案件适用法律若干问题的规定》

该规定确定了民间借贷的利息区间，也明确了 P2P 担保的有关责任，在司法实践中发挥了重要作用。该规定分别对于 P2P 涉及居间和担保两个法律关系时，是否应当以及如何承担民事责任作出了规定。按照该规定中的条款内容，借贷双方通过 P2P 网贷平台形成借贷关系，网络贷款平台的提供者仅提供媒介服务，不承担担保责任；如果 P2P 网贷平台的提供者通过网页、广告或者其他媒介明示或者有其他证据证明其为借贷提供担保，根据出借人的请求，人民法院可以判决 P2P 网贷平台的提供者承担担保责任。

这种网络借贷中介机构担保，是我国互联网金融发展尤其是网络借贷的“特色”。当然这种特色有其形成的土壤和要素，但是担保恰恰没有反映网络借贷的本质。网络借贷是互联网金融的重要组成部分，网络借贷也必须反映互联网金融的本质，这种本质除了互联网金融的本质之外，还需要体现互联网金融的特性，即互联网属性，互联网属性决定了互联网金融的技术性、大众性和普惠性。从本质上讲，互联网金融应当以信用为担保手段，平台不应该充当担保角色，在 P2P 网络借贷中更是如此。但是由于我国的信用体系尚在建设过程中，大量借款人无法提供有效的征信数据，因此互联网金融的大数据本质特征正是应用在此场景中：当大量借款人缺乏信用数据，如何识别借款人的信用，为借款人信用进行评级就是非常重要的工作。大数据应当提供更为多样化的信用数据模型，打破原有的结构化数据模型，构建多角度、动态立体的信用征信模型。但我国目前大多数征信机构、网络借贷机构对于大数据的应用和风控还处在“讲故事”阶段，没有将互联网金融的技术特征推向更为广阔的高度，所以在信用机制和信用数据基础匮乏的今天，平台为了吸引更多投资人、加大网络借贷平台的资金流动以提高收益，只能以平台为担保人，为一部分甚至全部平台债务提供一定的担保，给投资人以信心。但是，这种担保尤其是 P2P 网络借贷平台为平台债务提供的担保，已经被明令禁止。同时该规定还指出，对于平台以各种形式宣称承诺垫付的，法律均对出借人要求平台履行担保责任的请求给予支持。

同时，该规定在利息问题上也给予了明确界定，替代了原来与民间借贷有关的利息规定。新的规定对于什么是“高利贷”也给出了更加明确的“两线三区”解释，即 24% 以下的法律支持投资人的合法权利，超过 36% 的法律支持借款人要求返还的权利，而 24% ~ 36% 之间的争议由出借人和借款人自行协商，并尊重既定发生的事实。

（三）国务院：《关于进一步做好防范和处置非法集资工作的意见》

民间借贷领域本就容易出现非法集资和非法形成资金池现象。在网络上更是如此。E租宝案件就是在2015年爆发的，涉案金额高达500亿元。因此，网络借贷、P2P、众筹等成为非法集资的高发区域，2016年2月4日，国务院及时印发了上述意见。上述意见要求抓住集资重点区域，重大案件依法打击，稳妥处置。进一步深化金融改革，大力发展普惠金融，提升金融服务水平。完善民间融资制度，合理引导和规范民间金融发展。央行、银监会、证监会、保监会、外汇局要指导和督促金融机构做好对涉嫌非法集资可疑资金的监测工作。该意见指出，各地区有关部门要密切关注投资理财、非融资性担保、P2P网络借贷等新的高发重点领域，以及投资公司、农民专业合作社、民办教育机构、养老机构等新的风险点，加强风险监控。要求完善法规，尽快出台非存款类放贷组织条例，P2P网络借贷、股权众筹融资等监管规则，促进互联网金融规范发展。

二、2016年3月~2017年12月：监管提升期

2016年的政府工作报告指出，规范发展互联网金融，大力发展普惠金融和绿色金融。扎紧制度笼子，整顿规范金融秩序，严厉打击金融诈骗、非法集资和证券期货领域的违法犯罪活动，坚决守住不发生系统性区域性风险的底线。在规范发展互联网金融的原则和推动下，相关监管规范在此时期不断出台，监管力度、宽度、广度逐步提升。

同时，为鼓励金融创新、促进互联网金融健康发展、明确监管责任、规范市场秩序，遵循《关于促进互联网金融健康发展的指导意见》的要求，2016年3月25日，中国互联网金融协会召开了第一次全体大会，宣告了协会的成立。中国互联网金融协会作为全国性

互联网金融行业自律组织，将贯彻党中央、国务院关于规范发展互联网金融的决策部署，在央行指导下，按照国家金融监管法规的要求认真履行互联网金融行业自律职责，充分发挥行业自律机制在规范从业机构市场行为和保护行业合法权益等方面的积极作用。

按照《关于促进互联网金融健康发展的指导意见》的要求，该协会主要职能为按业务类型制定经营管理规则和行业标准，推动机构之间的业务交流和信息共享；明确自律惩戒机制，提高行业规则和标准的约束力；强化守法、诚信、自律意识，树立从业机构服务经济社会发展的正面形象，营造诚信规范发展的良好氛围。

中国互联网金融协会作为日后在互联网金融监管体系中较为重要的一环，发挥了重要的行业自律作用，在其成立后，关于互联网金融行业内的自律规范均由该单位发布，结合中国特殊国情，其发布的“自律文件”也将成为互联网金融监管的重要依据。

（一）银监会等四部委：《网贷暂行办法》

2016年8月17日，银监会、工信部、公安部和国家互联网信息办公室正式以部门规章的形式发布《网贷暂行办法》。该暂行办法比较全面地规范了互联网金融的主要形式即网络借贷的相关内容。我国互联网金融野蛮生长带来的严重社会问题大部分是由网贷（P2P）没有受到严格监管导致的。因此，在2015年十部委发布了《关于促进互联网金融健康发展的指导意见》，相关部门最快落实的监管办法即为上述《网贷暂行办法》。本书已经在前文专门讨论过《网贷暂行办法》，下文仅作简要介绍。

1. 强调“中介”地位

该暂行办法进一步强调了P2P网贷平台的信息中介定位，网络借贷信息中介机构按照依法、诚信、自愿、公平的原则为借款人和出借人提供信息服务，维护出借人与借款人合法权益，不得提供增信服务，不得直接或间接归集资金，不得非法集资，不得损害国家利益和社会公共利益。当然，在中介定位语境下，提供的“信息服务”只能是中介信息，而非其他信息，不能提供增信、担保等业务。当然，这里的中介信息诚如本书对互联网金融本质的认识一样，不应当限于一般的简单信息，而是可以将信息分类整理，利用大数据技术进行一定自动匹配。当然，不应该搞非法资金池，这是应当坚持的底线。

2. 强调“信息披露”

《网贷暂行办法》指出，网络借贷信息中介机构应当对出借人与借款人的资格条件、信息的真实性、融资项目的真实性、合法性进行必要审核，同时在其官方网站上向出借人充分披露借款人基本信息、融资项目基本信息、风险评估及可能产生的风险结果、已撮合未到期融资项目资金运用情况等有关信息。当然，这里的进行必要审核，尚需一定的具体标准方能确定义务范围，便于监管。随后，中国互联网金融协会推出了网贷信息披露标准，配合《网贷暂行办法》的相关规定，明确信息披露标准，便于监管。

3. 明确银行存管

《网贷暂行办法》规定，网络借贷信息中介机构应当实行自身资金与出借人和借款人资金的隔离管理，并选择符合条件的银行业金融机构作为出借人与借款人的资金存管机构。当然，存管能否落实还需要进一步详细规范。如果存管只是流于形式，实质上平台仍然能够调动用户资金，存管银行仅凭借网贷平台的指令就能配合网贷平台支配资金，显然违背了存管的初衷。所谓存管，不能只存不管。

4. 明确了网贷平台的不得为义务

《网贷暂行办法》明确规定了网贷平台不得从事的行为，即不得：为自身或变相为自身融资；直接或间接接受、归集出借人的资金；直接或变相向出借人提供担保或者承诺保本保息；自行或委托、授权第三方在互联网、固定电话、移动电话等电子渠道以外的物理场所进行宣传或推介融资项目；发放贷款，但法律法规另有规定的除外；将融资项目的期限进行拆分；自行发售理财等金融产品募集资金，代销银行理财、券商资管、基金、保险或信托产品等金融产品；开展类资产证券化业务或实现以打包资产、证券化资产、信托资产、基金份额等形式的债权转让行为；除法律法规和网络借贷有关监管规定允许外，与其他机构投资、代理销售、经纪等业务进行任何形式的混合、捆绑、代理；虚构、夸大融资项目的真实性、收益前景，隐瞒融资项目的瑕疵及风险，以歧义性语言或其他欺骗性手段等进行虚假片面宣传或促销等，捏造、散布虚假信息或不完整信息损害他人商业信誉，误导出借人或借款人；向借款用途为投资股票、场外配资、期货合约、结构化产品及其他衍生品等高风险的融资提供信息中介服务；从事股权众筹等业务；法律法规、网络借贷有关监管规定禁止的其他活动。

在过去几年中，网贷平台问题频发，包括自融、庞氏骗局、操作资金、资金池、承诺返本付息后、担保等问题。因此，《网贷暂行办法》明确了网贷平台不得从事上述行为，且有兜底条款，即“法律法规、网络借贷有关监管规定禁止的其他活动”。

5. 明确借款人的借款限额

《网贷暂行办法》明确了借款人的借款上限，即网络借贷金额应当以小额为主。网络借贷信息中介机构应当根据本机构风险管理能力，控制同一借款人在同一网络借贷信息中介机构平台及不同网络借贷信息中介机构平台的借款余额上限，防范信贷集中风险。同一自然人在同一网络借贷信息中介机构平台的借款余额上限不超过人民币 20 万元；同一法人或其他组织在同一网络借贷信息中介机构平台的借款余额上限不超过人民币 100 万元；同一自然人在不同网络借贷信息中介机构平台借款总余额不超过人民币 100 万元；同一法人或其他组织在不同网络借贷信息中介机构平台借款总余额不超过人民币 500 万元。

笔者在本书第一章就探讨了互联网金融的本质，其必然是不同于以往直接融资和间接融资的第三种融资形式，这种融资形式诞生的重要原因就是大量中低收入群体不能享受到金融便利，金融的阳光无法照耀到社会“草根”阶层。因此，互联网金融的消费额度必然是少量的，消费者群体必然是大量的。借款额度不能过高，否则会造成极大的社会资金风险，金融消费者阶层也无法用自己的“信用”或有限的担保资产承担巨额的负债。大量P2P平台曾经忽视风险控制，没有建立以大数据为基础的风控模型，对贷款申请审核不严，最终导致不良借款人跑路。因此，限制借款人的借款数额十分必要。借款数额的上限应当根据社会发展经济情况来确定。当然，上述规范出台后，一些P2P网贷平台开始与各地“金交所”合作，开展借贷业务，实质上这些合作大部分是为规避上述规定而引发的，即所谓借款标的“大拆小”。后文详述。

6. 信息披露

《网贷暂行办法》对信息披露十分重视，用了整整一章内容来规范信息披露，且要求另外制定详细的信息披露办法。《网贷暂行办法》规定网络借贷信息中介机构应当在其官方网站上向出借人充分披露借款人基本信息、融资项目基本信息、风险评估及可能产生的风险结果、已撮合未到期融资项目资金运用情况等有关信息。同时要求，网络借贷信息中介机构应当及时在其官方网站显著位置披露本机构所撮合借贷项目等经营管理信息。网络借贷信息中介机构应当在其官方网站上建立业务活动经营管理信息披露专栏，定期以公告形式向公众披露年度报告、法律法规、网络借贷有关监管规定。网络借贷信息中介机构应当将定期信息披露公告文稿和相关备查文件报送工商登记注册地地方金融监管部门，并置备于机构住所供社会公众查阅。网络借贷信息中介机构的董事、监事、高级管理人员应当忠实、勤勉地履行职责，保证披露的信息真实、准确、完整、及时、公平，不得有虚假记载、误导性陈述或者重大遗漏。借款人应当配合网络借贷信息中介机构及出借人对融资项目有关信息的调查核实，保证提供的信息真实、准确、完整。随后，2016 年 8 月，中国互联网金融协会下发了信息披露标准。

7. 备案管理

《网贷暂行办法》规定，拟开展网络借贷信息中介服务的网络借贷信息中介机构及其分支机构，应当在领取营业执照后，于 10 个工作日以内携带有关材料向工商登记注册地地方金融监管部门备案登记。地方金融监管部门负责为网络借贷信息中介机构办理备案登记。地方金融监管部门应当在网络借贷信息中介机构提交的备案登记材料齐备时予以受理，并在各省（区、市）规定的时限内完成备案登记手续。备案登记不构成对网络借贷信息中介机构经营能力、合规程度、资信状况的认可和评价。地方金融监管部门有权根据本办法和相关监管规则对备案登记后的网络借贷信息中介机构进行评估分类，并及时将备案登记信息及分类结果在官方网站上公示。网络借贷信息中介机构完成地方金融监管部门备案登记后，应当按照通信主管部门的相关规定申请相应的电信业务经营许可；未按规定申请电信业务经营许可的，不得开展网络借贷信息中介业务。网络借贷信息中介机构备案登记、评估分类等具体细则另行制定。

以往监管机构对 P2P 网贷平台掌握信息不充分，没有中介机构（如律师事务所、会计师事务所）进行尽职调查，对平台监管缺少抓手。如果平台出现跑路、无法兑付、占用挪用客户资金的事件，监管机构由于信息掌握不充分便无法及时处置。《网贷暂行办法》要求各机构进行登记备案就是对上述监管短板的有力补充，各地随后也开始了登记备案工作。

（二）国务院办公厅：《互联网金融风险专项整治工作实施方案》（以下简称《实施方案》）

2016 年 4 月，国务院办公厅正式下发了上述《实施方案》，《实施方案》涉及了国务院 17 个部委，这些部委将协同合作，对互联网金融行业进行全面深入监管，从根本上助力“双创”（大众创业、万众创新）及实体经济的发展。随后，各部委相继跟进发布主管领域的整治方案。

1. 穿透式监管

穿透式监管办法在正式监管文件中出现还是首次。穿透式监管强调拨开业务的形式看业务的实质内容。这是《实施方案》确定的重要监管原则，在日后的规范文件中也会常见，穿透式监管对互联网金融监管的影响非常大，对于互联网金融监管的短板补齐具有重要作用。

《实施方案》强调，按照部门职责、《关于促进互联网金融健康发展的指导意见》明确的分工和本方案要求，采取穿透式监管方法，根据业务实质明确责任。坚持问题导向，集中力量对当前互联网金融主要风险领域开展整治，有效整治各类违法违规活动。充分考虑互联网金融活动特点，加强跨部门、跨区域协作，共同承担整治任务，共同落实整治责任。同时强调，未经相关部门批准，不得将私募发行的多类金融产品通过打包、拆分等形式向公众销售。采取穿透式监管方法，就要根据业务本质属性执行相应的监管规定。销售金融产品应严格执行投资者适当性制度标准，披露信息和提示风险，不得将产品销售给与风险承受能力不相匹配的客户。

在其他规范中也能看到穿透监管原则，如《实施方案》指出，互联网企业未取得相关金融业务资质不得依托互联网开展相应业务，开展业务的实质应符合取得的业务资质。互联网企业和传统金融企业平等竞争，行为规则和监管要求保持一致。还强调金融机构不得依托互联网通过各类资产管理产品嵌套开展资产管理业务、规避监管要求。应综合资金来源、中间环节与最终投向等全流程信息，采取穿透式监管方法，透过表面判定业务本质属性、监管职责和应遵循的行为规则与监管要求等。

当然，不仅在《实施方案》中，在后续的其他法律文件中也会看到有关穿透式监管的内容。对于互联网金融穿透式监管是否完全符合互联网金融的发展规律，本书还将在后文中详细讨论，此不赘述。

2. 多点防控

《实施方案》对互联网金融多个子领域提出了具体的风险整治边界，并针对这些边界提出了防控风险的禁止性行为。从这些领域的分布可以逆向推导出，在互联网金融高速发展的几年中，风险暴露较为集中的领域包括 P2P 网络借贷、股权众筹、互联网保险及第三方支付等。对此，伴随《实施方案》下发的还有以“一行三会”为代表的细分风险整治领域的实施方案。其中，央行针对第三方支付和跨界金融业务，银监会针对 P2P 网络借贷，证监会针对股权众筹，保监会针对互联网保险，原国家工商总局针对互联网金融广告及以投资理财名义从事金融活动等出台了相关的风险专项整治工作实施方案。针对近年风险事件较为集中的 P2P 网络借贷，《实施方案》再次强调了信息中介性质，不得设立资金池，不得发放贷款，不得非法集资，不得自融自保、代替客户承诺保本保息、期限错配、期限拆分、虚假宣传、虚构标的，不得通过虚构、夸大融资项目收益前景等方法误导出借人，除信用信息采集及核实、贷后跟踪、抵质押管理等业务外，不得从事线下营销。

由于实际操作中，“明股实债”在协议上的表现形式多样化，可以使用到期转让股、固定年化回报的股权分配等，“明股实债”越来越隐蔽，可以通过“抽屉协议”、补充协议等进行签署，较难发现。所以在股权众筹方面，《实施方案》明确提出不得发布虚假标的、自筹、“明股实债”及变相乱集资。“明股实债”早期是由企业间借贷引发的，具体体现为，表面上是股权且已履行登记手续，但在实际操作中约定了固定的回报收益率，形成了实质上的借贷关系。值得注意的是，《实施方案》在重点整治领域再次强调了房地产金融的规范性。明确指出，房地产开发企业、房地产中介机构和互联网金融从业机构等未取得相关金融资质的，不得利用 P2P 网络借贷平台和股权众筹平台从事房地产金融业务，并严禁各类机构开展“首付贷”性质的业务。

3. 明确监管主体

《实施方案》强调成立由央行负责同志担任组长，有关部门负责同志参加的整治工作领导小组（以下简称领导小组），总体推进整治工作，做好工作总结，汇总提出长效机制建议。领导小组办公室设在央行，银监会、证监会、保监会和住房城乡建设部等派员参与办公室日常工作。央行、银监会、证监会、保监会等根据各自部门职责、《关于促进互联网金融健康发展的指导意见》明确的分工和本方案要求，成立分领域工作小组，分别负责相应领域的专项整治工作，明确对各项业务合法合规性的认定标准，对分领域整治过程中发现的新问题，划分界限作为整治依据，督促各地区按照全国统一部署做好各项工作。

《实施方案》进一步指出，各省级人民政府成立以分管金融的负责同志为组长的落实整治方案领导小组（以下简称地方领导小组），组织本地区专项整治工作，制订本地区专项整治工作方案并向领导小组报备。各地方领导小组办公室设在省（区、市）金融办（局）或人民银行省会（首府）城市中心支行以上分支机构。各省级人民政府应充分发挥资源统筹调动、靠近基层一线优势，做好本地区摸底排查工作，按照注册地对从业机构进行归口管理，对涉嫌违法违规的从业机构，区分情节轻重分类施策、分类处置，同时切实承担起防范和处置非法集资第一责任人的责任。各省级人民政府应全面落实源头维稳措施，积极预防、全力化解、妥善处置金融领域不稳定问题，守住不发生系统性区域性金融风险的底线，维护社会和谐稳定。

《实施方案》还要求各相关部门应积极配合金融管理部门开展工作。工业和信息化部负责加强对互联网金融从业机构网络安全防护、用户信息和数据保护的监管力度，对经相关部门认定存在违法违规行为的互联网金融网站和移动应用程序依法予以处置，做好专项整治的技术支持工作。住房城乡建设部与金融管理部门共同对房地产开发企业和房地产中介机构利用互联网从事金融业务或与互联网平台合作开展金融业务的情况进行清理整顿。中央宣传部、国家互联网信息办公室牵头负责互联网金融新闻宣传和舆论引导工作。公安部负责指导地方公安机关对专项整治工作中发现的涉嫌非法集资、非法证券期货活动等犯罪问题依法查处，强化防逃、控赃、追赃、挽损工作；指导、监督、检查互联网金融从业机构落实等级保护工作，监督指导互联网金融网站依法落实网络和信息安全管理制度、措施，严厉打击侵犯用户个人信息安全的违法犯罪活动；指导地方公安机关在地方党委、政府的领导下，会同相关部门共同做好群体性事件的预防和处置工作，维护社会稳定。最高人民法院、最高人民检察院等配合做好相关工作。中国互联网金融协会要发挥行业自律作用，健全自律规则，实施必要的自律惩戒，建立举报制度，做好风险预警。

（三）银监会、证监会、保监会、央行等部门：各自领域内的专项整治工作实施方案

2016年4月后，为配合国务院的专项整治工作和《实施方案》，国务院的有关部门如银监会、保监会、证监会、央行等陆续发布了各自管辖领域内的专项整治工作实施方案。

1. 银监会等：《P2P网络借贷风险专项整治工作实施方案》

银监会联合工业和信息化部、公安部、国家互联网信息办公室等十五部委联合发布了《P2P网络借贷风险专项整治工作实施方案》。专项整治工作于2017年1月底前完成，通过专项整治，防止行业风险蔓延、偏离正确轨道，保护鼓励网贷机构在依法合规的前提下创新发展，提升行业整体形象，回归服务实体经济和小微企业

等普惠金融本质上来。当然，该方案再次体现了穿透式监管的本质。方案要求“线上线下，统筹治理。兼顾市场主体的线上业务与线下实体，明确关联关系，依据其经营本质和实际控制人进行统筹治理。将从事线下金融业务活动的网贷机构及涉及网贷业务的综合性互联网金融平台纳入专项整治范围，做到风险防范和治理全覆盖”。

2. 证监会等：《股权众筹风险专项整治工作实施方案》

2016 年 4 月，证监会等十五部门联合公布了《股权众筹风险专项整治工作实施方案》。该实施方案将互联网股权融资活动纳入整治范围，重点整治互联网股权融资平台（以下简称平台）以“股权众筹”等名义从事股权融资业务，以“股权众筹”名义募集私募股权投资基金，平台上的融资者擅自公开或者变相公开发行股票，平台通过虚构或夸大平台实力、融资项目信息和回报等方法进行虚假宣传，平台上的融资者欺诈发行股票等金融产品，平台及其工作人员挪用或占用投资者资金，平台和房地产开发企业、房地产中介机构以“股权众筹”名义从事非法集资活动，证券公司、基金公司和期货公司等持牌金融机构与互联网企业合作违法违规开展业务等 8 类问题。按照分类处置的工作要求，对于整治中发现的问题分类进行规范和查处。在查处违法违规行为过程中，视违法情节、整改情况、危害后果等区别处理。

3. 央行等：《通过互联网开展资产管理及跨界从事金融业务风险专项整治工作实施方案》

为贯彻落实党中央、国务院决策部署，做好通过互联网开展资产管理及跨界从事金融业务（P2P 网络借贷、股权众筹、互联网保险、第三方支付另有规定）风险专项整治工作，根据《关于促进互联网金融健康发展的指导意见》和《实施方案》，央行等部门制定了《通过互联网开展资产管理及跨界从事金融业务风险专项整治工作实施方案》。该方案主要针对除 P2P 网络借贷、股权众筹、互联网保险、第三方支付外的互联网金融形态，并坚持实施穿透式监管方法。该方案强调，坚持实质穿透，明确职责分工。结合从业机构的持牌状况和主营业务特征，采取“穿透式”监管方法，透过表面界定业务本质属性，落实整治责任。并且要求业务跨省经营的，由注册地相关部门牵头负责整治工作，经营所在地的地方人民政府和金融管理部门应加强配合。要求重点整治的是具有资产管理相关业务资质，但开展业务不规范的各类互联网企业。重点查处以下问题：一是将线下私募发行的金融产品通过线上向非特定公众销售，或者向特定对象销售但突破法定人数限制。二是通过多类资产管理产品嵌套开展资产管理业务，规避监管要求。三是未严格执行投资者适当性标准，向不具有风险识别能力的投资者推介产品，或未充分采取技术手段识别客户身份。四是开展虚假宣传和误导式宣传，未揭示投资风险或揭示不充分。五是未采取资金托管等方式保障投资者资金安全，侵占、挪用投资者资金等行为。

（四）银监会办公厅等：《网络借贷信息中介机构备案登记管理指引》

为建立健全网络借贷信息中介机构备案登记管理制度，加强网络借贷信息中介机构事中事后监管，完善网络借贷信息中介机构基本统计信息，根据《网贷暂行办法》等规定，2016 年 10 月银监会办公厅等制定了上述指引。该指引对互联网金融的典型代表 P2P 网贷进行了登记规范管理，截至本书成文之际，尚没有通过备案的网贷平台。各地根据上述指引，相继制定了本地 P2P 平台的备案管理细则。

该指引主要强调三点内容。第一，备案登记对新老平台区分管理，对已经设立并开展营业的平台，需根据 P2P 风险专项整治中分类处置结果做相应安排。该指引第 3 条规定，新设立平台在完成工商登记注册、领取企业法人营业执照后，应当于 10 个工作日内向工商登记注册地地方金融监管部门申请备案登记。第 10 条规定，对已设立并开展经营的平台，按照分类处置结果，对合规类机构的备案登记申请予以受理，对整改类机构，在其完成整改并经有关部门认定后受理其备案登记申请。申请前还应当先到工商登记部门修改经营范围，明确网络借贷信息中介等内容。第二，备案登记将作为新平台申请银行存管及增值电信业务许可的前置条件。根据第 13 条、第 14 条的规定，网贷机构须持地方金融监管部门出具的备案登记证明，按相关规定申请增值电信业务经营许可、与银行业金融机构签订资金存管协议，并将相关信息反馈至工商登记注册地地方金融监管部门。备案登记不可视为监管对登记机构的增信背书。第三，该指引第 2 条强调，备案登记仅对机构的基本信息进行登记、公示并建立相关机构档案，不构成对机构经营能力、合规程度、资信状况的认可和评价。这一点与私募基金管理人登记的不构成对登记机构资质合规程度的认可具有相通性。但根据当前互联网金融监管和 P2P 备案登记情况看，备案要求仍然很高。

（五）央行等十七部门：《关于进一步做好互联网金融风险专项整治清理整顿工作的通知》

2017 年 6 月，央行等十七部门继一年前国务院办公厅发布《互联网金融风险专项整治工作实施方案》后，再一次深化、拓展了互联网金融的监管，并相继明确了当时业内普遍关心的问题。该通知正式明确了整改实施阶段应最迟于 2018 年 6 月底前完成，对个别从业机构情况特别复杂的，经省级人民政府批准后，整改期最长可延至 2 年，由省级人民政府指定相关部门负责监督及验收。此外，该通知要求从业机构按照整改意见书自行制订整改计划，确定整改完成期限，并提交本省领导小组办公室（或各省领导小组指定部门）审核。整改计划应承诺不新增不合规业务；对存量不合规业务明确退出时间表，原则上不超过 1 年，分领域有具体规定的，从其规定。同时，做好退出业务可能引发风险的应急预案。

该通知表示，从业机构应对照整改计划，组织实施整改；整改期间要按月向省领导小组办公室（或各省领导小组指定部门）报送整改进展情况及违法违规业务退出进度。该通知强调，各省领导小组要切实承担第一责任人职责，统一组织本地区清理整顿工作，采取有效措施确保整治期间辖内互联网金融从业机构数量及业务规模双降。对于跨省从业机构，机构总部注册地省级领导小组要将处置工作意见通报分支机构所在地省级领导小组，共同做好风险处置工作。此外，要做好严格准入或备案管理工作。凡从事互联网金融活动，必须依法接受准入或备案管理。清理整顿期间，非金融机构以及不从事金融活动的企业，在注册名称和经营范围中原则上不得使用“交易所”“交易中心”“金融”“资产管理”“理财”“基金”“基金管理”“投资管理”“财富管理”“股权投资基金”“网贷”“网络借贷”“P2P”“股权众筹”“互联网保险”“支付”等字样。

（六）银监会办公厅：《网络借贷信息中介机构业务活动信息披露指引》

2017年8月，银监会根据P2P平台的信息披露情况和问题制定了该指引，同时也弥补了中国互联网金融协会发布的信息披露标准的不足，提升了信息披露监管强度。根据该指引，其所称“信息披露”，是指P2P平台及其分支机构通过其官方网站及其他互联网渠道（手机APP、微信公众号、微博等渠道）向社会公众公示网络借贷信息中介机构基本信息、运营信息、项目信息、重大风险信息、消费者咨询投诉渠道信息等相关信息的行为。

根据该指引，P2P平台应向公众披露的信息包括：备案信息，包括备案登记、电信业务经营许可、资金存管、公安机关核发的网站备案图标及编号、风险管理等信息；组织信息，包括工商信息、股东信息、组织架构及从业人员概况、分支机构工商信息、官方网站、官方手机应用及其他官方互联网渠道信息；审核信息，包括上一年度的财务审计报告、经营合规重点环节的审计结果、上一年度的合规性审查报告。

该指引同时规定了平台应当及时向出借人披露的信息内容，其中一条要求披露“截至借款前6个月内借款人征信报告中的逾期情况、借款人在其他网络借贷平台借款情况”，同时规定，中国互联网金融协会依据本指引及其他有关法律法规、自律规则，对网络借贷行业的信息披露进行自律管理。此外，已开展网络借贷信息中介业务的机构，在开展业务过程中存在不符合本指引要求情形的，应在本指引公布后进行整改，整改期自本指引公布之日起不超过6个月。逾期未整改的，按照《网贷暂行办法》及《网络借贷信息中介机构备案登记管理指引》的有关规定执行。

（七）银监会网贷整治办：《小额贷款公司网络小额贷款业务风险专项整治实施方案》

2017年前后，网络“现金贷”业务极为盛行，但是网络现金贷存在极大风险隐患，由于借款人数众多，借款不设上下限，利息畸高，早已经突破36%的上限，借款人“新贷偿旧贷”的现象非常普遍，有的P2P网贷平台也开始兼营现金贷业务。大部分现金贷平台的非法催收方式导致借款人破产现象比比皆是，面对如此情况，2017年12月银监会网贷整治办发布了该实施方案。另外，值得一提的是互联网金融风险专项整治工作领导小组办公室在2017年11月发布了《关于立即暂停批设网络小贷公司的通知》，以预防现金贷可能造成的风险。

该实施方案对网络小额贷款给出了明确定义，突出特定场景的贷款。网络小额贷款是指互联网企业通过其控制的小额贷款公司，利用互联网向客户提供的小额贷款，具有通过互联网平台获取借款信息，运用互联网平台积累的客户经营、网络消费等特定场景信息等评定信用风险，在线上完成贷款全业务流程等特点。此外，在贷款排查范围中，也要求排查是否发放了无特定场景依托、无指定用途的网络小额贷款。言下之意，具有特定场景的贷款才是被监管允许的。不过该实施方案对场景并没有给出更细的定义。

该实施方案对网络小额贷款公司的审批提出更严格具体的要求。比如，由计划单列市批设的相关机构，将由省级政府小额贷款公司监管部门和计划单列市小额贷款公司监管部门协商核查业务资质。在重新审查经营资质方面，主要审查发起股东资质、借款人来源、互联网场景、内生数据基础和数字化风控技术等方面的经营资质要求是否严格合理。截至该实施方案发布时，全国共批准了 213 家网络小贷牌照。该实施方案还对资金来源以及合作方提出细化要求，强调资金的自有性和放贷的自主性。提出排查网络小贷公司通过股东借款方式融入的资金是否为股东自有资金，对通过信贷资产转让、资产证券化等方式融资提出细化要求。

关于“现金贷”的含义，P2P 网络借贷风险专项整治工作领导小组办公室发布的《关于开展“现金贷”业务活动清理整顿工作的补充说明》中已经有所描述。该说明指出，根据当前市场“现金贷”业务活动经营模式，请各地开展“现金贷”业务活动清理整顿工作中，对具有下列特征的平台应当予以重点关注：第一，平台利率畸高。当前部分平台采取日息、月息等概念吸引借款人，而实际年化利率超 36%；第二，实际放款金额与借款合同金额不符，部分平台在给借款人放贷时，存在从借贷本金中先行扣除利息、手续费、管理费、保证金等金额的现象；第三，无抵押，期限短。“现金贷”平台主要通过无抵押信用货款，借款期限集中在 1 ~ 30 天，放款速度快等方式吸引借款人；第四，依靠暴利覆盖风险，暴力催收。

（八）中国互联网金融协会：《互联网金融　个体网络借贷　资金存管业务规范》和《互联网金融　个体网络借贷　资金存管系统规范》

针对 2017 年前后出现的银行存管“存而不管”现象，为切实维护互联网金融消费者的合法权益，确保网贷平台自身资金和投资人（出借人）资金相互独立、平台无法擅自动用用户资金，中国互联网金融行业协会下发了上述规范。

上述规范规定了存管人、业务管理、和业务运营等要求。业务规范要求存管人应在汇总账户下，分别为每个出借人、借款人、担保人等开立子账户，确保清晰统计每一笔出借、借款等资金交易流水。子账户客户信息应与委托人的客户信息一一对应。同时，要求存管人应设置风险监控机制，当发现委托人运营平台出现超限额等违法违规的情况时，存管人应及时向监管部门报告。

系统规范则提出了网络借贷资金存管的基本原则，规定了网络借贷资金存管系统的账户管理、资金管理、信息管理等功能要求以及安全性、业务连续性等非功能性要求。系统规范明确了标的限额监控方式。根据标的限额管理要求，存管人应至少采取单笔监控方式对标的限额实施监控，宜增加累计监控、定期监控等方式。其中，在单笔监控中，存管人可对同一借款人在同一网络借贷信息中介机构平台的标的金额进行实时监控。借款人为自然人的，单个标的借款金额不超过20万元。借款人为法人或其他组织的，单个标的借款金额不超过100万元。累计监控中，存管人可对同一借款人在同一网络借贷信息中介机构平台的借款余额进行实时监控。借款人为自然人的，借款余额不超过20万元。借款人为法人或其他组织的，借款余额不超过100万元。定期监控中，存管人可对同一借款人在同一网络借贷信息中介机构平台的借款余额进行定期事后监控。借款人为自然人的，借款余额不超过20万元。借款人为法人或其他组织的，借款余额不超过100万元。如超出借款限额，存管人应及时报送相关监管部门，或通过协会搭建的数据收集平台，统一报送相关监管部门。

在此时期，除了国家层面的规范，各地方如上海、广州、深圳、厦门等互联网金融企业（注册地）较为发达的地区相继出台了相关规范，以配合和细化国家有关监管规定。其中主要的地方监管规范有：《重庆市金融工作办公室关于加强个体网络借贷风险防控工作的通知》《江西省人民政府办公厅关于促进全省互联网金融业发展的若干意见》《安徽省人民政府关于进一步做好防范和处置非法集资工作的实施意见》《上海市网络借贷电子合同存证业务指引》《深圳市政府金融工作办公室关于互联网平台与各类交易场所合作金融业务相关情况的通知》《广州市网络借贷信息中介机构整改验收工作方案》《厦门市网络借贷信息中介机构备案登记管理暂行办法》。

三、2018 年至今：监管常态期

2018 年至今，我国各项互联网金融监管规范文件基本完备，尤其是 P2P 网贷、互联网资产管理产品、互联网股权众筹、网络小贷等领域内的监管主体、监管规范经过过去一段时期以来的构建，基本能够满足现阶段互联网金融的基本发展要求，行业生态逐步优化，互联网金融积累的风险整体可控。当然，这并不意味着监管可以停滞不前，随着金融创新的不断出现，相关监管规范还需要不断完善。另外，我国 2018 年政府工作报告中还指出“健全互联网金融监管”。因此，互联网金融的监管规范还需进一步完善。

1. 央行等四部委：资管新规

针对互联网金融资产管理产品和我国传统金融监管体系改革的基本要求，2018 年 4 月 27 日央行等四部委联合发布了资管新规，我国涉及百万亿元的资产管理产品监管有了新的依据。

资管新规根据党中央、国务院“服务实体经济、防控金融风险、深化金融改革”的总体要求，按照“坚决打好防范化解重大风险攻坚战”的决策部署，坚持严控风险的底线思维，坚持服务实体经济的根本目标，坚持宏观审慎管理与微观审慎监管相结合的监管理念，坚持有的放矢的问题导向，坚持积极稳妥审慎推进的基本思路，全面覆盖、统一规制各类金融机构的资产管理业务，实行公平的市场准入和监管，最大限度地消除监管套利空间，切实保护金融消费者合法权益。资管新规按照产品类型统一监管标准，从募集方式和投资性质两个维度对资产管理产品进行分类，分别统一投资范围、杠杆约束、信息披露等要求。坚持产品和投资者匹配原则，加强投资者适当性管理，强化金融机构的勤勉尽责和信息披露义务。明确资产管理业务不得承诺保本保收益，打破刚性兑付。严格非标准化债权类资产投资要求，禁止资金池，防范影子银行风险和流动性风险。分类统一负债和分级杠杆要求，消除多层嵌套，抑制通道业务。加强监管协调，强化宏观审慎管理和功能监管。

资管新规的核心原则是统一监管标准，打破刚兑，限制杠杆，使信息披露充分，以防范风险。互联网金融平台上存在的理财产品同样适用于资管新规，这对互联网金融尤其是 P2P 网贷平台、理财平台的影响非常大，由于上文已经讨论过互联网金融理财产品的法律问题，此不再赘述。资管新规明确，针对非金融机构违法违规开展资管业务的情况，尤其是利用互联网平台等分拆销售具有投资门槛的投资标的、通过增信措施掩盖产品风险、设立产品二级交易市场等行为，要按照国家规定进行规范清理。另外，资管新规还强调，运用人工智能技术进行智能投顾等业务，依然需要取得相应牌照，取得投资顾问资质的机构在具备相应技术条件的情况下，可以运用人工智能技术开展投资顾问业务，非金融机构不得借助智能投资顾问超范围经营或变相开展资管业务。

2. 各省市：P2P 备案、验收细则等

此段时期，各地配合国家有关 P2P 网贷备案整体监管规定、现金贷、属地化管理等要求，纷纷出台了相关地方细则。例如，上海市发布《关于印发本市规范整顿“现金贷”业务实施方案的通知》，通知根据《互联网金融风险专项整治工作领导小组办公室、P2P 网络借贷风险专项整治工作领导小组办公室关于规范整顿“现金贷”业务的通知》等规定，结合实际，制订上海市规范整顿“现金贷”

业务实施方案，重点整治各类机构开展的具有无场景依托、无指定用途、无客户群体限定、无抵押等特征的“现金贷”业务。主要工作目标是通过对各类违规开展“现金贷”业务的机构及时进行约谈检查、督促整改，进一步加强宣传教育，促进化解、处置“现金贷”业务中存在的过度借贷、重复授信、不当催收、畸高利率、侵犯个人隐私等突出矛盾和问题。

另外，在本书成文时进行了的 P2P 网贷平台备案工作也正在进行，各地对于网贷平台的备案标准大同小异，但是均不统一，需要更加细化有关方案，防范网贷平台的金融风险。在 P2P 网贷平台高压整改的环境下，仍然有部分平台违法违规，搞非法集资和资金池活动，最终出现兑付危机，严重侵害了投资人的权益。例如，2018 年 6 月唐小僧、善林金融、联璧金融等多家网贷平台集中出现兑付危机，2018 年 7 月，P2P 网贷新增问题平台达 133 家。其中，浙江 38 家、上海 36 家，北京和深圳同为 16 家。四者合计 106 家，占近八成。另据第三方数据不完全监测，待收资金已超过 1200 亿元，其中部分平台开通了银行存款功能。诚如上文所述，如果银行存管只存不管，那么“银行存管”就无法为合规背书。数据显示，目前运营中的网贷平台有 1878 家，而上线银行存管的平台只有 801 家，尚未过半。问题平台中，“牛板金”与北京银行合作上线银行存管；“花果金融”上线上海银行存管；“小九金服”上线江西银行存管；“钱爸爸”与平安银行合作上线了资金存管。①

第四节　我国互联网金融穿透式监管原则评析

在上文所列监管依据中，对当前互联网金融产生影响较大的是

① 上文数据参见：https：//www. wdzj. com/news/hangye/2776098. html，最后访问日期：2018 年 7 月 29 日。

《网贷暂行办法》和资管新规。这两部规范一方面对我国最主要也是风险最高的互联网金融形式——P2P 网贷的性质作出了清晰的界定和制度安排，被称为“P2P 网贷纲领性规范”。虽然在此之前十部委的《关于促进互联网金融健康发展的指导意见》规定了 P2P 网贷的中介性质，但是并未就有关内容进行进一步细化；另外资管新规及其相关规章制度确定的穿透式监管办法，已经对互联网金融的资产管理产品以及众多 P2P 平台的“理财产品”“自动投标”产品、“自动投标工具”和“智能投顾”产生了实质影响。穿透式监管原则是对互联网金融的监管原则进一步深化，我国所有互联网金融监管的规范几乎都是围绕着穿透式监管原则而设计的。这种穿透式将互联网金融和传统金融的监管办法进行了制度上的衔接。这种衔接是否完全适应互联网金融发展的本质规律，本书已经有所探究，当然尚需理论界和实务界的进一步研究和探讨。

上述两部规范的内在逻辑是相互统一的，因为 P2P 网贷是一种“新生”的互联网金融事务，规范制定者基本认定互联网金融的本质仍然是金融，需要进行类似传统金融的监管，所以 P2P 网贷只能提供信息服务，不能设立“资金池”，不能发售理财产品，不能对债权债务进行分割错配等操作。如果进行了如上操作，会被视为从事了传统的金融持牌机构从事的行为，需要取得相关资质（牌照）。这就是穿透并看到业务的“实质”“本质”，所以资管新规对互联网金融的规范当中，明确规定“运用人工智能技术开展投资顾问业务应当取得投资顾问资质，非金融机构不得借助智能投资顾问超范围经营或者变相开展资产管理业务”、资产管理业务作为金融业务，属于特许经营行业，必须纳入金融监管。非金融机构不得发行、销售资产管理产品（这一点与《互联网金融风险专项整治工作领导小组办公室关于加大通过互联网开展资产管理业务整治力度及开展验收工作的通知》相一致），国家另有规定的除外。“非金融机构违反上述规定，为扩大投资者范围、降低投资门槛，利用互联网平台等公开宣传、分拆销售具有投资门槛的投资标的、过度强调增信措施掩盖产品风险、设立产品二级交易市场等行为，按照国家规定进行规范清理，构成非法集资、非法吸收公众存款、非法发行证券的，依法追究法律责任。非金融机构违法违规开展资产管理业务的，依法予以处罚；同时承诺或进行刚性兑付的，依法从重处罚”等。

至于上文所述的其他规范，大多数是对互联网金融具体管理和技术层面上的规定，上文已经有所交代，本文将不再赘述。本部分将重点分析穿透式监管原则及其运用。

一、“穿透式”监管原则概述

（一）穿透式监管原则内涵

互联网金融是金融创新的重要体现，我国互联网金融和美国、英国等国的互联网金融创新又存在不同之处。随着金融创新的脚步不断向前，金融监管理念也要不断更新。不同的金融监管体制下，监管机构专业水准、监管经验、监管方式、监管文化等不同，造成监管机构的责任明确程度各异、处理各种问题的优劣势存在差别，直接影响金融监管效率和成本。有学者认为：分业监管体制基本适应我国国情，现阶段我国尚不具备实行综合监管的条件和能力，但应该进一步完善监管协调机制。我国现行的金融监管体制属于典型的分业（机构型）监管。国务院机构改革前，银监会、证监会、保监会分别对银行业（含信托业）、证券业、保险业实行分业监管，央行具有金融稳定、货币市场、征信体系、反洗钱和外汇管理等方面的金融监督管理职能。从总体上看，这一体制与我国金融体系仍处于初级发展阶段的实际现状基本相适应。总体来看，我国金融体系处于初级发展阶段主要表现在以下三个方面：一是我国金融业基本实行分业经营，金融机构单一主业收入占总收入比重高，平均超过80%；二是我国金融业发展模式仍比较粗放，提高经营专业化和管理精细化水平仍是当前金融业改革发展的重中之重；三是我国资本市场仍处于新兴加转轨的发展阶段，金融基础设施不健全，金融市场交叉销售的收入渠道有限，综合化经营程度较浅，与真正意义上的综合经营还存在距离。① 但是，近年来，金融业扩展迅猛，尤其是互联网金融呈现爆发式增长，增量部分中资管业务、表外业务占比较大。互联网金融在发展过程中也出现了“资产管理”业务。因此，监管必须适应新变化，金融监管正在从微观审慎向宏观审慎转型。表外业务一般采用单个金融机构或工具进行微观审慎监管。② 当前，国际和国内金融监管机构日益重视宏观审慎监管，注重二者之间的结合。穿透式监管就是微观审慎监管和宏观审慎监管相结合的具体体现。

“穿透式”监管理论源于功能监管理论和行为监管理论。其中，功能监管理论是指在金融不断创新背景下，按照金融产品功能和金融业务性质对不同类型金融机构相同业务或类似业务实施统一的或相对统一的监管规则，从而消除监管套利。泰勒认为行为监管有助于消除不同管辖权下金融机构间的非公平竞争。从实践角度看，美国《1940 年投资公司法》规定“看穿条款”（look - through provision），在一定程度上体现了“穿透式”监管原则。美国为防止恶意规避人数限制，《1940 年投资公司法》规定了“看穿条款”：如果某一投资公司持有第 3（c）（1）条下基金 10% 以上份额，则该投资公司所有受益人也被计入合格投资者人数限制。另一个例子是，美国《1940 年投资顾问法案》规定，私人投资顾问在过去 12 个月内服务的客户少于 15 名，可以免于向证监会注册。由于该条款中客户数量的计算规则没有采用穿透式原则，私募基金旗下 1 支基金算作 1 名

① 张晓朴、卢钊：《金融监管体系选择：国际比较、良好原则与借鉴》，载《国际金融研究》2012 年第 9 期。

② Brunnermeier and Markus K. Deciphering the 2007 - 2008 Liquidity and Credit Crunch [J]. Journal of Economic Perspectives, 2009 (1): 77 - 100.

客户，于是大部分私募基金都有意把所管理的基金数量控制在 15 支以内，从而免于向证监会注册。在长期资本管理公司危机爆发之后，为加强对对冲基金的监管，美国证监会于 2004 年重申“看穿条款”，即在计算客户人数时，不再将 1 支基金算作 1 个客户，而是把基金的投资者都列为客户，以此大大压缩了豁免注册的范围。不过，“看穿条款”只体现了穿透式监管的一个方面，即对最终投资者的穿透，还没有实现对资金来源和资金流向全过程的穿透，市场主体依然可以通过产品嵌套或关联交易等方式进行规避。2008 年国际金融危机中，雷曼兄弟的倒闭之所以会引发全球性金融危机，一个重要原因在于金融市场特别是场外衍生品市场的隐秘、复杂和不透明。创新型金融工具的定价和交易机制高度复杂，衍生链过长、交易方过多，绝大部分游离于监管框架之外，直接导致监管当局无法监控不同部门之间的资产负债关系，难以防范系统性风险的积聚和爆发。①

随着中国资产管理行业的迅速发展，不透明、信息不对称已经成为其重要的行业特点，这成为行业风险的重要隐患。穿透式监管将有助于撩开层层面纱，对资金投入者负责。穿透就是要穿透到最终的投资者、穿透到最低层资产，这一点在我国 2018 年 4 月 27 日颁布的资管新规中已经明确表明。穿透式监管应遵循“实质重于形式”原则，穿透资产管理产品的表面形态，识别业务实质，从业务实质认定业务属性，根据业务属性和功能作用制定监管规则，进而将资金来源、中间环节与最终投向“穿透”关联，综合全流程信息来判断业务实质，再执行相应的监管规定。具体而言，穿透式监管的内涵体现在两个层面。一是资产端的“穿透”，即穿透嵌套的交易结构和通道设计，指向投资的底层资产、摸清资金流向。穿透识别底层资产是否符合特定资产管理的监管规定，诸如信用风险、流动

① 来源网址：http：//www. sohu. com/a/135108038_ 481893，最后访问日期：2018 年 8 月 1 日。

性风险等是否经过适当评估，资金流向是否符合国家产业政策和监管政策要求（即政策风险）。二是资金端的“穿透”，即穿透识别实际投资人资质和数量是否符合相关监管规定，穿透识别最终风险收益承担者，防止风险承担和资产类别错配，明确区分公募和私募，防止私募产品公众化。①

综上，本书认为，揭开业务“面纱”，评价业务“实质”，适用“实质”监管条款，即指透过金融产品的表面形态，看清金融业务和行为的实质，将资金来源、中间环节与最终投向穿透连接起来，按照“实质重于形式”的原则甄别金融业务和行为的性质，根据产品功能、业务性质和法律属性明确监管主体和使用规则，对金融机构的业务和行为实施全流程监管。②

（二）“穿透式”监管原则的基本功能

1. 防范系统性风险

市场化改革深入推动，通过交叉投资、金融创新等方式“大资管”规模快速扩张。资管产品的多重嵌套隐藏了真实的底层资产类别，掩盖了资金的真实流向，可能导致大量资金实质上集中在少数优质资产，风险持续集聚，增加了系统性风险。监管部门的统计数据往往出现失真，可能影响调控政策的有效实施。“穿透式”监管的重要现实意义之一就是增强宏观调控有效性，防范系统性风险。

2. 规避监管盲区

通过穿透式监管避免金融机构利用资管计划作为通道和工具，利用结构化设计规避监管规定，避免以嵌套和混业为特点的“大资管”业务发生挪用、误导、违规或关联交易等行为。在穿透式监管

① 谭人友等：《穿透式监管的内涵、目的与实践》，载《甘肃金融》2017年第9期。

② 辛积金、张雯、杨天骄：《国际“穿透式”监管理论的发展和实践对我国的启示》，载《西部金融》2018年第2期。

下，金融机构的名称、标签、业务模式不再是重要因素，监管细化到金融机构业务行为细则，机构行为可以找到相应的监管条例约束。因此，大量监管盲区将被覆盖，实现产品信息在出售方与监管方之间“双向”透明。

3. 防止错误销售

金融产品的销售应符合适用性原则，防止高风险产品误售给低风险承受能力的客户，保证资管产品的“风险－收益”特征与客户风险厌恶度的有效匹配，确保资管产品信息在出售方与消费方之间“双向”透明。

4. 适应混业经营监管需求

“一行三会”分业监管模式可能导致本质相同或相近的投资行为互借通道，达到规避监管的目标，这将增加监管难度。以互联网金融为例，按照“一行三会”监管的分类，网络借贷平台、股权众筹、互联网保险业务分别由银监会、证监会、保监会监管，唯有穿透式监管可以打破监管分类的桎梏，避免监管重叠与缺位。同时，穿透式监管还能有效监控混业经营下活跃的金融产品创新行为。

在“大资管”时代，穿透式监管既是监管部门监管理念的转变，又是改革完善我国金融监管框架的初探。分业监管通过行政手段造成金融机制与金融产品间的割裂，致使监管部门间的掣肘与低效率；金融创新中各监管部门争相开疆拓土又引致市场上的监管混乱。穿透式监管是将监管思路从“机构监管为主”转向“市场监管为主”，从传统的“牌照监管”转向现代金融的“功能监管”。穿透式监管作为新的金融监管机制将涵盖并注重金融市场中各项金融活动，而非局限于从事活动的金融机构本身。这不但能够有效促进和规范金融活动，而且符合“加快建立符合现代金融特点、统筹协调监管、有力有效的现代金融监管框架”的要求。

（三）穿透式监管原则与功能监管、行为监管的关系

有的学者认为，穿透式监管的理论渊源来自功能监管和行为监管。① 而实际上，穿透式监管与功能监管、行为监管虽具有高度相关性，但在性质和功能上存在显著差异。“穿透”的核心功能在于“事实发现”，而非基于所发现的事实实施新的监管。就此而言，将穿透式监管的理论基础归结为功能监管和行为监管，容易偏离穿透式监管的实质，进而限制穿透式监管的适用范围，失之偏颇。一方面，穿透式监管关注的是“事实发现”本身，至于如何据此实施监管以及实施何种监管，并不是“穿透式”监管的重心。在引入穿透式监管的基础上，既可以延续原有的行业监管和机构监管，也可以转而采用功能监管或行为监管。如果将穿透式监管的理论基础归结为功能监管和行为监管，就无法说明在行业监管体制下存在穿透式监管的正当性。当然，金融市场一旦引入穿透式监管，尤其是将“穿透”指向金融产品时，确实能为功能监管奠定良好的基础。另一方面，功能监管和行为监管主要是围绕金融机构及其金融产品或业务而展开的，极少涉及金融机构以外的市场参与者。但就穿透式监管而言，既包括产品穿透，也包括主体穿透和嵌套层级穿透等。其中，主体穿透可能牵涉到金融机构，但主要涉及证券发行人、控股股东和相关投资者的穿透；就产品穿透而言，所称“产品”可以涵盖金融机构以外的市场主体出售的各种金融产品，而不限于金融机构出售的金融产品。换言之，穿透式监管既可以服务于功能监管和行为监管，也可以服务于同功能监管、行为监管相对应的机构监管和行业监管。功能监管和行为监管要借力于穿透式监管，从而区别

---

① 参见苟文均：《“穿透式”监管与资产管理》，载《中国金融》2017 年第 8 期。

于穿透式监管本身。①

（四）主要国家、地区穿透式金融监管原则的立法实践

1. 美国

上文已经述及，美国是世界上最早提出并运用穿透式监管的国家，《1940 年投资公司法》已经明确提出了对投资人数限制的穿透监管办法。另外，2010 年 7 月，《多德—弗兰克法案》（Dodd - Frank Act）的出台，对美国后金融危机时代的金融监管提出了新的要求。设立金融稳定监督委员会（FSOC），对美联储、消费者金融保护局、联邦存款保险公司、财政部、证券交易委员会、商品期货交易委员会等多部门进行统筹协调，维护金融稳定。同时成立金融研究办公室，专门为 FSOC 提供相关金融支撑（如每年金融机构压力测试的数据等）；通过法案扩大了美联储金融监管的权利，不仅对社区银行全权监管，同时对所有可能对金融市场稳定产生影响的大型银行类金融机构、金融控股公司、对冲基金、证券机构、保险公司等机构进行全方位监管。这些监管需要统一监管标准，对于各类金融机构的统一监管标准是穿透式监管的必然要求。

2. 英国

2008 年金融危机后，英国对金融监管也开始了强有力的改革，发布了《2009 银行法案白皮书》《改革金融市场白皮书》《金融监管新方法：改革蓝图》等一系列法律法规。将原先金融服务管理局（FSA）分拆成英格兰银行内部审慎监管署（PRA）和金融政策委员会（FPC）两个机构，分别执行宏观审慎和微观审慎职能，对金融市场进行全方位的监管。从 P2P 的监管来看，英国 FCA 发布的《关于通过互联网众筹及通过其他媒介发行非易于变现证券的监管方法：

① 叶林等：《金融市场的“穿透式”监管论纲》，载《法学》2017 年第 12 期。

对于 CP13/13 的反馈说明及最终规则》中就有涉及穿透式监管的规定。其中，PS14/4 确立了对 P2P 网络借贷进行监管的基本原则和方法，建立了七项基本监管规则。监管当局要求所有 P2P 网贷平台必须明确告知消费者其商业模式及延期或违约贷款评估方式等信息，同时网站和贷款的细节被归为金融推广纳入监管，网络借贷平台要定期向 FCA 报告相关财务状况、客户资金、客户投诉情况、上一季度贷款信息等。

3. 欧盟

2010 年欧盟率先通过《泛欧金融监管改革法案》，将欧洲系统性风险管理委员（ESRB）和欧洲金融监管者体系（ESFS）作为欧洲各国金融监管机构的高层协调者，由欧洲中央银行统一监测整个金融体系的运转和监控。

二、我国金融“穿透式”监管的规范梳理

（一）我国传统金融监管的穿透式规范沿革

梳理相关政策法规，穿透式监管以风险控制为核心，对银行、证券、保险等各行业的各类理财、投资类资金的来源、杠杆情况、投向等各个环节实施全过程管控。具体而言，穿透式监管涉及内容广泛，主要包括资金来源（如资金池）、合格投资人认定、底层资产（基础资产）、资金投向（产业政策、环境保护政策等）、投资模式（资管产品嵌套、通道业务、杠杆限制等）、风险监测（流动性风险、信用风险等）、信息披露（事前、事中、事后持续披露标准）七个方面，基本覆盖一个资管产品从形成到结束的所有核心环节，主要涉及银行理财、券商资管、信托产品、保险资管、私募基金和金融资产管理公司资管等资管产品。对于资管产品，还有学者认为，穿透式监管可以通过建立综合统计系统来实现，这样可以提高化解金融风险的针对性。

1. 关于信托资产管理

相关法规包括《关于信托公司风险监管的指导意见》《关于进一步加强信托公司风险监管工作的意见》，其中相关条款对穿透对象作如下规定：关于“合格投资者”，规定识别信托产品最终投资者，不得突破合格投资者各项规定，防止风险蔓延。关于“产品底层资产”，规定识别产品底层资产，资金最终投向应符合银、证、保各类规定和合同约定，向投资者充分披露信息。关于“资金池”，规定不得开展非标准化理财资金池业务；加大非标资金池信托排查清理力度；重点监测可能出现用资金池项目接盘风险产品的情况。关于“分级产品”，规定股票类结构化信托原则上1:1，最高2:1，此外证券类单一集中度不超过20%。关于“流动性”，规定加强产品资金来源与运用的期限结构分析，特别是资金来源为开放式、滚动发行、分期发行的信托产品期限错配情况；穿透监测复杂产品的底层资产流动性状况。关于“信用风险”，规定根据穿透原则对承担信用风险的表内外资产足额计提风险拨备。

2. 关于银行理财产品

相关规定包括《商业银行理财业务监督管理办法》等。其中相关条款对穿透对象作如下规定：关于“合格投资人”，规定满足国务院金融监督管理机构对特定目的载体合格投资者的要求。关于“底层资产及其风险控制”，规定对非标准化债权资产的信用风险，穿透控制非标准化债权资产的比例；对各类合作金融机构的准入条件、资质、风控能力等方面进行严格审核及把关，确保风险可控。关于“底层资产及其会计核算与资本计提”，规定保证收益和保本浮动收益类理财产品，穿透解包还原理财产品的投资标的，参照自营业务的会计核算标准计提相应的风险资产、拨备，以及计算资本充足率等。关于“底层资产与信息披露”，规定穿透解包还原基础资产，做好产品事前、事中、事后的信息披露。关于“资金池”，规定理财资金不得与自有资金混用，不得购买本行贷款，不得开展资金池业务；

进行真实投资，防范银行业金融机构与理财产品、自营业务与理财产品之间违规转移内部收益。关于“分级产品”，规定要求不得发行分级理财产品。关于“投资管理”，规定投资公开或非公开市场交易的资产组合，应具有明确的投资标的、投资比例及募集资金规模计划，对资产组合及其项下各项资产进行独立的尽职调查与风险评估；不得投资境内二级市场公开交易的股票或与其相关的证券投资基金；不得投资于未上市企业股权和上市公司非公开发行或交易的股份。关于“投资项目和资金流向”，规定穿透显示投资项目和资金流向；重点关注三个资金流向，即政府融资平台、房地产和产能过剩行业。

另外，2017 年 3 月 28 日银监会下发的《关于开展银行业“监管套利、空转套利、关联套利”专项治理工作的通知》要求，按照穿透原则认定关联方和关联交易；4 月 6 日下发的《关于开展银行业“不当创新、不当交易、不当激励、不当收费”专项治理工作的通知》要求，对同业投资业务实施穿透管理至基础资产；4 月 7 日的《关于提升银行业服务实体经济质效的指导意见》要求，对银行业“穿透监测资金流向”；同日的《关于银行业风险防控工作的指导意见》，再次扩展到债券，并重申同业业务中采用穿透管理，直至基础资产；4 月 10 日的《关于切实弥补监管短板提升监管效能的通知》提出，“强化风险源头遏制”，加强股东准入监管，“穿透识别实际控制人、最终受益所有权人，并审查其资质”。央行在《中国金融业信息技术“十三五”发展规划》中提出，“建立覆盖全市场、穿透式信息的交易报告制度”，“探索基于大数据、人工智能等技术的穿透式监管方法”。

3. 关于券商资管资产管理产品等

相关规定包括《证券期货经营机构私募资产管理业务运作管理暂行规定》《关于加强证券公司资产管理业务监管的通知》《证券公司集合资产管理业务实施细则》，其中相关条款对穿透对象作如下规定：关于“合格投资人”，规定同一资产管理人设立多个同类型资管计划投向同一标的，需穿透核查投资人资格并合并计算合格投资者数量；不允许聘请个人担任投资顾问，不允许投顾以自有资金跟投结构化资管产品，不以投顾名义但实质承担投资顾问职责的机构纳入监管对象范畴。关于“资金池”，规定不得开展或参与具有资金池性质的私募资管业务；具体包括以下情况，混同运作，资金与资产不能一一对应；未有合理估值约定且未向投资者充分披露；未单独建账、独立核算、单独编制估值表；开放申购、赎回或滚动发行时未按规定合理估值，脱离对应标的资产的实际收益率分离定价；未进行实际投资或投资于非标资产，仅以后期投资者的投资资金向前期投资者兑付；发生不能按时兑付时，通过开放参与、退出或滚动发行方式由后期投资者承担此风险。关于“分级产品”，规定不得直接或间接对优先级保本保收益；名称中应含有结构化或分级字眼；结构化集合计划总资产占净资产比例不超过140%；非结构化集合资产管理计划的总资产占净资产的比例超过200%。关于“资金投向”，规定穿透核查投资是否符合国家产业政策、环境保护政策。关于“结构化嵌套、通道业务”，规定穿透核查结构化资产管理计划嵌套投资其他结构化金融产品。关于“券商集合资管嵌套、通道业务”，规定不得投资票据等规定投资范围以外的投资品种；不得以委托定向资产管理或设立单一资产信托等方式变相扩大集合资管投资范围。关于“非公开发行对象”，规定资管产品或有限合伙等作为发行对象的适合性；资管合同或合伙协议、附条件生效的股份认购合同的必备条款，认购对象约束条款设计；关联交易审批程序；信息披露及中介机构意见；员工持股计划作为发行对象，需履行相应程序。关于“定增”，规定穿透披露至最终投资人，并要求合计不得超过200人；董事会阶段确定投资者不能变为变相公开发行；锁定期内，委托人或合伙人不得转让其持有的产品份额或退出合伙及发行对象，包括最终持有人，在预案披露后，不得变更。

另外，2017年5月3日证监会颁布《区域性股权市场监管管理试行办法》，要求对理财、合伙、分拆发行证券等穿透核查投资者是否为合格投资者，合并计算投资者人数；8 月 31 日发布的《公开募集开放式证券投资基金流动性风险管理规定》，要求基金管理人对交易对手进行尽职调查。

4. 关于保险资产管理产品

相关规定包括《关于保险资产管理公司开展资产管理产品业务试点有关问题的通知》《关于加强组合类保险资产管理产品业务监管的通知》等。其中穿透式监管对象的规范包括：关于“资金池”，规定禁止发行具有资金池性质的产品，主要是指投资于非公开市场投资品种，且具有滚动募集、混合运作、期限错配、分离定价、未单独建账或未独立核算等特征的产品。关于“分级产品”，规定禁止向非机构投资者发行分级产品。嵌套资管产品、通道业务产品进行明确分类，并在产品发行材料中载明相应类型；禁止发行具有“嵌套”交易结构的产品。关于“底层资产”，规定禁止未明确产品投资的基础资产具体种类和比例，笼统规定相关资产的投资比例为 0 至 100%。关于“通道业务”，规定各保险资管公司清理规范银行存款通道等业务，清理规范期间保险资产管理公司暂停新增办理通道类业务。

另外，2017 年 4 月 21 日保监会发布的《关于进一步加强保险业风险防控工作的通知》提出，“对信用保证保险开展穿透式排查”；4 月 28 日的《关于强化保险监管　打击违法违规行为　整治市场乱象的通知》和 5 月 5 日的《关于弥补监管短板构建严密有效保险监管体系的通知》提出，加强入股资金真实性审查，强化投资人背景、资质和关联关系穿透性审查，严禁代持、违规关联持股等行为；5 月 4 日的《关于保险业支持实体经济发展的指导意见》提出，按照基础资产实施穿透式监管；5 月 9 日的《关于开展保险资金运用风险排查专项整治工作的通知》提出，要实施穿透式检查；5 月 27 日的《关于开展偿付能力数据真实性自查工作的通知》中，要求采用穿透法核算基础资产；6 月 22 日的《关于进一步加强保险公司开业验收工作的通知》中，要求“将对相关股东资质进行穿透性核查，要求详细说明股东资质变化的情况及原因”；6 月 23 日的《关于进一步加强保险公司关联交易管理有关事项的通知》明确，对待关联交易“穿透至实际权益持有人认定关联关系”。

5. 关于私募基金（证券、基金、期货及其子公司的私募基金）

相关规范包括《私募投资基金监督管理暂行办法》《证券投资基金管理公司子公司管理规定》《基金管理公司特定客户资产管理子公司风险控制指标指引》。其中对于穿透监管对象的规范包括：关于“合格投资人”，规定穿透核查最终投资者是否为合格投资人；利用私募基金层层嵌套变相扩大投资人数量将受限，但已在基金业协会备案的基金享有豁免权；非证监系统所监管的银行理财、信托计划、保险资管等类私募产品尚未纳入监管序列。关于“通道业务”，规定对成立基金子公司设立门槛，并进行净资本约束、缩减通道业务。关于“私募业务”，规定做好私募基金产品备案合格投资者审查，积极推动私募基金产品在发行和定增重组中不再穿透。

6. 关于金融资产管理公司

相关规范包括《关于规范金融资产管理公司不良资产收购业务的通知》。穿透式监管的相关规定包括：关于“通道业务”，规定不得达成额外协议影响资产和风险的真实完全转移；不得为银行业金融机构规避资产质量监管提供通道；不得设置任何显性或隐性的回购条款；不得进行违规利益输送；不得约定各种形式的实质上由受托方承担清收保底业务的条款；禁止变相融资。

7. 关于“资管新规”

2018 年 4 月 27 日，央行、中国银行保险监督管理委员会、中国证券监督管理委员会、国家外汇管理局联合印发了资管新规，其颁布对我国资产管理业务具有重要的监管意义：我国大资管时代正式到来，资产管理产品不再以行业类型或机构类型作为区分监管规范的标准，而是根据资产管理产品的募集类型或投资性质不同进行区分，分别是公募产品和私募产品以及固定收益类产品、权益类产品、商品及金融衍生品类产品和混合类产品。根据资产管理产品的类型进行监管而非发行机构，是对我国传统的分业监管、机构监管的反思和重大调整，未来的监管方向必然是统一监管、穿透式监管，穿透式监管在资管新规中规定得非常明确，具体体现在：第 27 条规定，（1）机构监管与功能监管相结合（向统合监管过渡的安排），按照产品类型而不是机构类型实施功能监管，同一类型的资产管理产品适用同一监管标准，减少监管真空和套利。（2）实行穿透式监管，对于多层嵌套资产管理产品，向上识别产品的最终投资者，向下识别产品的底层资产（公募证券投资基金除外）。另外，资管新规强调的统一监管原则也暗含了穿透式监管的基本要求，即资管新规强调，根据党中央、国务院“服务实体经济、防控金融风险、深化金融改革”的总体要求，按照“坚决打好防范化解重大风险攻坚战”的决策部署，坚持严控风险的底线思维，坚持服务实体经济的根本目标，坚持宏观审慎管理与微观审慎监管相结合的监管理念，坚持有的放矢的问题导向，坚持积极稳妥审慎推进的基本思路，全面覆盖、统一规制各类金融机构的资产管理业务，实行公平的市场准入和监管，最大限度地消除监管套利空间，切实保护金融消费者合法权益。

（二）专门针对互联网金融的主要穿透式规范

在互联网金融领域内，穿透式监管规范集中体现在以下两部文件中，即《互联网金融风险专项整治工作实施方案》和《通过互联网开展资产管理及跨界从事金融业务风险专项整治工作实施方案》。当然，以上两部分文件发布后，各地也陆续发布了互联网金融坚持穿透式监管的具体规范。

1.《互联网金融风险专项整治工作实施方案》

2016年4月12日，国务院办公厅正式印发该实施方案，明确提出："按照部门职责、《指导意见》明确的分工和本方案要求，采取'穿透式'监管方法，根据业务实质明确责任。坚持问题导向，集中力量对当前互联网金融主要风险领域开展整治，有效整治各类违法违规活动。充分考虑互联网金融活动特点，加强跨部门、跨区域协作，共同承担整治任务，共同落实整治责任。"在涉及"通过互联网开展资产管理及跨界从事金融业务"时，明确提出：（1）互联网企业未取得相关金融业务资质不得依托互联网开展相应业务，开展业务的实质应符合取得的业务资质。互联网企业和传统金融企业平等竞争，行为规则和监管要求保持一致。采取"穿透式"监管方法，根据业务实质认定业务属性。（2）未经相关部门批准，不得将私募发行的多类金融产品通过打包、拆分等形式向公众销售。采取"穿透式"监管方法，根据业务本质属性执行相应的监管规定。销售金融产品应严格执行投资者适当性制度标准，披露信息和提示风险，不得将产品销售给与风险承受能力不相匹配的客户。（3）金融机构不得依托互联网通过各类资产管理产品嵌套开展资产管理业务、规避监管要求。应综合资金来源、中间环节与最终投向等全流程信息，采取"穿透式"监管方法，透过表面判定业务本质属性、监管职责和应遵循的行为规则与监管要求。

2.《通过互联网开展资产管理及跨界从事金融业务风险专项整治工作实施方案》

2016年4月14日，央行、中央宣传部、中央维稳办等部门关于印发《通过互联网开展资产管理及跨界从事金融业务风险专项整治工作实施方案》的通知。该通知明确"穿透式监管方法"也是互联网金融监管的"中央政策"。该通知明确提出，坚持实质穿透，明确职责分工。结合从业机构的持牌状况和主营业务特征，采取"穿透式"监管方法，透过表面界定业务本质属性，落实整治责任。业务跨省经营的，由注册地相关部门牵头负责整治工作，经营所在地的地方人民政府和金融管理部门应加强配合……一是持有金融业务牌照但开展业务不规范的，由牌照主管部门进行整治。二是不持有金融业务牌照，但明显具备 P2P 网络借贷、股权众筹、互联网保险、第三方支付业务特征的，按照相关分领域的专项整治工作方案进行整治。三是不持有金融业务牌照，也不明确具备 P2P 网络借贷、股权众筹、互联网保险、第三方支付业务特征，或者不以 P2P 网络借贷、股权众筹、互联网保险、第三方支付为主营业务的，由省级人民政府统一组织，采取穿透式监管方法，综合资金来源、中间环节与最终投向等全流程信息，对业务实质进行界定，落实整治责任。

3. 有代表性的穿透式监管地方方案

北京市于 2016 年发布了《北京市互联网金融风险专项整治工作实施方案》，该方案明确指出：“明确责任，强化协同。按照《通知》及人民银行等十部门联合印发的《关于促进互联网金融健康发展的指导意见》明确的分工要求，人民银行营业管理部、北京银监局、北京证监局、北京保监局和市金融局牵头负责本市专项整治工作，采取‘穿透式’监管方法，集中力量对当前互联网金融主要风险领域存在的突出问题开展整治。落实各区属地责任，加强部门协同和跨区协作，形成工作合力，共同做好专项整治工作。”2017 年广州下发了《广州市互联网金融风险专项整治整改通知书》，严禁任何形式的变相征信行为，体现了穿透监管的精髓。

三、现阶段我国互联网金融采取“穿透式”监管方法的必然性

从现阶段来看，我国互联网金融仍处在规范发展时期，并未形成完善的行业生态和专门监管体系，加之风险积累集中爆发，众多

P2P 网贷平台在 2018 年后集中爆发挤兑危机，卷款跑路现象屡见不鲜。[①] 究其原因，我国互联网金融投资者（互联网金融消费者）风险意识不强，反而投机意识太强，寄希望于平台爆发危机之前自己能够“完美退出”，不是最后一个接力人。但是，以庞氏骗局为代表的集资诈骗最典型的特点就是危机爆发的不确定性。尤其是互联网金融波及面广，涉及人数众多。因此，在现阶段，我国互联网金融进行穿透式监管，适用监管“法律武器库”中已经成型的、传统金融行业适用法律法规无可厚非，减少了立法的时间成本，也能够有充分的时间应对可能爆发的危机。为何我国在现阶段一定要采取穿透式监管方法对互联网金融进行监管？其根本原因在于我国互联网金融的实践在现阶段未遵循互联网金融发展的本质和规律。本书已经探讨了互联网金融的本质，其中技术性极为重要，技术性在很大程度上塑造了互联网金融的基本形态（应然意义上），互联网金融的客群是“长尾”客群，人数众多，足以改变金融的客群画像。与传统金融相比，互联网金融的客群不再像传统金融那样“高大上”，普通的社会阶层都能接受互联网金融的服务，实现了真正的普惠金融。利用大数据，互联网金融的风控应当区别于传统的金融风控。并且互联网金融企业不同于传统银行上交备付金、存款准备金等，也正因如此，本质上互联网金融企业不能形成自己控制的资金池，否则将会产生道德风险和法律风险。但经过长时间的野蛮发展，互联网金融形成了“中国特色”，问题平台之所以能够卷款跑路，一定程度上是因为没有完成银行存管指令（部分银行存款也是形同虚设，“存而不管”），进而直接或者间接控制大笔资金和资金池。这是以 P2P 为代表的互联网金融风险的根源。而本书所探讨的互联网金融的技

---

① 仅 2018 年 6 月，全国新增 63 家问题平台（其中涉及提现困难、经侦介入、平台跑路等多种原因），而同年 7 月，一周内竟有 40 家 P2P“爆雷”，截至 7 月 20 日，超过 120 家平台出现问题或宣布清盘退出。来源网址：https://www.wdzj.com/news/hangye/2871546.html，最后访问日期：2018 年 8 月 5 日。

术本质在我国互联网金融实践中鲜有体现，有的互联网金融平台的风控形同虚设，根本没有所谓的大数据风控模型，2017 年前后席卷互联网金融领域的“现金贷”“校园贷”就是典型的“无风控模式”，一些线下的小贷公司摇身一变，成了网上借贷平台。而按照穿透式监管的思路，互联网金融所谓的现金贷创新、“砍头息”、高息、手续费等，均应当算作利息，如果超过法律规定的 36% 年息上限就应当被视为无效。可见穿透式监管在我国现行的互联网金融实践中十分必要。

（一）我国现阶段对互联网金融采取穿透式监管的根本原因

现阶段采取穿透式监管的根本原因，主要是我国互联网金融模式基本上将传统的金融模式“搬家”到线上，以此绕开了传统金融的监管，没有反映互联网金融的本质。因此，我国现阶段对互联网金融实行穿透式监管，穿透的结果必然能够在传统金融领域中找到相关规范来进行对应，如果互联网金融按照现行互联网金融规范和有关金融规范进行经营，我国现有的专门针对互联网金融的规章制度未必能够适应当前互联网金融的发展需求。

穿透式监管的核心一定是形式意义小于本质意义（实际意义），即透过现象看本质，这一点最适合我国互联网金融的现阶段情况。以 P2P 网贷理财产品为例，本书前文已经详细分析过这种理财产品的本质属性。当然，如果互联网金融平台能够真正反映互联网金融的本质属性，不“触碰”资金，无法形成有效的资金池，切实落实银行存管（而非“存而不管”），一切选择交给大数据云计算，依照投资者（互联网金融消费者）的投资偏好选择合适的理财产品，本书认为这种情况反映了互联网金融的本质属性，时机成熟时应当进行鼓励。但是，上述情况在我国大多数 P2P 网贷平台的实际运行中还处于“讲故事”阶段，实际情况是大多数 P2P 网贷平台没有办理银行存管，或者银行存管不严格，存而不管，平台没有完善的风控把关，将投资者的钱款集中到资金池中，对资金池进行期限错配、金额错配，甚至通过虚假借款标的和高额利息、“搞活动”来骗取投资者的钱款。《网贷暂行办法》虽然规定了P2P网贷平台的中介地位，不是增信主体，规定了P2P网贷平台的“十三项”禁令，但是在实践中仍然有平台不断采用所谓“创新”方法突破上述界限。因此，需要采取穿透式监管方法，对P2P网贷的资产管理产品以及资金管理行为进行监管。

（二）穿透式监管的实践必要性

实践中，众多涉及非法集资、集资诈骗犯罪的案件，都是通过设立P2P网贷平台进行的。一般在设立P2P网贷平台后，实际控制人会采用虚构借款人、实际控制人关联方借款等手段，骗取投资人钱款，进行资金池操作，轻者将资金池用于个人生产经营，严重者甚至挥霍资金。应当采用穿透式监管办法，对借款人的信息进行实质核实，并且依据《网贷暂行办法》等信息披露规范，监管借款人信息的真实性、有效性以及借款额度是否超过上述规范规定。下述案例是较为典型的非法资金池运作、变相突破法律监管的案例。

案例一：周辉集资诈骗案

2018年7月，最高人民检察院公布了第十批指导性案例，其中第40号是周辉集资诈骗案件，该案件比较具有典型意义。其发生的时间是在互联网金融野蛮生长时期。2011年2月，被告人周辉注册成立中宝投资公司，担任法定代表人。公司上线运营中宝投资网络平台，借款人（发标人）在网络平台注册、缴纳会费后，可发布各种招标信息，吸引投资人投资。投资人在网络平台注册成为会员后可参与投标，通过银行汇款、支付宝、财付通等方式将投资款汇至周辉公布在网站上的8个其个人账户或第三方支付平台账户。借款人可直接从周辉处取得所融资金。项目完成后，借款人返还资金，周辉将收益给予投标人。运行前期，周辉通过网络平台为13个借款人提供总金额约 170 万余元的融资服务，因部分借款人未能还清借款造成公司亏损。此后，周辉除用本人真实身份信息在公司网络平台注册 2 个会员外，2011 年 5 月至 2013 年 12 月陆续虚构 34 个借款人，并利用上述虚假身份自行发布大量虚假抵押标、宝石标等，以支付投资人约 20% 的年化收益率及额外奖励等为诱饵，向社会不特定公众募集资金。所募资金未进入公司账户，全部由周辉个人掌控和支配。除部分用于归还投资人到期的本金及收益外，其余主要用于购买房产、高档车辆、首饰等。这些资产绝大部分登记在周辉名下或供周辉个人使用。2011 年 5 月至案发，周辉通过中宝投资网络平台累计向全国 1586 名不特定对象非法集资共计 10.3 亿余元，除支付本金及收益回报 6.91 亿余元外，尚有 3.56 亿余元无法归还。案发后，公安机关从周辉控制的银行账户内扣押现金 1.8 亿余元。

本案值得关注的是，P2P 作为新兴金融业态，必须明确其信息中介性质，平台本身不得提供担保，不得归集资金、搞资金池，不得非法吸收公众资金。周辉吸收资金建资金池，不属于合法的 P2P 网络借贷。非法吸收公众存款罪与集资诈骗罪的区别，关键在于行为人对吸收的资金是否具有非法占有的目的。利用网络平台发布虚假高利借款标募集资金，采取借新还旧的手段，短期内募集大量资金，不用于生产经营活动，或者用于生产经营活动与筹集资金规模明显不成比例，致使集资款不能返还的，是典型的利用网络中介平台实施集资诈骗行为。本案中，周辉采用编造虚假借款人、虚假投标项目等欺骗手段集资，所融资金未投入生产经营，大量集资款被其个人肆意挥霍，具有明显的非法占有目的，其行为构成集资诈骗罪。从监管角度分析，如果本案发生在 2016 年以后，监管能够及时介入，采用穿透式监管方法，对借款人的信息披露进行核实，核查企业募集资金的资质（如公募资质或者私募资质）、是否有变向突破向特定对象募集资金不超过 200 人的情况等，投资人的损失将会控制在合理范围内。

案例二："唐小僧"非法吸收公众存款案

唐小僧官网曾显示：截至2018年5月31日，唐小僧累计借贷余额约9.3亿元，累计借贷笔数53994笔，累计借款人数量948人，零逾期。此外，2017年8月，唐小僧注册会员超1000万人，交易额超750亿元。即使按照行业1%的转化率计算，也至少拥有真实的投资用户10万人。另据网贷之家数据显示，4月最高交易额已经超过800亿元。2018年6月，该平台的实际控制人卷款潜逃。

该平台的问题在于以下几个方面，这几个方面的问题均应当通过穿透式监管解决。

第一，信息披露存在重大瑕疵。《网贷暂行办法》和有关信息披露标准均已经生效，虽然该平台一直声称自己是"导流"平台，不受P2P网贷相关规定的监管，但是在穿透式监管的原则下，任何从事金融行业的活动都无法逃离金融监管。究其本质，该平台实际从事着P2P网贷业务，仍然受到信息披露监管要求的规制。但是，该平台的信息披露显示"累计借贷金额"和"借贷余额"数字均为9.3亿元。这两个数字相同，意味着平台自成立以来，借款人没有还过一笔钱，存在重大逻辑问题。另外，"累计出借人"和"当期出借人"数量也完全相同，逾期金额和逾期笔数均为0。该P2P平台必然存在资金池、伪造借款项目的情况，很难做到每一笔投资和借款一一对应，信息披露必然存在造假问题。因此，需要穿透式监管的介入，穿透查实借款情况、还款情况等信息披露情况。

第二，线下理财严重。与善林金融（已被上海松江警方立案侦查）一样，唐小僧的母公司资邦金服以线下理财起家，2016年8月24日后，受到网贷监管政策影响，被迫转型线上。但由于线上平台资金募集能力有限，线下理财团队一直没有完全解散。据唐小僧内部员工透露，线下理财业务由资邦财富运营，分布在全国各地，特别是二三线城市。随着网贷整改不断推进，各地方出台的备案细则均严禁网贷平台从事线下理财业务。而唐小僧的离职员工透露，监管趋严后，资邦金服主要是与金交所合作发行理财产品，再由资邦金服理财团队销售。目前金交所理财产品的起投门槛没有严格限制，导致资邦金服过去一年仍有套利机会。资产端缺乏真实借款项目，资金端依赖线下理财而入不敷出，具备这种特征的平台，在监管层面，必然应当穿透监管到实际控制人和资邦金服是否同一或者存在关联关系，进而认定线下理财的违规性。

第三，银行存管没有落实到位。任何参与网贷平台存管业务的银行，都应当尽职尽责，发挥好存管功能，监管部门也应当根据银行存管有关规定，穿透审查资金来往是否符合规定，以避免网贷平台自身形成资金池。因此，遵守监管部门发布的网贷资金存管指引要求是存管银行的义务，不能只存不管。从实际操作来看，存管银行会对合作的网贷平台进行全方位尽职调查，并要求平台的资金、借款人资金及投资人资金分户设立，每一笔资金进出都要经过存管银行的账户。如果 P2P 将自有资金和投资人资金混在一处形成资金池，则很难通过银行存管验收。唐小僧从成立至今，始终没有完成银行存管，其却在官网上宣称与上海某银行达成战略合作，欺骗、误导了投资者。

第四，底层资产不明。底层资产也应当是穿透监管的重点区域。根据相关规定，网贷机构定位个人之间直接借贷的信息中介机构，不得代销银行理财、券商资管、基金等金融产品。因此，唐小僧曾将自己定位为 P2F 而不是 P2P，声称采用个人对金融机构的融资方式，融资人是正规银行、证券、保险等金融机构。由于金融产品代销必须持牌经营，唐小僧转而寻求与江西赣南金融资产交易中心、广东华侨金融资产交易中心等金交所合作，将业务定位改为导流平台，即将自己的客户导流到金交所，购买金交所理财产品。2018 年 3 月，《互联网金融风险专项整治工作领导小组办公室关于加大通过互联网开展资产管理业务整治力度及开展验收工作的通知》将互金机构与金交所合作的通道也彻底堵死。无奈之下，唐小僧又将自己的定位改为网络借贷信息中介。事实上，互联网金融平台无论如何界定自己的业务性质，监管部门都需要穿透认识其业务本质及底层资产。例如，穿透监管信息披露，被穿透监管“验证”的 P2P 平台，在每一笔资金出借前，都可以看到借款人的详细信息和借款金额。而信息披露造假的唐小僧，要么不敢披露真实资产状况，要么伪造经不起细究的资产信息。因此，金融监管要贯彻始终，从信息披露、底层资产、借款人情况到网贷平台股东背景身份披露监管，都需要进行穿透。

案例三：钱宝网非法吸收公众存款案

钱宝网案是典型的金融庞氏骗局，实际控制人利用互联网金融的发展趋势，将传统的金融骗局搬到网上，以高息为诱饵，骗取巨额财富。钱宝网给监管带来的启示较为深刻，这是继 E 租宝后互联网金融领域内较大的庞氏骗局。

2017 年 12 月 27 日，南京市公安局官方微博“平安南京”发布消息称，钱宝网实际控制人张小雷因涉嫌违法犯罪，于 2017 年 12 月 26 日向南京市公安机关投案自首。不久，张小雷等主要犯罪嫌疑人已被南京市公安局江北新区分局依法采取刑事强制措施。南京警方介绍，据张小雷本人供述并经初步调查，张小雷等犯罪嫌疑人以钱宝网为平台，以完成广告任务获取高额收益为诱饵，收取用户保证金，采用吸收新用户资金、用于兑付老用户本金及收益等方式，向社会不特定公众吸收巨额资金，涉嫌非法集资犯罪活动。

钱宝网成立于 2012 年，经工业和信息化部域名信息备案管理系统查询，钱宝网网站域名备案的主办单位为上海洋井网络科技有限公司，该公司的工商信息显示，上海洋井网络科技有限公司的股东为张小雷和成都钱乾信息技术有限公司（曾用名为南京钱宝信息传媒有限公司），经过进一步的追溯，成都钱乾信息技术有限公司的股东为张小雷和成都钱坤智能系统有限公司（曾用名为江苏钱旺智能系统有限公司）。截至案发，钱宝网日活跃用户达百万人，未兑付集资参与人的本金数额达 300 亿元左右。

钱宝网的商业模式比较“新奇”。根据公开资料及媒体报道显示，钱宝网号称首创“注意力经营模式”，涉足微商、理财、足球、地产、O2O、软件等多个领域，其业务模式也从早期的单纯“做任务、看广告、赚外快”发展至以微商为核心的生态圈模式。整体来看，钱宝网的业务模式可分为三类，分别为“做任务、赚外快”模式、QBII 投资人模式以及微商入驻模式。

第一，“做任务、赚外快”模式。“做任务、赚外快”模式是钱宝网最为经典的业务模式。在“做任务”业务模式下，首先，用户需要注册成为钱宝网会员；然后，在缴纳一定数额的保证金之后领取任务，而保证金的多少直接决定了任务量的大小，进而决定了收益的高低；领取任务之后，用户需要在一定的周期内按照要求完成指定的任务；任务完成后，用户就能获得相应的收益，保证金也会随之返还。该业务模式下的“任务”一般为看广告、填问卷、试玩游戏等，如“钱宝酬谢任务”，会员领取该任务需缴纳 500 元保证金，任务为看一条 5 分钟的广告，任务期限为 5 天，对应收益 2.25 元，经计算，这一项目的年化收益率高达 32.85%。

第二，QBII 投资人模式。QBII 投资人模式是钱宝网推出的合格投资人模式，即用户对“钱宝网系”公司进行股权投资，间接或直接持有所投公司的股份，进而获得相应收益。QBII 的权益有参与钱宝网主营业务、被孵化公司的利润分红、参股股权增值收益、一定的决策投票权等。该业务模式的流程如下：首先，用户需要在分销大厅领取任务并与钱宝网签订 QBII 意向书，即股权投资意向书；然后，钱宝网在有意向的用户中进行筛选；被钱宝网选中的用户与平台正式签订股权转让协议并向钱宝网账户中打款；完成上述流程的用户即成为钱宝网子公司的股东。钱宝网 QBII 业务模式下投资者获得的收益率极高。以“苏河二期股权”业务为例，股权期限为三年，20 万元起步，按 5 的倍数向上加款，如客户以后再办此股权，则以 10 万元起步，仍按 5 的倍数向上加；对于此股权收益，第一年无股息，第二年和第三年则按每月 5% 返还股息；股权满三年后，公司偿还本金的六倍（含本金）。以20万元为例，第二年和第三年共有24万元的股息收益，三年到期后得120万元，即20万元的投资额三年到期后可得本息和144万元。

第三，微商入驻模式。钱宝网2017年进军微商。所谓微商入驻模式，即钱宝网提供微商入驻平台，该模式下微商店家需向钱宝网缴纳2万元抵押金，之后即可营业，若退出平台，则返还押金。除抵押金外，对于在平台上完成的交易，微商店家需要将一定比例的交易额作为佣金支付给钱宝网。据钱宝网官方数据显示，截至2017年9月，钱宝网已入驻48万余商家。

钱宝网的危机并不是毫无预兆的，在钱宝网不断“发展壮大”的期间，有不少业内专业人士甚至媒体报道钱宝网的业务模式是一场骗局，然而高收益让钱宝网用户不以为意，继续增加杠杆参与其中，并不断发展下线。2017年4月，由于登记的住所及经营场所无法联系，钱宝网被上海市杨浦区市场监督管理局列入经营异常名录。2017年8月，有媒体发布了一篇题为《重磅！钱宝网坐实跑路，投资人无法提现！办公室人去楼空!》的文章，钱宝网由此发生了重大挤兑危机。此后，钱宝网官网发布声明辟谣，并称已向警方报案，同时钱宝网实际控制人张小雷以视频直播的形式回应了跑路之说。2017年12月27日，据南京市公安局称，钱宝网实际控制人张小雷于2017年12月26日到公安局写下声明，内容为“因违反国家相关规定，采取借新还旧的方式向投资人吸收资金，目前已无法兑付本金利息”。2017年12月29日，南京警方称，钱宝网实际控制人张小雷因涉嫌非法集资犯罪已被采取刑事强制措施。警方吁请各地钱宝网用户到本人户籍地或实际居住地公安机关经侦部门或派出所报案，配合调查取证。2018年2月2日，江苏省南京市公安局官方微博披露了钱宝网涉嫌非法集资案件的详细案情。根据所公布的消息，南京市公安局江北新区分局经过当地检察机关的批准，已于2月1日依法对张小雷等12名犯罪嫌疑人以涉嫌非法吸收公众存款罪执行逮捕。

上述案件是在我国中央层面已经确定了对互联网金融施行穿透式监管原则后爆发的，可见我国互联网金融行业内的穿透监管特征在法律层面上虽已完成，但在实践中仍然需要加强，对于穿透式监管应当作广义理解，穿透式监管不能仅仅向上穿透投资人，向下穿透底层资产，还应当对资金流向、业务本质等进行穿透监管。在钱宝网事件中，我们得到的穿透监管启示至少有如下几方面：

第一，实际资金流向需要穿透监管。2018 年 2 月 2 日，江苏省南京市公安局官方微博披露了钱宝网涉嫌非法集资案件的详细案情。根据其公布的消息，钱宝网的资金实际上流向了以下三个方向。一是张小雷等人花费大量资金对公司进行虚假宣传，营造“钱宝网系”企业发展良好、实力雄厚的假象。例如，2017 年 7 月，以非法集资来的 12 亿余元从福中集团购买南京江北“智慧”项目后，对外虚假宣传价值高达 200 亿元；2016 年 8 月，用非法集资来的 2 亿多元，以购买股权的方式，取得南京若尔通用航空发展集团崂山项目所有权，对外虚假宣传价值 100 亿元；以非法集资资金收购的江苏吉信甘油科技有限公司，对外虚假宣传，号称亚洲第一、年利润 2 亿多元，而实际 2017 年账面利润仅为 1600 多万元。二是张小雷等人将非法集资的资金，用于赞助西甲皇家社会、巴列卡诺足球俱乐部，成立并运营“钱宝”足球俱乐部，同时用非法集资的资金对外捐赠、赞助，以此扩大知名度和影响力，以吸引更多人参与非法集资。三是张小雷等人用非法集资获取的资金支付企业高管的高额年薪及少量对外投资款，张小雷还用非法集资获取的资金为其情妇及关系人在上海、南京、大连等地购置多套房产。从以上资金往来去向上看，钱宝网及其实际控制人能够将钱款转移，而非真正投入项目中（即使投入所谓的项目也有违规嫌疑），根本原因之一在于监管没有到位，未实行穿透式监管，对钱宝网的业务模式没有真正捋顺。就其业务模式而言，穿透后钱宝网的业务模式是典型的集资 - 投资模式，运营这种模式需要具备公募基金或私募基金资质，但是钱宝网并没有披露相关资质，相关机构也没有根据穿透监管原则对其业务模式进行监管，没有核查其相关资质、业务模式和经营模式。因此，资金能够大面积聚拢并任由实际控制人摆布。其业务模式中除非法集资外，还有股权募集的性质，而公开募集股权、通过互联网金融募集股权（股权众筹）都需要具备相关资质，资质申请过程也是监管对申请人的认定、监管过程。

但早在2015年，南京市政府就开始对类似金融风险加以防范。2015年11月底，在南京国际马拉松赛上，作为几大赞助商之一的钱宝网，其LOGO被主办方用白纸挡住。2015年12月，媒体报道称，南京当地媒体接到相关部门发来的“封杀令”，从即日起将取消和钱宝网、钱旺公司合作的宣传、投资、商务项目。更有消息称，南京市有关部门曾对钱宝网采取措施，限制钱宝网在南京开展线下业务，并要求钱宝网迁徙注册地和公司总部。2016年，钱宝网位于南京江宁区办公地点的大门外，4个路口均被拉起横幅，写着“提高风险防范意识，警惕非法融资陷阱，谨防上当受骗，抵制高薪集资诱惑，理性选择投资渠道”。据悉，这些横幅是江宁经济开发区管委会为了提醒投资者而采取的举措。当然，仅仅采取警示消费者的办法是远远不够的，还应当切实采用穿透式监管方法，对其资金流向、业务模式进行切实监管，以免“钱宝网”的再次出现。

案例四：百度理财、京东金融、苏宁金融等P2P平台与“金交所”合作违规案例

2017年6月30日，互联网金融风险专项整治工作领导小组办公室下发了《关于对互联网平台与各类交易场所合作从事违法违规业务开展清理整顿的通知》。该通知表示，一些互联网平台明知监管要求（包括交易场所不得将权益拆分发行、降低投资者门槛、变相突破200人私募上限等政策红线），仍然与各类交易场所合作，将权益拆分面向不特定对象发行，或以“大拆小”“团购”“分期”等各种方式变相突破200人的限制。一些产品无固定期限、资金和资产无法对应，存在资金池问题；一些产品未向投资者披露信息和提示风险，甚至将高风险资产进行包装粉饰，向不具备风险承受能力的中小投资者出售，一旦信用风险爆发，可能影响社会稳定。这是对当时出现的平台与金交所违规合作业务的坚决监管，同时也是穿透式监管的集中体现。

为何2017年前后金交所与P2P网贷平台合作密切？其根本原因在于绕开《网贷暂行办法》，其第17条第2款规定，同一自然人在同一网络借贷信息中介机构平台的借款余额上限不超过人民币20万元；同一法人或其他组织在同一网络借贷信息中介机构平台的借款余额上限不超过人民币100万元；同一自然人在不同网络借贷信息中介机构平台借款总余额不超过人民币100万元；同一法人或其他组织在不同网络借贷信息中介机构平台借款总余额不超过人民币500万元。某些资产端依赖供应链金融、房产抵押贷款、企业担保贷款等大额非标准化债权资产的P2P平台，为规避监管机构对于资产端同一借款人的借款余额限制，采取“增加交易主体，嵌套交易结构”的方式，利用金交所作为资产端大额非标准化债权资产转为标准化金融产品的通道，通过打包拆分、分期发行等方式变相突破借款余额限制。因此，P2P平台与金交所合作模式的交易目的是监管套利。当然，监管此时需要做的，就是穿透监管该合作模式、穿透投资人和底层资产、穿透借款人，根据各项信息、数据认定是否实质属于同一借款人，如果实质同一，那么就要受到上述《网贷暂行办法》关于借款金额的限制。当然，P2P网贷与金交所的合作模式也正是为了“绕开”监管，进行监管套利。至少有28家互联网理财平台在发售“金交所”产品，其中包括百度理财、京东金融、苏宁金融、恒大金服、腾讯理财通等大型互联网金融巨头。这些平台通过在金交所包装后，可将大额资产项目在自己的平台上销售。这样一来，便能实现拆分份额、变相公募、降低投资者门槛、隐藏真实投资方向等的效果。以最常见的拆分份额为例，通过金交所，真实融资方可以把一笔一个亿的融资需求拆成100份，然后魔术般地化身为100个各自独立的私募产品，然后把每份的人数上限限制在200人以内，不仅可以规避200人的限制，还能降低投资门槛。与金交所对接的P2P平台则将这些子单元产品包装成“××计划”“××钱包”，出售给众多投资人。

当然，进行穿透监管，上述手段必然违规，上述合作模式至少存在如下几方面违规问题：一是违法采用公开或者变相公开方式发行证券。在金交所发行权益类金融产品，不得采用广告、公开劝诱等公开或者变相公开方式。通过互联网、广播、电视、报刊等向社会公众发布产品募集说明书、拟发行或者转让产品数量和价格等有关产品发行或者转让信息的，属于公开或者变相公开方式。金交所是私募市场，按照《证券法》等法律法规规定，不得公开发行证券。P2P平台作为金交所的综合类、交易类或经纪类会员，属于金交所的交易主体及参与者，通过互联网络（P2P平台）向社会公众（平台资金端投资人）发布产品募集说明书、拟发行或者转让产品数量和价格等有关产品发行或者转让信息，属于公开或者变相公开方式，涉嫌违法采用公开或者变相公开方式发行证券。二是单只证券持有人数量累计超过200人。按照现行法律法规，单只权益类金融产品持有人数量累计不得超过200人，法律、行政法规另有规定的除外。企业在金交所发行权益类金融产品时，不得向不特定对象发行，向特定对象发行累计不得超过200人；产品在金交所进行转让时，产品持有人累计不得超过200人。P2P平台作为金交所的综合类、交易类或经纪类会员，属于金交所的交易主体及参与者，通过互联网络（P2P平台）向不特定对象（平台资金端投资人）发行产品，涉嫌单只证券持有人数量累计超过200人。三是向非合格投资者发行证券。在金交所发行权益类金融产品，应当向合格投资者发行。合格投资者，应当具有较强风险识别和承受能力。作为私募市场，金交所应有必要的合格投资者标准和要求，确保具备相应风险识别和承受能力的投资者才能参与。实践中大部分金交所建立了合格投资者制度，但差异较大，一些金交所的合格投资者准入门槛过低，存在较大的风险隐患。P2P 平台作为金交所的综合类、交易类或经纪类会员，属于金交所的交易主体及参与者，平台资金端投资人的合格投资者准入门槛过低，涉嫌向非合格投资者发行证券。四是变相突破合格投资者标准。在金交所发行权益类金融产品，不得通过拆分、代持等方式变相突破合格投资者标准。实践中，一些金交所通过拆分、代持等方式发行金融产品，降低投资门槛，扩大投资群体，涉嫌规避私募发行投资者数量和合格投资者门槛等监管要求，将私募产品销售给风险承受能力较低的自然人投资者，放大了风险。P2P 平台作为金交所的综合类、交易类或经纪类会员，属于金交所的交易主体及参与者，通过拆分（将单只产品分期发行）、代持（以理财产品、合伙企业、私募基金、委托平台关联主体代持等形式汇集多个投资者资金直接或者间接投资于产品）等方式发行金融产品，降低投资门槛，扩大投资群体，涉嫌规避私募发行投资者数量和合格投资者门槛等监管要求，将私募产品销售给风险承受能力较低的自然人投资者，放大了风险，涉嫌变相突破合格投资者标准。

不得不承认，监管规范是落后于互联网金融实际的，甚至在金融监管领域，金融创新总是能够超越现有的监管体系，找到监管体系的漏洞，而这往往形成监管套利。穿透式监管就是在最大化限度范围内，穿透业务表面，直指业务本质。如果业务本质被穿透后与传统金融相同，那么这种业务需要相关牌照支持，否则容易构成非法经营，严重者甚至可能承担刑事责任。

四、"穿透式" 监管原则的历史性

任何一种监管原则必然是历史的产物，将会随着历史的发展而不断变化。现阶段我国采取穿透式监管原则对互联网金融实施监管也是历史的产物，是对现阶段我国互联网金融发展不完全、不充分、没有体现互联网金融本质规律的“应激”反应。只有互联网金融逐渐合规发展，穿透式监管的边界才能得以明确。

当前，互联网金融和 P2P 网贷行业的监管趋向严格，要求 P2P 网贷企业进行备案注册，在限期内不完成注册的不能执业；《网贷暂行办法》将 P2P 网贷平台视为纯信息中介，维护现有的金融秩序目的较明显，诸多反映互联网金融本质的平台行为被该办法限制。监管政策上，具备一定传统金融属性的业务行为被认定为传统金融模式，施行“穿透式”监管，这一点也同样反映在 2018 年 4 月央行等四部委发布的资管新规中，针对理财产品的资金来源、中间环节、最终流向等“穿透”判定产品性质，将现行法律法规中确定的产品规范（如公募、私募）套用到所有资产管理产品中，所以互联网金融理财产品也必然受到“照顾”。另外，国务院 2016 年 4 月下发的《互联网金融风险专项整治工作实施方案》及互联网金融风险专项整治工作领导小组办公室 2018 年下发的《关于加大通过互联网开展资产管理业务整治力度及开展验收工作的通知》也明确对互联网金融实施“穿透式”监管的原则，即互联网资管业务属于金融业务的，需持牌经营，包括资产管理业务牌照或资产管理产品代销牌照，值得注意的是，这里的“牌照”是传统金融特许经营资质，针对传统金融而非“互联网金融”量身打造，无牌照的“定向委托计划”“定向融资计划”“理财计划”“资产管理计划”“收益权转让”为非法金融活动，可能构成“非法集资、非法吸收公众存款、非法发行证券”。这些规定反映了我国目前对互联网金融法律监管的基本原则，即穿透监管、查明产品性质，根据业务类型对接到传统金融牌照及相关监管程序。

但穿透式监管原则是否能够反映互联网金融的本质需要进一步研究。互联网金融是新生事物，有自己的本质和规律，而穿透式监管的“终点”是将互联网上开展的“金融”业务与传统的金融业务相等同，而传统的金融监管有自己的发展脉络，与互联网金融这种“第三种”融资方式大不相同，单就二者的投资主体（接受服务的主体）看即有天壤之别，互联网金融也正是对传统金融“高门槛”的有利补充，毋论互联网金融的技术特点和思维特点。比如，笔者在微贷网上“投资”不到600元即可成为理财产品的客户，在传统金融领域的理财如银行理财产品多为50000元起购，而资管新规中规定购买资产管理产品的合格投资者则要求家庭金融净资产不低于300万元，家庭金融资产不低于500万元，或者近3年本人年均收入不低于40万元等，[①] 要求投资金额高、投资者风险识别能力强，与互联网金融小额、大众、普惠的特点不相符。互联网金融经过了多年的发展，逐渐得到各国监管的认同，反思互联网金融的特性、与传统金融的不同之处，应当针对互联金融的特点制定有关监管政策。美国对众筹行业（Crowdfunding，互联网金融的重要类别之一）监管规定集中在《创业企业扶助法案》（Jumpstart Our Business Startups Act，JOBS）第三章，即《在线融资及反欺诈、反不道德行为和不披露法》（也被称为“众筹法”）。该法案框架性地规定了允许企业通过“证券经纪商”（Broker）或者专门的“集资平台”（Funding Platform）以网络众筹方式向公众发行小额证券，并享受证券发行与交易之相关披露、注册豁免。法案规定了证券众筹的豁免条件；对融

① 资管新规第5条规定，资产管理产品的投资者分为不特定社会公众和合格投资者两大类。合格投资者是指具备相应风险识别能力和风险承担能力，投资于单只资产管理产品不低于一定金额且符合下列条件的自然人和法人或者其他组织。（一）具有2年以上投资经历，且满足以下条件之一：家庭金融净资产不低于300万元，家庭金融资产不低于500万元，或者近3年本人年均收入不低于40万元。（二）最近1年末净资产不低于1000万元的法人单位。（三）金融管理部门视为合格投资者的其他情形。合格投资者投资于单只固定收益类产品的金额不低于30万元，投资于单只混合类产品的金额不低于40万元，投资于单只权益类产品、单只商品及金融衍生品类产品的金额不低于100万元。投资者不得使用贷款、发行债券等筹集的非自有资金投资资产管理产品。

资中介的监管要求；对发行人的界定、豁免排除及对发行人的具体监管要求，以及对众筹证券转售的限制等。① 可见，美国认为众筹是新型的融资方式，对它的监管采取与传统证券监管不同的原则，即豁免了传统证券注册发行等法律程序。从互联网金融消费者群体角度看，应当认为传统的金融融资方式与互联网金融的重要区别之一在于，互联网金融的属性必然是海量、众筹、小额、分散、普惠和技术的，所以才能够被豁免注册发行，与高门槛、高成本的传统金融监管“区别对待”，当然这种新型的融资方式仍然需要监管，并且需要新型的监管，否则会成为规避 IPO 的工具。传统证券发行针对的是传统资本市场，规模大，金额总量大，购买证券没有上限，因此需要采取更加严格的信息披露标准和监管策略，这一点与互联网金融的特点大不相同。要更加完善互联网金融消费者的界定和资产、投资资产比例和上限，借款人更不应当是大型公司、保理企业和贷款公司甚至银行，否则就违背了豁免发行的监管法理和互联网金融消费者的群体限定，由此对在互联网金融平台上借贷双方均应当是互联网金融消费者，且应当规定出借、借款上限，而不应当如《网贷暂行办法》那样只对借款人借款金额作上限规定。

所以，未来互联网金融的穿透式监管必然会将边界明确化，当然何时明确化，还要看我国互联网金融能否反映互联网金融的本质，不再为了“圈钱”、集资一再突破法律底线。互联网金融应当真正依靠大数据、云计算、运用金融科技的前沿技术、运用互联网思维“做金融”、真正面向“长尾”客群，也许到这时候，“穿透式”监管“穿透到”互联网金融本质上便是边界和终点！

① 来源网址：http：//www. gpo. gov/fdsys/pkg/BILLS – 112hr3606enr/pdf/BILLS – 112hr3606enr. pdf.，最后访问日期：2017 年 12 月 29 日。

第五节　互联网金融消费者的监管保护

当前我国的互联网金融监管的基本原则是穿透原则，但是穿透原则需要一系列规章制度作为配套，方能有效运行，如统一监管标准、统一监管主体、对互联网金融行业进行数据综合统计工作等，都是穿透监管实现的基本条件。我国2018年4月27日发布的资管新规给未来资产管理市场的监管提出了方向性监管原则，也给互联网金融企业在内的非银行金融从业主体提出了更高的要求。通过本书上文分析，经过几年时间的建设，我国的互联网金融基本规范已经建立，但是仍有较多的规范需要完善。我国互联网金融的穿透式监管规范体系还没有完全形成。上文已经述及，我国互联网金融的监管正在形成以“双峰”为监管目标的监管模式，在这种模式下，不仅要重视宏观审慎和微观审慎，更要重视系统性金融风险防范和金融消费者的权益保护。因此，我国互联网金融尤其是P2P网贷的规范构建，应当更加重视互联网金融消费者的权益保护。2018年以来大批P2P网贷平台破产跑路或出现挤兑危机，一方面是平台经营问题，另一方面是信息披露监管不严，造成信息披露不真实，影响了金融消费者的判断，进而可能导致金融消费者的本金无法赎回的严重后果，动辄上百亿元的集资款无法回到投资者（互联网金融消费者）手中，容易造成社会不稳定。因此，为实现双峰监管的重要监管目标之一即金融消费者保护，切实维护广大互联网金融消费者的合法权益，在完善互联网金融监管规范体系过程中，应当将互联网金融消费者保护作为规范构建的核心内容之一。

一、“互联网金融消费者”的界定

学界关于互联网金融消费者是否存在以及如何定义有一定争论，笔者认为，界定互联网金融消费者具有重要的理论意义和实践意义。

本书分析了互联网金融的本质，通过分析互联网金融本质，可以将狭义的互联网金融消费者界定为：通过互联网金融企业在线购买金融产品或者接受金融服务、互联网金融企业需依法进行信息披露及保护客户信息安全、个人或家庭资产、专业知识能力和风险承担能力符合法定要求的自然人、法人或其他组织。① 广义的互联网金融消费者可界定为：一切通过互联网金融企业在线购买金融产品或者接受金融服务、互联网金融企业需依法进行信息披露及保护客户信息安全的自然人、法人或其他组织。区别广义和狭义的互联网金融消费者的主要意义在于立法区分及法律适用的不同。区分标准是财务状况和专业能力，这种标准在各国关于金融消费者的分类中也较为常见。例如，根据财产状况，欧盟规定，大型企业必须达到或超过下列三个标准中的两个：资产负债表上的资产总额2000万欧元；净营业额4000万欧元；② 自有资金200万欧元。新加坡规定，如果是自然人，要求其个人资产必须超过200万新币，或其前12个月的收入超过30万新币。③ 又如，根据专业能力，在韩国，依据《资本市场统合法》第9条第5款的规定，专业投资者是指国家、韩国银行以及总统施行令所确定的金融机构、证券上市法人及总统施行令规定的其他主体。当然，根据上述定义，P2P网贷中的“借款人”“投资人”都接受互联网金融平台的服务，具备互联网消费者的根本特征。当然，“借款人”和“投资人”之间还会形成借贷法律关系。

二、完善互联网金融消费者的监管保护制度

关于互联网金融的本质，本书已经进行了充分的探究。在此基础上，互联网金融消费者要符合互联网金融的本质，其群体（包括

① 如无特殊说明，本文所称的互联网金融消费者均指狭义的互联网金融消费者。

② See The Markets in Financial Investments Directive (MiFID). section I.

③ See Securities and Futures Act of Singapore, section 4A (1) (a) (i).

P2P网贷的借款人和出借人、第三方支付、网络银行、网络保险、网络证券、股权众筹等使用人）均是“长尾”客群，在传统的金融评价体系中很难得到有效的金融服务。正是互联网金融的发展切合了普惠金融的特性，使得长尾客群能够得到金融服务。但是“长尾”客群的普遍特点是受到的金融教育程度偏低，对金融服务的理解深度不够，家庭的金融资产和可支配收入不高，对金融风险的承担能力有限。因此，对这一类主体的监管保护应当更加强调“穿透”监管，从根本上防止此类主体的金融风险的发生。

1. 对借款人构建统一、完善的互联网金融信用等级评定体系

互联网金融的风控本质是利用大数据和云计算等技术，在互联网金融领域内重构风险评估体系和模型，提高风险评估的效率和真实性、动态性。但是，互联网金融引入我国后，大多数P2P网贷平台和网络贷款平台的“大数据风控”都处于“讲故事”阶段，并没有认真研究和引入该项技术，尤其是“现金贷”疯狂发展的2016年，发放现金贷的互联网金融企业基本上没有所谓的风控，完全依靠高利息来覆盖风险损失，如果借款人出现还款逾期，除了加收违约金，还会进行暴力催收，严重侵害了互联网金融消费者的合法权益。我国统一完善的信用评级制度并不是一朝一夕能够完成的，但互联网金融领域依靠大数据收集和构建，基本能够完成大数据风控。多地互联网金融协会都要求互联网金融借贷平台介入统一端口进行信息共享，这就是统一大数据风控的基础。例如，美国的Lending Club主要借助征信机构与自身的大数据信用评分大数据体系控制风险。Lending Club将借款人按照风险程度细化为多个不同等级，每个等级中又有若干子级，然后根据借款人的评分情况确定贷款等级及利率水平。其首先使用的征信机构评分体系是“FICO score”体系，该评分体系由“Fair Isaac Corporation”开发并得到社会的广泛认可。该公司在相互独立的基础上开发了三种不同的FICO评分系统，三种评分系统分别由美国的三大信用管理局（Experian、Trans Union和

Equifax）使用，借款人必须满足规定的硬性得分条件才可获得接近平台的第一步。在满足以上入门条件后，Lending Club 参考借款人历史表现和 FICO 评分高低，按照其内部自己开发的算法，再将初步合格的借款人分为内部的若干基础等级，这是第二步。确定借款人基础等级后，Lending Club 在自定的基准利率之上，再按照借款人申请贷款的期限、金额、还款来源以及还款方式等，确定借款人最终贷款利率。

同时，Lending Club 会用指导限额来决定申请贷款的利率。这些限制取决于信用评分，但如果借款人借一笔整数的款项时，会发现自己不需要支付很多不必要的利息和费用。再以一名 C 级借款人为例。C 级借款人的指导限额为 1.25 万美元。但如果借款人希望借款 2.5 万美元，2.5 万美元的金额恰好是指导限额的 200%，而这将使得借款人的信用等级下降 10 级。这可能意味着贷款利率从 15.8% 上升到 21.49%①。所以，我国可以借鉴这类办法对网贷借款人的借款限额作分级限定。当然，总额不能超过《网贷暂行办法》的有关规定。

当然，我国还没有建立起如美国这样高度发达的信用征信体系，但是根据我国互联网金融的发展，可以借鉴美国 Lending Club 网贷平台的做法，利用借款人的授权，根据它提供的网络数据信用数据构建平台自身的信用评价等级，确定借款人的借款利率。如此，借款利率便有章可循，借款人根据自身的条件申请借款也更加便利，并且有一定预期。

2. 完善穿透监管原则下的“同一借款人”评价规范

《网贷暂行办法》明确规定了借款人的上限，这一点反映了互联网金融的本质，即普惠性、小额分散性，以便控制风险。该办法第

① ［美］Peter Renton：《Lending Club 简史》，第一财经新金融研究中心译，中国经济出版社 2013 年版，第 93 页。

17 条规定，网络借贷金额应当以小额为主。网络借贷信息中介机构应当根据本机构风险管理能力，控制同一借款人在同一网络借贷信息中介机构平台及不同网络借贷信息中介机构平台的借款余额上限，防范信贷集中风险。同一自然人在同一网络借贷信息中介机构平台的借款余额上限不超过人民币 20 万元；同一法人或其他组织在同一网络借贷信息中介机构平台的借款余额上限不超过人民币 100 万元；同一自然人在不同网络借贷信息中介机构平台借款总余额不超过人民币 100 万元；同一法人或其他组织在不同网络借贷信息中介机构平台借款总余额不超过人民币 500 万元。当然，这里如何认定“同一借款人”便是穿透式监管需要着重注意的地方。实践中，很多借款人为了逃避上述规定，不仅通过和金交所合作（上文已经述及）来对自己的借款标的“大拆小”以满足上述暂行办法的要求，还通过借用他人（包括非自然人）身份，签订“抽屉”协议委托他人借款，实质上却为同一人借款，其根本目的也是通过此类办法绕开上述监管规定，逃避监管。甚至有的平台还会主动“收集”身份证等个人证件帮助借款人完成借款。在穿透监管面前，上述做法将不堪一击，且任何形式的违规行为在穿透监管面前都会无效。穿透监管的本质功能就是应对监管套利。因此，上述办法确定了借款人的网贷余额，下一步应当出台更加细致的穿透监管规定，认定“同一”自然人的类型、方法和范围，只有这样才能切实保护消费者的合法权益，使其能够充分理性地判断自身借款用途、还款能力和风险承受能力，免于陷入债务危机。同时，要结合信用评定等级，确定最高借款额度和借款利息，借款人借款等级的评定和穿透认定借款总额、“同一借款人”二者应相辅相成。

3. 完善出借人“投资总额”限定

《网贷暂行办法》虽然规定了借款人的借款额度上限，但是并未规定出借人出借的具体限额，不利于统一监管。P2P 网贷最大的风险承受人就是出借人，其余法律关系的主体如平台由于具有经营能力、抗风险能力强、借款人有借款金额限制，能够在一定程度上承担风险。但是，出借人由于没有“投资”限制，无法客观、理性地衡量自身的承受风险能力，往往一再增加投资额度，甚至将自己的全部积蓄都投入 P2P 网贷中。如果 P2P 网贷平台跑路，陷入危机，自己的投资款可能血本无归。以高息、免费领取产品的方式吸引投资者，最后演变成了庞氏骗局的高额返利平台“唐小僧”“联璧金融”“钱宝网”等，共造成了千亿元级别的投资者损失，其中不乏投入几百万元的投资者。[①] 因此，加强对投资者的教育，限制投资数额已经成了当务之急，当然，类似于穿透认定借款人为“同一人”的规定，穿透认定“投资人”为“同一人”、穿透认定“同一人”的投资限额也是穿透认定的当然解释。

国外的立法实践中，对互联网金融的“投资人”投资款限额作了较为详细的规定。

美国联邦 SEC 众筹监管规则调整证券类众筹，这类规定对于 P2P 网贷同样有效，因为美国 P2P 网贷归属于 SEC 监管，其根据投资者年收入或资产净值梯级计算的方式，限制了投资者额度：年收入或资产净值少于 10 万美元的投资者，12 个月内可投资额为 2000 美元或者“年收入或者资产净值”（二者取其小）的 5%；年收入或者资产净值大于等于 10 万美元者，12 个月内可投资额为“年收入或者资产净值”（二者取其小）的 10%，但投资总额最高不得超过 10 万美元。为求投资公平，上述投资限额平等适用于包括机构投资者在内的所有投资者，在解释为何对机构投资者与零售投资者施以同等限额时，SEC 如此阐述：“我们认为国会旨在给所有投资者提供公平的投资机会，如果确有需要，发行人可以依据其他豁免条件对获许投资者和机构投资者提供和销售证券。因此，投资金额的限制

① 来源网址：https://finance.gucheng.com/201807/3454080.shtml，最后访问日期：2018 年 8 月 10 日。

适用于所有投资者，包括零售投资者、机构投资者和合格投资者以及国内外市民或者居民。”① 美国各州也对投资者的投资限额作了规定，如阿拉斯加、爱达荷州、密苏里、内华达州、新罕布什尔州、俄勒冈、弗吉尼亚或华盛顿投资人必须符合下列条件之一：年度总收入在 70000 美元以上，并且至少有 70000 美元的净资产；净资产 25 万美元以上，并且上述任何符合投资条件的投资者所投总额均不得超过其净资产的 10%。加利福尼亚州居民则必须符合下列条件之一：上一纳税年度有至少 85000 美元的年度总收入，并且善意相信本税务年度至少也有 85000 美元的总收入；净资产至少 20 万美元（或者合计配偶资产达到 30 万美元）；净投资不能超过 2500 美元。同样，所有符合条件者投资总额均不得超过净资产的 10%。

对 P2P 借贷，英国的 FCA 未通过立法设置融投资额度限制。但是行业知名的 P2P 借贷平台大多自行设置了融投资限额。例如，Zopa 平台的借款人最高可借金额为 2.5 万英镑且必须不得已有任何商业借款；平台虽不对投资者设置投资限额，但要求除非是经 FCA 授权和监管（或豁免）从事贷款业务者，其他自然人投资者或者法律实体投资者均不得已有商业出借行为，间接限制了投资总额。②

德国《零售投资者保护法》[Small Investor Protection Act (Kleinanlegerschutzgesetz)] 仅仅针对“公司”众筹融资作出了规定，且对

---

① We believe that Congress intended for investment opportunities through crowdfunding transactions relying on Section 4 (a) (6) to be available to all types of investors and established the investment limitations accordingly. Issuers can rely on other exemptions to offer and sell securities to accredited investors and institutional investors. Therefore, as proposed, the limitations would apply to all investors, including retail, institutional or accredited investors and both U. S. and non – U. S. citizens or residents. 来源网址：https://www.sec.gov/rules/proposed/2013/33–9470.pdf，P27，最后访问日期：2018 年 8 月 1 日。

② 来源网址：http://www.zopa.com/principles，最后访问日期：2018 年 8 月 2 日。

公司通过网络平台向社会公众融资的行为同样是通过限制融投资金额的方式使其获得“发行说明书”豁免，该豁免适用于利益参与性借贷（profit - participating loans）、后偿贷款（subordinated loans）以及一切类似通过众投平台①（crowdinvesting platforms）予以集资的行为，非通过网络集资中介平台的融资则不得享受《零售投资者保护法》所规定之豁免。其中规定了自然人投资者的投资限额，非公司机构投资者则视其流动资产和月净收入而定，如果其能证明自由可得的资产至少有 10 万欧元，则对同一发行人（the same issuer）可投最高金额为 1 万欧元；如果自由可得的资产没有达到 10 万欧元，则对同一发行人的投资不得超过其月净收入的 2 倍（但是最高不得超过 1 万欧元）；其他情况下（尤其是投资者没有提供其净资产和月收入证明者），对单人投资最大不得超过 1000 欧元。

法国仅对投资者投资单个项目设置了额度限制，即有息贷款每个项目投资金额不超过 1000 欧元，无息贷款不超过 4000 欧元。

鉴于以上，笔者认为，我国应当尽快建立统一的互联网金融理财、P2P 网贷投资者的投资金额限制，以此维护互联网金融消费者的权益。基于互联网金融的本质和规律出发，笔者认为应当根据互联网金融消费者的家庭资产、收入情况等，对投资者进行区分，当然界定长尾客群的收入需要借助各项统计数据（如个体的消费数据）等，尤其是互联网数据，对客群进行数据分析，界定长尾客群、对长尾客群内部进行再分等级，以此来确定不同等级、不同个体的投资额度限制，投资的额度不能超过家庭资产的一定比例，并且应当进行穿透审查，认定“同一”出资人。有学者已经对自然人和非金融企业投资人的限定投资金额做了建议，如“自然人设置单标投资限制与投资总额限制，单标限额本文建议 2 万元，总额限制建议为

---

① 众投平台是欧美学者从众筹平台中发展出来的一个概念，以区别提供非投资型项目与服务的众筹中介平台，如捐赠、预售性平台。

30 万元；非金融企业投资者设置投资总额限制，建议最高可投金额为 300 万元。上述限额同样不设置‘时间范围’限制，系投资人任何时候投资债权众筹的最高限额。此外，平台有义务采取措施实现自然人单标投资控制，出于金融消费者隐私保护，自然人投资总额限制则由‘中央数据库’监测，平台无权查询，企业投资人投资总额则由平台经由查询‘中央数据库’进行控制。至于上述 2 万元、30 万元及 300 万元的额度设置则是建立在笔者对部分运营较规范平台的调研基础上，调研方式包括访谈平台相关负责人、自己直接参与投资及调查投资人。额度设限太低容易限制投资人的风险偏好，不利于盘活闲散资金；额度太高则容易放大投资人风险，或助长投资人职业放贷。由行业实践观之，上述额度基本能保证一定自由度的投资空间，又不至于风险畸高。非金融企业的投资总额限制与企业可融资金额相当，也能反映普通企业的负债及闲余资金规模”①。当然，具体金额的限定还应当根据社会发展状况和经济发展实际动态调整。这种动态调整的基础就是互联网金融大数据的运用，根据金融消费者的经济收入和消费情况，适时调整投资金额。

---

① 蒙瑞华：《我国债权众筹监管制度法律构建》，西南政法大学 2016 年博士学位论文，第 208 页。

图书在版编目（CIP）数据

互联网金融法律理论与实务问题研究／袁远著．—北京：中国法制出版社，2019.7

ISBN 978－7－5216－0302－6

Ⅰ.①互… Ⅱ.①袁… Ⅲ.①互联网络－金融法－研究－中国 Ⅳ.①D922.280.4

中国版本图书馆 CIP 数据核字（2019）第 121902 号

责任编辑　陈　兴　赵律玮　　　　封面设计　杨鑫宇

互联网金融法律理论与实务问题研究

HULIANWANG JINRONG FALÜ LILUN YU SHIWU WENTI YANJIU

著/袁远

经销/新华书店

印刷/北京京华虎彩印刷有限公司

开本/640 毫米×960 毫米　16 开　　　印张／18.75　字数／218 千

版次/2019 年 7 月第 1 版　　　2019 年 7 月第 1 次印刷

中国法制出版社出版

书号 ISBN 978－7－5216－0302－6　　　定价：65.00 元

北京西单横二条 2 号

邮政编码 100031　　　传真：010－66031119

网址：http：//www.zgfzs.com　　　**编辑部电话：010－66010405**

市场营销部电话：010－66033393　　　**邮购部电话：010－66033288**

（如有印装质量问题，请与本社印务部联系调换。电话：010－66032926）